道元「宝慶記」

全訳注
大谷哲夫

講談社学術文庫

はじめに

一

『宝慶記《ほうきょうき》』は、若き道元《どうげん》（一二〇〇〜一二五三）が仏道を究《きわ》めんと、燃えたぎるような情熱をほとばしらせて、正師長 翁如浄《ちょうおうにょじょう》（一一六二〜一二二七）に拝問《はいもん》（古徳先哲に対して言葉や文章をもって丁重に質問すること）した求道《ぐどう》の記録である。それはまた、道元の問いに真摯《しんし》に答えた如浄という老古仏が、正伝《しょうでん》の仏法である只管打坐《しかんたざ》の世界を道元に嗣続《しぞく》せしめんとした、まことに慈悲深い慈誨《じげ》の記録でもある。道元は、南宋の宝慶《ほうきょう》元年（一二二五）五月一日から同三年（一二二七）の、おそらくは七月上旬、日本に帰国するために如浄の下を乞暇《こうか》（禅林を下山するために暇を乞うこと）するまでの間、天童山《てんどうさん》の方丈《ほうじょう》で如浄に拝問したところと、それに対する如浄の慈誨とを、その都度記録した。いわば、『宝慶記』は、道元が如浄に随身した「随聞記《ずいもんき》」でもある。それは、若き道元の、日本仏教の中で培った長い知的悟性の世界における心の懊悩・葛藤・迷いの旧窠《ふるす》から抜け出て身心脱落《しんじんだつらく》し、只管打坐の世界へと展開する求道の軌跡である。また、当時の日本仏教から中国宋末の仏教界に身を置いた道元の入宋《にっそう》記録であると同時に、習禅の悪弊にまみれた当時の宋朝禅批判であり、道元にとっては日本において純然たる仏道へと展開する素地・萌芽の記録でもある。その正伝の仏道は、やがて道元によって日本において世界唯一の正伝の仏法へと開花し、日本人の文化の一端をかたちづくり、やがて日本人の矜持《きょうじ》すべき証道の精神へと昇華するのである。

古来、中国に渡った日本僧たちの記録は多い。しかし、正伝の仏法について、これほど師《し》資《し》（師と弟子）の間で真剣に交わされた記録はない。『宝慶記』は、円仁《えんにん》（七九四～八六四）の『入唐求法巡礼行記《にっとうぐほうじゅんれいこうき》』や成尋《じょうじん》（一〇一一～一〇八一）の『参天台五台山記《さんてんだいごだいさんき》』等とは違い、真実の仏法を求める者同士が、正法に正しく向き合った、面授《めんじゅ》（師と弟子とが目のあたりに相対して証契即通《しょかけいそくつう》すること）の記録である。日中の枠を超越した師弟の問答が、阿吽《あうん》の呼吸のうちに展開されている。その真摯な情景は、たとえていうなら、葛飾北斎《かつしかほくさい》の『富嶽三十六景《ふがくさんじゅうろっけい》』の一枚、「神奈川沖浪裏《かながわおきなみうら》」に描き出された波濤の一瞬、次の刹那《せつな》に砕け散るそのさまを彷彿《ほうふつ》とさせるほど、師資の問答が躍動感にあふれ、展開しているのである。

二

宝慶元年五月一日、中国浙江省《せっこう》の天童山景徳寺《けいとくじ》にも初夏の風が吹き渡り、緑の影が濃くなりはじめた時節のことである。入宋以来、中国で尋師訪道《じんしほうどう》の旅を続けた道元が天童山へ帰山した。焼香礼拝《らいはい》をして方丈に入ると、そこには黒衣に木蘭《もくらん》の袈裟《けさ》を着けた長身の長老が、端正な趣で曲椽《きょくろく》に掛けていた。道元の正師となる天童山景徳寺第三十一代住持、長翁如浄その人である。

人は、ときに人を求めてさまよう。人と人との出会いは、偶然性がきわめて高い。己《おのれ》の求める人と出会えることは、きわめて希《まれ》である。しかし、人は、その事実を知りながらも、なお、勝《すぐ》れた人との出会いを求める。とりわけ、仏法が人をつくり、仏法に生かされる禅者は、古来、己の全生命を賭して精進し得る偉大な善知識《ぜんちしき》（最高の禅者）を求め、自分自身の足で尋師訪道する。それは、師が弟子を、弟子が師を真の仏道者たらしめる唯一の道であるからにほかならない。師と弟子の真実の邂逅《であい》は、他者がけっして介入することのできない不可思議な機縁を熟成させる。

道元は、中国で最初に師事した無際了派《むさいりょうは》（一一四九～一二二四）の示寂《じじゃく》後、栄西《えいさい》（一一四一～一二一五）の足跡を追うように尋師訪道した。如浄は、天童山の前住、無際の遺書を承《う》け、南宋の嘉定《かてい》十七年（一二二四）の秋より天童山に勅住していた。若き日の道元の師でもある明全《みょうぜん》（一一八四～一二二五）の慫慂《しょうよう》もあってか、如浄は目のあたりに道元の非凡な器量を見抜いた。道元もまた、一瞬のうちに正伝の仏法を受け継ぐにふさわしい正師を見出した。方丈は、ただ静寂であった。

そのとき、如浄は、「希代《きたい》、不思議《ふしぎ》の機縁《きえん》なり」（『建撕記《けんぜいき》』）と穏やかにつぶやき、「仏仏《ぶつぶつ》祖祖《そそ》、面授《めんじゅ》の法門《ほうもん》、現成《げんじょう》せり」（同）と確かな口調で述べた。如浄六十四歳、道元二十六歳。三百年来不世出の古仏と称された類い希な禅匠と、仏道を究めんとする若き道元との歴史的相見であった。

いま、道元の眼前には、仏道の一切を託すべき正師がいる。釈尊《しゃくそん》より、西天二十八代を経て達磨《だるま》によって中国へもたらされ、坐禅を悟りの手段とするような単なる習禅ではない面壁《めんぺき》九年《くねん》の端坐より東土二十三代、一器の水が一器に移されるように、一滴も余すことなく受け継がれてきた正伝の仏法が息づいている。一途に、そして果てしなく追い求めた正師たるべき仏法正伝の師が確かにそこにいた。

如浄と道元の邂逅は、かつて釈尊が霊鷲山《りょうじゅせん》の説法で弟子の摩訶迦葉《まかかしょう》と交わした「拈華微笑《ねんげみしょう》」、嵩山少林寺《すうざんしょうりんじ》における達磨大師と神光慧可《しんこうえか》（四八七〜五九三）の「礼拝得髄《らいはいとくずい》」、黄梅山《おうばいさん》における五祖弘忍《こうにん》（六〇一〜六七四）から六祖慧能《えのう》（六三八〜七一三）への袈裟の伝授、これら正法の付法と同等な、格別な出会いであった。この相見の瞬間こそ、希代なる機縁の現成であった。

道元は、後にその感激を「まのあたり先師《せんし》をみる、これ人にあふなり」（『正法眼蔵《しょうぼうげんぞう》』「行持」巻）と述懐している。道元は、「仏仏祖祖、面授の法門、現成せり」という言葉に、かつて覚えたこともない心の高揚を感じた。求道の志気が全身に漲《みなぎ》るのを感ぜずにはいられなかった。

三

如浄は、宏智正覚《わんししょうがく》（一〇九一〜一一五七）の提唱した黙照禅《もくしょうぜん》を嗣続《しぞく》し、簡素を好み、参禅弁道に徹し、名利《みょうり》を求めず、ひたすら仏祖の児孫として只管打坐の仏道を歩んでいた。当時にあっては数少ない純然たる禅風を保持していた希有《けう》な禅僧である。天童山に晋住《しんじゅう》する前、別の寺院の住持に就任した際には、皇帝から恩賜《おんし》の紫衣《しえ》を贈られても、これを断乎として拒絶するなど、政治権力には一切近づかない屹立《きつりつ》した異色の存在でもあった。その姿勢は、生涯を通して一貫している。

最晩年になっても、只管打坐の正道に対する不退転のありようを、

> 私は十九歳のときから、一日一夜も坐禅をしない日はなかった。また、私は住持となる前から、故郷の人と話をしたことがない。参禅のための時間が惜しいからである。修行中は、自分の足を留めた僧堂から出たこともなく、老僧や役寮のところへまったく行ったことなどない。物見遊山をして修行のときを無駄に過ごしたこともない。禅堂やあるいは坐禅のできる静かな高い建物の上や物陰などを求めて一人で静かに坐禅した。いつも坐禅に用いる蒲団《ふとん》を持ち歩き、ときには岩の上でも坐禅した。そして、いつも思った。釈尊の極

められた金剛座を坐り抜くのだ、と。ときには尻の肉が爛《ただ》れて破れることもあったが、そういうときには、なおさら坐禅に励んだものだ（『正法眼蔵』「行持」上巻）。と示誡《じかい》している。その日常は、老いてなお修行僧とともに徹底して只管打坐を行ずる《ぎょう》ものであった。

日本の建仁寺《けんにんじ》において、最晩年の栄西にまみえ、その高弟である先師明全のもとで学道に邁進《まいしん》した道元は、古来、禅者における出会いにこそ、師と弟子の両者を仏法の高みへと導く偉大な力があることを認識していた。いわば、仏法は人と人との邂逅によって熟されていくことを銘記していたのである。それゆえ、正師との出会いを熱望するようになっていた。その正師を求める思いこそが日本国内に止《とど》まることなく、はるか中国へと飛翔させたのである。如浄との邂逅によって、道元の仏法に対する視点と覚悟は決定的なものとなった。

中国において、実際に僧堂内において禅の実体験を見聞きし、さらに悟りの証明ともいえる嗣書《ししょ》（仏法が伝わってきた系譜）を拝覧すること数度に及んだ道元は、それによって正伝の仏法が正師を通して確実に弟子に嗣承されている現実を確信する。しかし、正師を得ることを一大事とする求法の旅路は、眼前に現れる先達の険峻を次々と乗り越えて行かなければならない過酷なもので、一切の妥協を許さない、きわめて強靭な意志を必要とした。なかには、親切に法を嗣ぐことを許す老僧もいたが、そうした者にさえ道元は、正師に非ずと思えば、ただ黙って焼香礼拝し、法席を辞去するばかりであった。そのような苦難の先に、ようやく巡り会えたのが如浄その人であった。

しかし、道元が「身心脱落」し、「一生参学《いっしょうさんがく》の大事《だいじ》、ここにをはりぬ」（『正法眼蔵』「弁道話」巻）の境界《きょうがい》にいたるまでには、日本からの師であり、ともに入宋した明全の死を越え、さらに如浄膝下《しっか》での濃密な参禅弁道を経過する必要があった。

四

如浄との初相見を果たした二十六日後、宝慶元年五月二十七日に先師明全が四十二歳で示寂した。入宋以来の三年間、天童山において厳しい修行を続け、ようやく頭角を現しはじめた矢先のことである。道元と宋に連れ立ち、天童山に導いた明全は、道元における仏法開眼《かいげん》の先導師であった。

明全が亡くなると、道元の双肩に師への報恩のためにも仏道を究めなければならない責任が急に重くのしかかってきた。日本より長年抱えてきた疑団《ぎだん》を、そして中国で諸方を遍歴して実地に見聞した仏法の諸問題を早急に解決する必要に迫られたのである。道元は、必死であった。思慮の末、ついに書状をもって如浄に格別の個人的な教導を願い出た。一介の外国の若輩僧が中国禅宗五山の雄である天童山の住持に対してである。通常ならば、けっして応諾されうるようなことではない。

しかし、如浄の返答は道元の嘆願を待っていたかのようであった。「道元よ、君はいまから後、昼夜を問わずいつでも、お袈裟を着けていようがいまいが、私の方丈に来て仏道について質問してよろしい。私は父が子の無礼を許すように君を迎えよう」（『宝慶記』拝問1 本書二九頁参照）と慈慮をもって応じたのである。

それからというもの、道元は寸暇を惜しんで方丈に参じ、拝問に拝問を重ね、仏道の深奥を如浄に尋ねた。それに対する如浄の応答は、道元の境界を認めることがほとんどであったが、見当違いな仏道の理解、ともすると比叡山から引き摺ってきた、言葉の上での単なる仏教教理に拘泥《こうでい》した知的分別のみにたよる見解《けんげ》には、厳しい姿勢で否定の言を呈し仏道の実際を説いた。

道元は、その厳格な慈誨を素直に受け入れ、中国・日本のどこを訪ねても如浄の教示ほど道理に適った教えはなく、幾世を重ねようとも出会いがたい真実の教導であると讃してやまない。いってみれば、如浄の慈誨は、道元が懐いていた当時の日本天台教学の精緻な学問仏教の旧窠を脱落せしめ、さらなる高みである只管打坐の世界へ教導し、転回せしめているのである。道元は、正法の実参実究の世界に実帰したのである。

如浄は、道元をして「洞宗《とうしゅう》の託《たく》する所《ところ》は、儞《なんじ》、乃《すなわ》ち是《こ》れなり」（『宝慶記』慈誨43 二四二頁参照）と、正伝の仏法の将来を託し、坐禅はいうまでもなく、仏道のありよう、学道の用心、禅林の風儀に及ぶ一切を委ねた。なかんずく、専心に慈誨したのが只管打坐の世界である。如浄は、「参禅《さんぜん》は身心脱落《しんじんだつらく》なり。焼香《しょうこう》・礼拝《らいはい》・念仏《ねんぶつ》・修懺《しゅさん》・看経《かんきん》を用《もち》いず、祗管打坐《しかんたざ》のみ」（『宝慶記』示誨15　一〇六頁参照）とみずから範を示し、さらに三十余年に及ぶ端坐の消息と六十五歳の現在においても確乎として不断に行じつづけている弁道功夫《べんどうくふう》のありようを説示している。道元は、これこそ仏祖の金口《こんく》であると感涙するのである。

　如浄は、慈悲をもって道元に只管打坐の世界を開き示し、慈誨をもって教導し、薫化してやまなかった。『宝慶記』にはその一切が記されており、道元の拝問と如浄の示誨・慈誨を合わせると、実に四十四項に及ぶ（項の分けかたについては、四十二項とも五十一項ともされ、それは注釈者によって一定しない）。道元は、嫡嫡相承《てきてきそうじょう》されてきた如浄の教示に、ときには頭を地に打ち、それを信受し、ときには歓喜落涙して、釈尊以来の正法を享受している。そこには、正伝の仏法に生かされ、仏道と真摯に向き合う正師古仏如浄と正嗣道元の生命が躍動しているのである。

　日本の仏教史上、その前後に比類なく、現代にも嗣承され、そして未来にも嗣続される只管打坐の仏法は、修証一等《しゅしょういっとう》・証上《しょうじょう》の修《しゅう》として『正法眼蔵』（九十五巻）において、さらに語録として残された『永平広録《えいへいこうろく》』（十巻）において、明得・説得・信得・行得の確たる信念のもとに展開されるが、それはまさに道元が如浄に邂逅して初めてなしえたことである。

五

『宝慶記』は、筆者を道元の仏法の入り口に導いてくれた最初の書である。忘れもしない、昭和四十年（一九六五）五月二十七日、永平寺での安居《あんご》中に山内の知庫寮《ちこりよう》にて宇井伯寿《ういはくじゆ》師の『宝慶記』（岩波書店、昭和三十九年）を求めた。衆寮《しゆりよう》に戻って裏表紙に日付を書きこみ、即座に夢中になって読んだ。その日が明全師のご命日であることを知るのは、後になってからである。当時は、その内容をほとんど理解しえなかった。しかし、如浄の「参禅は身心脱落なり、焼香、礼拝、修懺、看経を用ひず、祗管（只管）に打坐するのみ」という強く烈しい慈句だけは脳裏に刻まれ、道元の強烈な求道の精神に心熱くしたことは、昨日のことのように覚えている。『宝慶記』に向き合うたび、不遜ながらも道元の正伝の仏法を究めなければならぬと堅く決意した当時を思い出す。

道元の仏法を学びたいと思いながら、『正法眼蔵』『永平広録』に挑戦し、躓《つまず》き、それに頓挫し、あるいはそれを諦めている人びとに、筆者は、まずは『宝慶記』の精読を勧めたい。それは、若き道元の熱き求道の志が、そこに展開しているからである。さらにいえば、後の、現代にいたる日本が矜持すべき、日本人たるきわめて鮮烈な精神の原点がそこにあるからである。日本の新しい文化の展開は、道元の飽くなき求道の志気にこそあるのである。

『宝慶記』は、わが高祖道元が如浄に実参実究した室中の奥書である。そのため、本書の〈語義〉は広くその意義を探り、〈現代語訳〉は、その意を損なわないように、できうるかぎりわかりやすい表現に、〈解説〉は各項目の主旨、さらに慈誨の時代背景等にも触れながら、詳細に解釈した。が、知解思慮分別の世界に拘泥する道元のもっとも嫌う算沙の輩の一人である筆者の眼前に、その仏法は今なお巍々《ぎぎ》として聳え立ち、浅薄な独りよがりや誤解も免れない点もあるのではないかと懸念する。いま筆者はただ、眉鬚堕落《びしゆだらく》の心境の直中《ただなか》にある。読者各位には、深くご寛恕を請いたく願うしだいである。

本書を執筆するにあたっては、多くの学恩を承けた大久保道舟師の「宝慶記」（『道元禅師全集 全』、春秋社、昭和十年四月）、並びに宇井伯寿師の『宝慶記』（岩波書店、昭和十三年十月）等に多大なる示唆を受けた。古註では『宝慶記聞解《ほうきようきもんげ》』、注釈書である『事林』『弁々』『冠注』などを参考とした。とくに、論文は秋重義治師の「『宝慶記』考」上・下（『道元禅の大系』、八千代出版、昭和五十八年八月）に多くの示唆を頂戴した。また、『傘松』臨時増刊号「特集・宝慶記の参究」（昭和五十年）に収録されている先学諸師の諸論文も参考とさせていただいた。さらに、単行本として刊行されている、西嶋和夫師の『宝慶記講話』上・中・下（金沢文庫、上が昭和六十三年十月、中・下は昭和六十四年一月）、池田魯参師の『宝慶記――道元の入宋求法ノート』（大東出版社、平成元年六月）、鈴木鐵心師の『求道者のための「宝慶記」参究』（鴻盟社、平成五年十一月）、橋本禅巖師の『道元禅師 宝慶記講話』（大法輪閣、平成二十三年十二月）、水野弥穂子師の『現代語訳・註 道元禅師 宝慶記』（大法輪閣、平成二十四年一月）、をも参考とさせていただいた。ここに、心より感謝申し上げるしだいである。

本書は、平成二十三年（二〇一一）五月号から平成二十五年（二〇一三）一月号にかけて、永平寺の『傘松』誌上に連載したものを、ただちに刊行するつもりであったが、諸般の事情、筆者の多忙にかまけてたいへん遅延した。今回の刊行は、こうした事情を熟知する講談社学術文庫の横山建城氏によるきわめて強い慫慂と忍耐と決断とがなければかなわなかったであろう。

また、『宝慶記』原本の拝覧・撮影・複写・掲載等をご快諾いただいた愛知県全久院の佐藤善亮老師、並びに熊本県廣福寺の仲野智道老師のご助力がなければ『宝慶記』最良の写真版を附すことは成しえなかった。加えて、筆者の大学在任時代より今日にいたるまで、課外研究において研鑽を重ねた曹洞宗総合研究センター専任研究員の小早川浩大師、清野宏道師、並びに長野県源真寺住職の竹村宗倫師、大本山永平寺非常勤講師の大谷有為師の参画がなければ及ばなかったであろう。甚大なる縁の深さを感じ、心より感謝申し上げる。

平成二十九年　五月二十七日

大谷哲夫　識

目次

凡例

一、本書は、原則として永平寺第二祖孤《こ》雲《うん》懐《え》奘《じょう》禅師書写本、愛知県豊橋市全久院に秘蔵される古写本（以下「全久院本」）に依拠した。編集にあたっては、住職佐藤善亮老師のご厚意により、すべてを写真撮影させていただき、これを基礎とした。使用した写真は、資料として本書の巻末に、翻刻漢文とともに上下二段の体裁（上段・写真、下段・翻刻漢文）で掲載した。

一、巻頭の「如浄禅師に随時参問を懇願する」は、「全久院本」に欠けているため、先行の研究に準じ、福井県宝慶寺旧蔵の義雲系本、熊本県廣福寺所蔵の義尹・大智系本（以下「廣福寺本」）によって補った。とくに、本書では熊本県廣福寺住職仲野智道老師のご厚意をいただき、「曹洞宗文化財調査委員会」に所蔵されている「廣福寺本」の複写を巻末に掲載した。

一、参考のために「明和本」の「義雲禅師奥書」、面山瑞方の「宝慶記を彫するの序」を併せて掲載した。

一、「全久院本」には章段も番号も付せられてはないが、「和尚示」「拝問」「仏祖」「如来」などは行を改めている。本書では、「拝問」「和尚示」「慈誨」等の内容にしたがって章段を四十四に分け、番号を付した。

一、原文を改めた場合はその旨を注記した。ただし、明らかな誤記や誤字と認められる箇所については、この限りではない。

一、原文で使用されている常用漢字・人名漢字については、原則として新字体に改めた。ただし、巻末の「全久院本」は、原文どおりの字体とした。

一、「祇管」の語句は、今日において「只管」を使用する場合が多いため、原文にある場合を除いて、基本的に「只管」とした。

一、「禅師」「和尚」等々の尊称については、本文にあるものを除き、原則省略した。

一、各項目において原文に対する訓読文を記し、続いて〈語義〉〈現代語訳〉〈解説〉を記した。

一、訓読文は、先行研究を踏まえ、「明和本」等を基本として読みくだしている。それゆえ巻末の「全久院本」とは文章や表記、句読が若干異なる箇所がある。なお、本文には難解な仏教用語、禅門特有の語句、伝統的な読みくせがあるので、基本的にすべてにルビを付した。

一、〈語義〉は、江戸時代の『宝慶記』の注釈書である『宝慶記事林』『宝慶記摘葉集』『宝慶記聞解』なども参考とし、煩瑣を厭わず注釈をした。

一、〈現代語訳〉は、原意を損なわない範囲で、できるかぎり平易な訳文を心がけた。

一、〈解説〉は、道元禅師の拝問の内容や意義、さらに如浄禅師における応対の姿勢、慈誨の内容を中心に、各章段における問題の所在や時代背景、当時の思潮等との関連等についても可能なかぎり言及した。

一、〈語義〉〈解説〉に使用した『正法眼蔵』は、衛藤即応師の『正法眼蔵』（岩波書店）を用いた。

一、目次は、各章段の主たる内容に準じ、「拝問」「示誨」「慈誨」に分けて各題を作成した。ただし、「拝問」には必ず「示誨」あるいは「慈誨」が付属する。

一、本書は、大本山永平寺の機関誌である『傘松』の平成二十三年（二〇一一）五月号から平成二十五年（二〇一三）一月号までに連載した「『宝慶記』に参学する」を基礎とし、その際に省略した部分を補正して作成したものである。

一、本文中、今日において人権に抵触する語句が散見されるが、本書は純粋に学術研究を目的とすることに鑑み、その都度注意を払って掲載したもので、けっして差別事象に対する肯定的な文言を是認し、助長するようなものではない。

道元「宝慶記」

1　拝問《書簡》如浄禅師に随時参問を懇願する

道元《どうげん》、幼年《ようねん》より菩提心《ぼだいしん》を発《おこ》し、本国《ほんごく》に在《あ》りて道《どう》を諸師《しょし》に訪《とぶら》い、聊《いささ》か因果《いんが》の所由《しょゆう》を識《し》る。然《しか》も是《かく》の如《ごと》くなりと雖《いえど》も、未《いま》だ仏法僧《ぶっぽうそう》の実帰《じっき》を明《あき》らめず、徒《いたず》らに名相《みょうそう》の懐幖《えひょう》に滞《とどこお》る。後《のち》に千光禅師《せんこうぜんじ》の室《しつ》に入《い》り、初《はじ》めて臨済《りんざい》の宗風《しゅうふう》を聞《き》く。今《いま》、全法師《ぜんぼっし》に随《したが》って炎宋《えんそう》に入《い》る。航海万里《こうかいばんり》、幻身《げんしん》を波濤《はとう》に任《まか》せて、遂《つい》に大宋《だいそう》に達《たっ》し和尚《おしょう》の法席《ほっせき》に投《とう》ずることを得《え》たり。蓋《けだ》し是《こ》れ宿福《しゅくふく》の慶幸《けいこう》なり。

和尚《おしょう》、大慈大悲《だいずだいひ》、外国遠方《がいこくえんぽう》の小人《しょうじん》の願《ねが》う所《ところ》は、時候《じこう》に拘《かかわ》らず、威儀《いぎ》を具《ぐ》せず、頻《ひん》頻《ぴん》に方丈《ほうじょう》に上《のぼ》って、愚懐《ぐかい》を拝問《はいもん》せんと欲《ほっ》す。無常迅速《むじょうじんそく》、生死事大《しょうじじだい》、時《とき》、人《ひと》を待《ま》たず、聖《しょう》を去《さ》らば必《かなら》ず悔《く》いん。

本師堂上《ほんしどうじょう》　大和尚大禅師《だいおしょうだいぜんじ》、大慈大悲《だいずだいひ》、哀愍《あいみん》して道元《どうげん》が道《みち》を問《と》い法《ほう》を問《と》うことを聴許《ちょうきょ》したまえ。伏《ふ》して冀《こいねが》わくは慈照《じしょう》。小師道元百拝叩頭《しょうしどうげんひやっぱいこうとう》して上覆《じょうふく》す。

和尚示《おしょうしめ》して云《いわ》く、元子《げんす》が参問《さんもん》は今《いま》より已後《いご》、昼夜《ちゅうや》の時候《じこう》に拘《かか》わらず、著衣衩衣《じゃくえしゃえ》、而《しか》も方丈《ほうじょう》に来《きた》りて道《みち》を問《と》うに妨《さまた》げ無《な》し。老僧《ろうそう》、親父《しんぷ》のこの無礼《ぶれい》を恕《ゆる》すに一如《いちによ》せん。

太白《たいはく》　某甲《ぼうこう》

〈語義〉

○菩提心　菩提はサンスクリット語の漢音写語。漢訳の道心・道意・覚意などは意訳で、仏の悟りを得たいと願う心。具体的には、「菩提心とは、無常を観ずる心これなり」（『大智禅師法語』）、「菩提心をおこし仏道修行におもむく」（『正法眼蔵』「説心説性」巻）となってはじめて真実の仏道を行ずることとなる。○因果の所由　因果は原因と結果。因と果との間には必然的な関係があり、これを因果の道理・法則とし、仏教では三世を貫通する真実としてきわめて重要視する。修因証果の意。仏道修行に因って、必ず証があること。○仏法僧の実帰　仏法僧は、仏教を構成する三つの要素である、仏・法・僧の三宝のこと。仏教の教主である仏と、その教え（法）と、それを奉ずる集団（僧）をいう。実帰の「実」は真実、「帰」は帰処のことで、仏道修行者の最終的な落ちつきどころ。○名相の懐幖　名は教えの名称（名目）、相は教えの様相、仏教教学上の概念をいう。懐幖は文字・言句を心に抱くこと。○千光禅師　千光は栄西《えいさい》（一一四一～一二一五）の国師号。栄西は、備中《びっちゅう》（岡山県）吉備津《きびつ》の人。十一歳で出家、十四歳で比叡山に入り天台僧となり天台・密教を学ぶ。仁安《にんあん》三年（一一六八）入宋、天台山・阿育王山に参拝、広慧寺の知客《しか》から禅宗を学び、九月に帰国。が、禅の必要を感じ、文治《ぶんじ》三年（一一八七）再度入宋《にっそう》、インドを目指したが果たせず。以後中国にある五年の間、天台山万年寺に住した虚庵懐敞《こあんえしょう》（生没年不詳）に参禅、虚庵が天童山景徳寺に住持するとそれに随侍し臨済禅を学び、建久《けんきゅう》二年（一一九一）に帰国。京都に建仁寺、鎌倉に寿福寺《じゅふくじ》などを開創し禅宗興隆の先駆けを成した。著書に『興禅護国論《こうぜんごこくろん》』『出《しゅっ》家《け》大綱《たいこう》』『喫茶養生記《きっさようじょうき》』などがある。道元には「明庵千光禅師前権僧正法印大和尚位忌辰」（『永平広録』巻六—441、巻七—512）の上堂があり、『正法眼蔵随聞記』巻三（二）には建仁寺の僧正の美談が語られているように、道元の栄西に対する思慕の念は、師明全《みょうぜん》への思いとともに終生変わらない。（次項「全法師」参照）。ちなみに、道元の中国での尋師訪道の求法の旅路は、明全の慫慂があったものか栄西の足跡をたどる旅でもあった。　**○全法師**　明全（一一八四〜一二二五）のこと。伊賀《いが》（三重県）の人。八歳で出家、横川首楞厳院《よがわしゅりょうごんいん》の明融阿《みょうゆうあ》闍梨《じゃり》の弟子となって天台学を修め、十六歳で東大寺の戒壇院で具足戒《ぐそくかい》（比丘・比丘尼が保つべき戒）を受け、延暦寺で円頓戒《えんどんかい》を受ける（『明全和尚戒牒奥書《みょうぜんおしょうかいちょうおくがき》』による）。その後、諸方を遊学、建仁寺の栄西（注先項参照）の門下となり、一説にはその示寂《じじゃく》後、建仁寺の住職となったともいう。貞応《じょうおう》二年（一二二三）二月二十二日、明全和尚は死の床にある師の懇願を、仏法のためと意を決して（師の入宋に至る決意経過は、『正法眼蔵随聞記』巻六（一三）に活写されている）、道元・廓然・亮照とともに入宋した。在宋三年、はじめ景福寺に参じ、次いで天童山の無際了派《むさいりょうは》（一一四九〜一二二四）に参ずる。在宋三年、ようやくその名が知られるようになった矢先の宝慶元年（一二二五）五月二十七日、辰の刻（午前八時頃）天童山の了然寮にて示寂、享年四十二。明全和尚示寂時のようすは、道元が、嘉《か》禄《ろく》三年（一二二七）に記した『舎利《しゃり》相伝記《そうでんき》』に詳細に伝えられている。明全は、亡くなる三日前の五月二十四日に『栄西僧正記文《えいさいそうじょうきぶん》』を道元に与えた。これは、栄西が、五十年後に禅宗が盛んになることを予告したもので、建保《けんぽ》二年（一二一四）、栄西が明全に与えたもの。道元は、帰国の際に、その舎利と戒牒を持ち帰り、舎利を明全の弟子智国に与え、建仁寺の開山堂の脇に埋葬した。その遺跡はいまに伝えられ、戒牒は永平寺に蔵されている。**○炎宋**　趙宋《ちょうそう》（趙は宋室の姓）の別称。宋は、五行説（万物は天地の間に循環流行している木・火・土・金・水より生ずるとする）の火徳をもって王の受命の運とし、炎を冠して炎宋という。**○法席**　説法をする場所。その席。ここでは如浄の説法の場に身を投ずること。**○宿福の慶幸**　宿は古いの意。前世、過去世につくられた善い行為のために現世で報われた幸福。**○大慈大悲**　凡夫や声聞《しょうもん》の慈悲は単に悲といい、仏菩薩の慈悲を大悲、大慈大悲という。**○無常迅速、生死事大**　無常迅速は、人の命は瞬時も止まらずに移ろいゆくこと。生死事大は、生死の問題はきわめて重大で、それを如何にして超越するかが最重要課題であるということ。この語句は、五祖弘忍《こうにん》（六〇一～六七四）が弟子を接化《せっけ》する場合に用い、禅門では、この語句を重大視し、求法の切なる場合の常套句とする。**○本師**　嗣法相続した師をいうが、この場合は、本師釈迦《しゃか》牟《む》尼《に》仏《ぶつ》などと使われる宗祖・教祖の意味に近く、偉大なる師匠の意。**○堂上**

禅院の住職のこと、堂頭《どうちょう》に同じ。○哀愍　あわれむこと。○小師　僧戒（具足戒）を受けてから十夏（一夏は四月十六日から七月十五日までの九十日の安居の期間）に満たない者をさすが、この場合は、弟子の意味、つまり道元自身のこと。○叩頭　頭を地に打ちつけて礼拝すること。稽首《けいしゅ》に同じ。○元子　元は道元の下の一字で、それに親しみをあらわす子を添えたもの。○著衣衩衣　著衣は袈裟を着けること。衩衣は本来ふだん着のことであるが、禅林では袈裟をはずすことをも言う。○太白　某甲　太白は太白山。天童山ともいい、この麓に景徳寺がある。某甲は自称の代名詞、この場合は如浄自身のこと。

〈現代語訳〉

私、道元は幼少のころに全身心をゆるがすような求道の心をおこし、日本において仏道を諸師に尋ね、少しばかり仏法の根本である因果のよって来たるところを知りました。しかし、いまだに仏・法・僧の三宝の真実も明らかではなく、仏法をいたずらに文字づらだけでとらえ表面的に理解しているばかりです。

日本では、天童山にもゆかりのある栄西の門に入り、初めて臨済禅の宗風を学びました。いま、その弟子、私の師でもありました明全に随って入宋いたしました。明日をも知れぬ身を万里の波濤にゆだね、ようやくのことで宋の国に到達し、如浄和尚の教えを受けることのできる法席につくことができました。前世の因縁による僥倖《ぎょうこう》というのは、このようなことだと思います。

ところで、和尚の大きなご慈悲におすがりしたいことがあります。遠方の外国から参りました私の衷心からのお願いは、時刻のいかんにかかわらず、身なりや作法の無礼をお許しいただき、たびたび方丈にうかがい、愚問をお聞きいただきたいということです。

生死の問題を明らかにすることはきわめて重大です。そして、時の流れはすばやく、あっというまに人を死に追いたてます。時は人を待ってはくれません。禅師さまのご指導の下で明らかにしなければ、きっと後悔することになります。

偉大なる天童山のご住職大禅師、どうか大いなるご慈悲をもって、私、道元が仏道を問い仏法についてお尋ねすることをお許しくださいますよう、伏してお願い申し上げるしだいです。小師道元、百拝し叩頭して申し上げます。

〈如浄禅師からの返書〉

道元よ、君はいまから後、昼夜を問わずいつでも、お袈裟を着けていようがいまいが、私の方丈に来て仏道について質問してよろしい。私は父が子の無礼を許すように君を迎えよう。

太白山住持　天童如浄

〈解説〉

『宝慶記』の冒頭に掲げられたこの随時参問を願う奉呈文、若き道元の血を吐くような、何かに突き動かされたような激しい求道の精神の燃えさかった奉呈文は、いつごろ、なぜ提出されたのであろうか。その背景にはいったい何があったのであろうか。

道元は、十三歳のとき母方の叔父である比叡山横川《よがわ》の良顕《りようけん》をたずねて沙門《しやもん》（出家して仏道を修行する者）となり、翌年天台座主公円《こうえん》のもとで得度《とくど》した。が、天台教学を修学してまもなく一つの疑問に突き当たる。道元の生涯を記したもっとも基礎的なものとされる『建撕《けんぜい》記《き》』の伝えるところでは「顕密二教《けんみつにきよう》ともに談《だん》ず、本来本法性天然自性身《ほんらいほんぽつしようてんねんじしようしん》、と。もしかくのごとくならば、三世《さんぜ》の諸仏《しよぶつ》なにによりてかさらに発心《ほつしん》して菩提《ぼだい》を求むるや」と、きわめて単純明快に疑問を抱いたことを記している。その疑問とは、もともと悟っているものがなぜ修行をするのか。生まれながらに完成された人格を持っているなら、なぜ諸仏は苦しんでまで修行をするのか、という当時の日本仏教に対するきわめて基本的な疑問であった。この疑問をどのようにとらえるかということは、天台教学を学ぶ単なる少年僧の疑問ではなく、「草木《そうもく》国土悉皆成仏《こくどしつかいじようぶつ》」とか「一切衆生悉有仏性《いつさいしゆじようしつうぶつしよう》」という言葉で表現され、当時の日本仏教の内包する大きな問題でもあったといえる。つまり、本来仏であることと、修行を積んで初めて仏となるということは、根本的に相容れない。分別知的理解にのみ基づく論理的仏教観ではけっして解決できない。道元はその矛盾の解決に悩み抜いていたのである。道元の抱いたこの疑問は、当時の周辺の学僧たちにとっては出家以前のきわめて幼稚な質問にしか映らず、それに疑問を差し挟むなどとは論外でもあったようである。

この道元の疑問は日に日に大きくなり、ついに建保二年（一二一四）、近江《おうみ》三井寺《みいでら》（園城寺《おんじょうじ》）座主の公胤《こういん》（一一四五〜一二一六）を訪れる。公胤は道元と同じ村上源氏の出身で、当時有名な学僧であった。道元はさっそく、みずから抱いていた疑問を投げかける。が、それに対し公胤は直接答えることなく、その問題を「累代の口訣」においても解決しえないとし、当時大陸（宋）で盛んであった禅宗の存在を教え、入宋を勧めた。この公胤との出会いが契機となり、道元は栄西開山の建仁寺の門を叩き、栄西との相見《しょうけん》を果たす。このとき道元十五歳、栄西はすでに七十四歳であった（「あとがき――『宝慶記』の周辺にて」も参照）。『正法眼蔵』「弁道話《べんどうわ》」巻では、栄西に相見したらしいことは触れられていないからといって、それを否定することはできず、この問題は未解決のまま残されてはいる。が、知的教学的仏教に埋没し、知的葛藤に悩む道元に、相見した栄西はあえて南泉の「三世諸仏不知有、狸奴白牯却知有」という知的理解を超えた世界を示したのだと筆者は考える。それが後述する『正法眼蔵』「弁道話」巻の「聊《いささ》か臨済の宗風を聞く」という表現になり、その宗旨の多くは栄西の示唆により、その高弟明全から学んだと筆者は確信している。でなければ、『永《えい》平広録《へいこうろく》』における明庵和尚《みんあんおしょう》（明全）忌《き》の二度の忌日上堂と同様に、千光禅師《せんこうぜんじ》（栄西）忌日の追善（死者の冥福のための仏事）の上堂が二度（『永平広録』巻六―435・巻七―504）なされている事実が意味をなさない。つまり、忌日上堂は、相見もしていない単なる師翁への追善であろうはずがないからである。

栄西自身も道元同様に十代のはじめに出家して比叡山で学んだ経験を持っていたためか、道元が抱いている疑問や、さらに禅を学び、仏法をきわめたいという切なる気持ちもよく理解できたのであろう。そこで、栄西は、自分の高弟であった建仁寺の明全を紹介する。

明全は、道元と同じく比叡山で天台教学を学び、諸方を遊学した後、栄西の弟子となった。栄西下のなかでも戒律を重んじた僧であり、入宋の希望を強く持っていた。

建仁寺の明全を紹介されたことは、道元がこの上ない入宋の可能性を与えられたことを意味した。なぜなら、建仁寺こそが入宋の夢を果たすには絶好の修行の地であったからである。開山《かいさん》栄西自身が二度の入宋経験を積んでいる。また、二代将軍源頼家《みなもとのよりいえ》が開基のこの寺は、鎌倉幕府とのきわめて強いつながりを持ち、大陸からの新鮮な情報収集にも有益だったのである。

栄西が七十五歳の生涯を閉じたのは、道元との相見から一年も経たない建保三年（一二一五）のことであった。道元は、栄西の死に深い悲しみを受けるが、入宋の夢は徐々に膨らんでゆく。建保五年（一二一七）、『大蔵経《だいぞうきょう》』を二度読破したのを機会に正式に比叡山を下り、建仁寺の明全を訪ね、その下で、顕・密・戒・禅の四宗兼学の薫陶を受け、天台の止観はもとより、栄西直伝の臨済禅の宗風も身につけたのである。そして、承久《じょうきゅう》三年（一二二一）九月、明全から師資相承の印可を受け、明全を先師と呼び終生尊崇の念を抱きつづけるのである。

道元の本師は如浄であるのはいうまでもない。が、その本師に巡り会うまでの参学の師は多く、なかでも明全については『正法眼蔵』「弁道話」巻に、

予、発心求法よりこのかた、わが朝の遍方に知識をとぶらひき。ちなみに建仁の全公（明全）をみる、あひしたがふ霜華、すみやかに九廻をへたり。聊か臨済の宗風を聞く。全公は祖師西（栄西）和尚の上足として、ひとり無上の仏法を正伝せり、あへて余輩のならぶべきにあらず。

と記す。明全は、十八歳から二十六歳に至る九年間師事した、道元の生涯でも長く随侍した、もっとも忘れ難き恩師の一人なのである。

入宋以来（明全の入宋の経緯については〈語義〉参照）、天童山に参禅弁道すること三年、その名がようやく両浙（浙江の両岸）にも聞こえるようになった明全であったが、宝慶元年（一二二五）五月十八日、突如として微疾にかかり、同月二十七日、天童山了然寮にて示寂した。その死にのぞみ、明全は衣装をととのえ、正身端坐《しょうしんたんざ》のまま入滅した。歳わずかに四十二であった。二十九日、荼毘《だび》に付すと、火五色に変じ、白色の舎利三顆を得、拾うにつれて三百七十余顆となったという。後に道元は、

平生行道徹通親《へいぜいぎょうどうてつつうした》し、寂滅以来面目新《じゃくめついらいめんもくあら》たなり、且《しばら》く道《い》え如何《いかん》が今日《きょう》の事《じ》、金剛焔《こんごうえん》の後真身《のちしんじん》を露《あらわ》す（わが師明全和尚の仏道修行は真に徹底をきわめておられ、ご示寂後もその面目は不滅で、今日にいたっても輝いておられる。私は、いまも今日は如何ですかと問いか

けたい、師は荼毘に付され金剛炎のなかでも露堂々と現前しておられた。『永平広録』巻十—真賛5）とその面影を強烈な思いで偲んでいる。その舎利は道元が帰国のときに持ち帰り、建仁寺開山堂の入定塔の前には明全の五輪塔が建てられている（『明全和尚《みょうぜんおしょう》戒牒奥書《かいちょうおくがき》』『舎利《しゃり》相伝《そうでん》記《き》』）。また、仏樹《ぶつじゅ》和尚（明全）忌には追善上堂（『永平広録』巻六—435・巻七—504）が行われている。

ところで、死病の床にある師にすがりつくような弟子の心持ちと、それに報いたい自分の気持ちを「今生暫時の妄愛迷情」と喝破した明全が示したものは、結果的に情的感情を排除しての入宋求法の堅固な情熱と決意である。それはもはや俗世における通常的な無常観をも透徹しきった求道心の壮絶さであった。そうした恩師の異国での凄絶な死は、道元に強烈な示唆を与えずにはおかなかった。道元の大悟徹底は、師が示寂してまもなくの夏《げ》安居《あんご》も終わりに近い日のことであることを勘案すると、明全の死は道元に出家を決意させた無常観の強い再認識と求道心を魂の奥底からゆさぶりあげる何らかの強い影響を与えたことは否めない事実であろう（「あとがき」二九六頁参照）。

道元における明全の存在は、単に日本での学道の師であるばかりではない。道元の入宋求法の決意は、明全・道元の師弟という立場を越えての両者互いの情熱の所産と言えなくもない。ともかく、明全とは、道元の入宋求法大悟徹底の本懐を遂げさせるための先導師であった。明全の行実《ぎょうじつ》そのものが、道元の大悟をあらしめたのである。つまり、『宝慶記』の冒頭に掲げられている激しい求道の精神が感知される随時参問の奉呈文は、明全亡き後の、自分に課せられた仏道をきわめるという壮絶な使命感から湧き出る血を吐くような決意でもあったのである。その奉呈文は、明全が荼毘に付された際に決意され、その直後に如浄に奉呈されたもので、それは七月二日に初めて如浄の方丈を拝問するほぼ一ヵ月前のことであった。

2　拝問　教外別伝の真意とは何か

宝慶《ほうきょうがんねん》元年七月初《がっしょ》二日《か》、方丈《ほうじょう》に参《さん》ず。

道元拝問《どうげんはいもん》す。

「諸方《しょほう》、今《いま》、教外別伝《きょうげべつでん》と称《しょう》し、而《しか》も祖師西来《そしせいらい》の大意《たいい》を看《み》ると為《な》す、其《そ》の意如何《いいかん》」。

和尚示《おしょうしめ》して云《いわ》く。

「仏祖《ぶっそ》の大道《だいどう》、何《なん》ぞ内外《ないげ》に拘《かか》わらん。然《しか》るに教外別伝《きょうげべつでん》を称《しょう》するは、唯摩騰《ただまとうとう》等の所伝《しょでん》の外《ほか》に、祖師西来《そしせいらい》し、親《した》しく震旦《しんたん》に到《いた》り、道《みち》を伝《つた》え業《ぎょう》を授《さず》く。故《ゆえ》に教外別伝《きょうげべつでん》と云《い》うなり。世界《せかい》に二つの仏法有《ぶっぽうあ》るべからず。祖師《そし》未《いま》だ東土《とうど》に来《きた》らざる先《さき》、東土《とうど》には行李《あんり》のみ有《あ》って、未《いま》だ主《ぬし》有《あ》らざりき。祖師《そし》既《すで》に東土《とうど》に到《いた》れるは、譬《たと》えば民《たみ》の王《おう》を得《え》たるが如《ごと》し。爾《そ》の時《とき》に当《あた》って、国土《こくど》、国宝《こくほう》、国民《こくみん》、皆王《みなおう》に属《ぞく》するなり」。

〈語義〉

○七月初二日　宝慶元年（一二二五）七月二日、現行太陽暦八月十四日。初は、「はじめの」ぐらいの意。○方丈　禅院における住持職にある者の居室のこと。○教外別伝　禅門で「不立文字《ふりゆうもんじ》、教外別伝《きようげべつでん》、直指人心《じきしにんしん》、見性成仏《けんしようじようぶつ》」とする四句の中の一句で、経典が説く教え以外に、体験的に別に伝えるものこそが禅の真髄であり、経論の文字に滞らず、ひたすらなる坐禅によって釈尊の悟りに直入する禅宗が仏祖の大道を伝えているとする、禅の宗義が他の仏教とは異なることをことさらに表す代表的な言葉。○祖師西来の大意　中国禅宗の初祖菩提達磨が西天（インド）から東土（中国）に渡り伝えた禅の根本義、禅の奥義、禅の真髄のこと。禅宗では「祖師西来意」として禅の本来の意義を問いただす公案に多く用いられた。○仏祖の大道　仏々祖々が全身心を挙して修行した大道。仏道のこと。○摩騰等の所伝　迦葉摩《かしようま》騰《とう》と竺法蘭《じくほうらん》が、後漢の明帝《めいてい》の永平《えいへい》十年（六七）に初めて仏教を中国に伝え、『四十二章経』等を訳出したと伝えられることを示す。○行李　行脚僧《あんぎやそう》が修行に必要な物を入れ携行する荷物入れのこと。李は履と音通で行履という語もあるが、それは起居動作・修行実践の一切をいう。

〈現代語訳〉

宝慶元年七月二日、初めて如浄の方丈に参上した。

道元《わたくし》は拝問した。

「現在、方々で、『不立文字、教外別伝、直指人心、見性成仏』という言葉のなかの『教外別伝』をとくに取り上げて、釈尊のさとりは、文字や言葉にもとづく経典や教理によって伝えることはできず、ただ心をもって心を伝えるものだとして、菩提達磨がインドから中国へ来られたのがそれなのだなどと説いていますが、それは正しい解釈なのでしょうか」。

如浄は、次のように教示された。

「仏祖の大道、仏道に、どうして内だとか外だとかがあろう。それにもかかわらず、教外別伝などと言っているのは、後漢明帝の永平十年（六七）に、迦葉摩騰、竺法蘭が初めて中国に来て、『四十二章経』、『仏本行集経《ぶつほんぎょうじっきょう》』などを訳して仏教の教えを伝えたほかにも、後に菩提達磨がインドから中国へ渡来され、仏祖の法を守って仏道に励む真の方法を伝授したという意味で教外別伝というのである。世界に二つの仏法があるはずがない。菩提達磨が中国に来ていない状態というのは、中国に荷物が先にきて、送り主であり持ち主である本人がまだ中国に到着していないようなものなのだ。『教外別伝』、あるいは『祖師西来』の本当の意味はそのように理解されなければならない。たとえていえば、菩提達磨が中国に来られたのは、人民がこれを統率する王を得たようなものである。人民が統治の王を得たときには、国土、国宝、国民は皆、王に属するように、それまで伝わっていた仏教はすべて菩提達磨の仏法に属するということなのである」。

〈解説〉

真実の仏法を求めてやまない道元が、初めて如浄の方丈に拝問に参上したのは、宝慶元年（一二二五）七月二日（現行太陽暦八月十四日）のことである。時に道元二十六歳、如浄六十四歳。明全が五月二十七日に四十二歳で示寂してからちょうど三十五日目に当たる。それはまた、道元が、中国における尋師訪道に疲れ、天童山に帰り、五月一日に天童如浄との、歴史的な真に感動的な初相見より約二ヵ月を経過している。では、初相見より拝問まで、なぜそれほどに時間を要したのか。それは、帰寺してよりの身辺整理、そして何よりも、日本から師事すること九年、ともに中国に渡った病床にある師明全の看護であり、その示寂後の仏事に追われていたのである。この初めての拝問に至る、先の随時参問の奉呈文は、明全示寂直後のことであり、師明全が亡くなったいま、日本から堅く決意した仏法を究めるという重責は道元一人の肩に課せられたのであり、その決意表明が先の奉呈文であったことはすでに述べた。

しかし、その行動は、つまり一介の異国の修行僧が、天下の大寺院天童山景徳寺の堂頭大和尚に、時間も身なりも整えずに方丈に上がって愚懐を述べるということは、常識的にはありえないはずである。が、道元はそれをし、如浄もそれを許したというのは、その初相見が、不世出の師匠と不世出の弟子との、師が資《でし》を認め、資が真実の正師を得た、日中の領域をはるかに超越しての仏法上の歴史的な邂逅《かいこう》であったことを物語っている。仏法衰微の潮流の真っ只中にあって、ひとり天童如浄古仏のみが、正伝の仏法を堅持していた、正師と呼ぶにふさわしい、きわめて稀なる存在であった。

さて、その最初の参問は「教外別伝」のことであった。

「教外別伝」という言葉は、〈語義〉にも記したように、菩提達磨が伝えたとする「不立文字、教外別伝、直指人心、見性成仏」の四句の一句で、経典が伝えるところには仏法の真実はなく、菩提達磨が伝えたところのみに仏祖の大道がある。つまり、禅宗の綱領は、経典や文字のなかにあるのではなく、経典や文字の指し示しているところを直接端的にとらえるところにあるとする、禅宗以外の仏教、経典・文字をよりどころとしている教家に対する優位を強調する言葉である。

道元の入宋した時代の禅者たちは、その多くが禅宗の仏道と教家のそれとはまったく別物とするのが通説であったのであり、その実態を中国の尋師訪道においておそらくは実体験していることに基づく質問である。それは拝問19（一三四頁参照）に見られるように、明全が示寂し、如浄に相見する以前に、育王山の大光長老に謁したときに大光は「仏祖の道と教家の談と水火なり、天地懸《はる》かに隔たる」と別伝の宗風を挙揚している事実がある。

それについて、如浄は、「教外別伝」というのは、迦葉摩騰らがはじめに経典を訳し釈尊の教えを伝え、菩提達磨が別の仏法を伝えたというのではなく、道業伝授、つまり仏祖の法を守って仏道に励む真の方法を伝授したという意味で、「世界に二つの仏法有るべからず」と、世界に二つの仏法があるはずはないと明確に教示したのである。この如浄の見解は、当時の中国においては、現実には禅宗と教宗の区別が存在し、禅・教・律などの寺院の別があり（拝問28　一六二頁参照）、おのおの僧がいて、「一仏法」とは言えない状況にありながら、その現実を痛烈に批判し、「禅宗」という呼称すらも否定している（拝問14　九四頁参照）ところにも見られる。後の道元も、「禅宗」という呼称を全面否定し、さらに『正法眼蔵』「仏教」巻のなかで、経典のほかに「上乗一心の法」というのがあり、それが「教外別伝」だという説を謬説《びゅうせつ》だと示衆してもいる。

ここで、道元の拝問のしかたを見てみる。道元は、いきなり、「教外別伝とは何か」とは質問していないことに注意すべきである。つまり、道元は、日本において、精緻な理論的分析が不可欠である天台教学を原点としながらもその師翁（師の師）栄西が『興禅護国論《こうぜんごこくろん》』において、禅の大儀は「不立文字、教外別伝」にあると論じたこと、また『七十一番歌合』の六十四番に配された禅宗対教家の問答などから、この二句が禅宗の宗義の象徴であることは十分に認識しているのであり、さらに中国にわたり、当時の禅宗に流布していた「教外別伝」の見解に対して疑義を懐《いだ》き、その見解が誤りであることを判然と認識した上での質問であることを注意しなければならない。つまり、この「教外別伝」についての質問は、道元の禅家と教家に対する認識への確認事項でもあったのである。おそらく道元はこの時点で「教外別伝」なる言葉がみだりに「禅宗」と称する輩たちの生んだ教学軽視の妄想であり虚構にすぎないことを判然と認識したのではなかったか。

なお、この「不立文字、教外別伝、直指人心、見性成仏」の語句は、六祖慧能《えのう》（六三八〜七一三）の時代から盛んになった南宗禅の発展とともに禅の標識として掲げられ、唐末に至ってこの語の起源を菩提達磨に帰したとするのが通説となっている。

3　拝問　思慮分別を無視した払拳棒喝《ほっけんぼうかつ》は正しいか

道元拝問《どうげんはいもん》す。

「今諸方古今《いましょほうここん》の長老等云《ちょうろうとういわ》く、『聞《き》いて聞《き》かず、見《み》て見《み》ず、直下一点《じきげいってん》の計較無《けこうな》き、乃《すなわ》ち仏祖《ぶっそ》の道《どう》なり』と。是《ここ》を以《も》って、拳《けん》を竪《た》て、払《ほっ》を挙《こ》し、喝《かつ》を放《はな》ち、棒《ぼう》を行《ぎょう》じて、学者《がくしゃ》をして一つも卜度《ぼくたく》すること無《な》からしめ、遂《つい》に則《すなわ》ち仏化《ぶっけ》の始終《しじゅう》を問《と》わず、二生《しょう》の感果《かんか》を期《ご》すること無《な》し。これら是《かく》の如《ごと》き等《とう》の類《たぐい》、仏祖《ぶっそ》の道《どう》たるべきや」。

和尚示《おしょうしめ》して云《いわ》く。

「若《も》し二生無《しょうな》くんば、実《じつ》に是《こ》れ断見外道《だんけんげどう》なり。仏々祖々《ぶつぶつそそ》、人《ひと》の為《ため》に教《きょう》を設《もう》くるに、都《すべ》て外道《げどう》の言説無《ごんせつな》し。若《も》し二生無《しょうな》くんば、乃《すなわ》ち今生《こんじょう》も有《あ》るべからず。此《こ》の世《よ》既《すで》に存《そん》す、何《なん》ぞ二生無《しょうな》からん。我《わ》が儻《ともがら》は久《ひさ》しく是《こ》れ仏子《ぶっし》なり、何《なん》ぞ外道《げどう》に等《ひと》しからん。学人《がくにん》の又《また》、学人《がくにん》をして直下第《じきげだい》二点無《てんな》からしむが如《ごと》きは、仏祖一方《ぶっそいっぽう》の善巧方便《ぜんぎょうほうべん》なり。諸《しょ》為《ため》に、而《しか》も所得無《しょとくな》きには非《あら》ず。若《も》し所得無《しょとくな》しとせば、善知識《ぜんちしき》に参問《さんもん》すべからず、仏《ぶつ》も出世《しゅっせ》せざらん。唯《ただ》、直下《じきげ》に見聞《けんもん》して便《すなわ》ち了《りょう》ずるのみなるを要《よう》して、更《さら》に信及《しんぎゅう》することを無《な》く、更《さら》に修証《しゅしょう》すること無《な》くんば、北州《ほくしゅう》豈《あ》に仏化《ぶっけ》を得《え》ざらんや、北州《ほくしゅう》豈《あ》に見聞覚知無《けんもんかくちな》からんや」。

〈語義〉

○長老　僧臘《そうろう》十夏（出家得度以後十年）以上の僧の尊称。住職・和尚の敬称、ここでは住職のこと。○直下一点　直下は、そのまま、単刀直入に、少しの余念や雑念を交えることなくの意。一点は、ひとかけら、すこしも、いささかもの意。○計較　計は考え、較は比べることで、あれこれと思慮分別すること。はからい。○拳を竪て、払を挙し、喝を放ち、

棒を行じて　拳骨を振り上げてみたり、払子《ほっす》をふるったり、喝したり（どなりつけたり）、棒（警策《きょうさく》など）で打ったりすること。肉体的に修行僧を導こうとする手段。○卜度　占いはかるというのが原意だが、この場合は分別思慮すること。○仏化の始終　仏が衆生を接化・教化し導くことのすべて。○二生の感果　二生とは、現在の世と未来の世。感果は、過去あるいは現在の行為の応報を感じうること。○断見外道　死後はすべての世界が断滅するという考えかたで、仏教の基本的原理に反する人びと。○直下第二点無からしむ　前出の「直下一点の計較無き」と同意で、払拳棒喝によって、その瞬間に少しの余念も入りこむ隙間のないところ、そこがすべてであると認識させること。○善巧方便　仏が衆生を接化するときに用いる説法の手段のこと。○善知識　優れた指導者や法友のこと。○北州　北倶盧洲《ほっくるしゅう》。古代インド人の地上の世界観に基づく地理。それによると、まず、中央に須弥山《しゅみせん》があり、それをとりまく八つの山（山脈）があり、その間に海があり、最外辺にある鉄囲山《てっちせん》とそのすぐ内側にある尼民達羅山《にみんだらせん》との間にさらに海がある。須弥山から見て東に勝身洲《しょうしんしゅう》、南に瞻部洲《せんぶしゅう》、西に牛貨洲《ごかしゅう》、北に倶盧洲があるとした。われわれが住んでいるところが南の瞻部洲で、北の倶盧洲では、寿命も長く、苦もなく生活も穏やかであるから、菩提心をおこし、修行成仏する人もいないので仏の教化がないとされた。○見聞覚知　見たり、聞いたり、考えたり、知ったりすること。経験。また、法を理解する感覚・知覚のはたらき。

〈現代語訳〉

道元《わたくし》は拝問した。

「いま、諸方の禅院の住職たちは、昔もいまも『聞いても聞いたのではない、見ても見たのではない、そのようにすれば、考えることもなく心に何の計較《はからい》もおきない。それこそが仏祖の大道である』というように言っています。そこで、拳骨を振り上げ、払子をふるい、大声を発して一喝したり、棒で打ったり、仏道の修行者に一瞬たりとも何も考えないようにさせ、ついには釈尊の真実の教えにはどのような意味があったのかを問わせることもなく、来生のために今生をどう生き修行すればよいのかをも考えさせません。このようなことなどは仏祖の大道なのでしょうか」。

如浄は、次のように教示された。

「もし、今生があって来生がないというなら、明らかにこれは断見外道《だんけんげどう》、つまり、仏教の三世を通貫するという因果の道理を認めない、仏教以外の誤った考えである。仏や祖師たちは、そのような教説を説いていない。もし、来生がなければ今生もない。この世は、現にこうしてあるのだから、来生がないはずはない。われら人間は遠い昔からみな仏の子であり、仏教の教説を信じないものたちとは違うのだ。

また、修行者に払拳棒喝などの手段を用いて、その瞬間に心に何もないような状態に追いこむのは、仏祖方の一つの巧みな方便《しゅだん》なのである。それはそれで、修行者に何も得るところがないというのではない。もし、何も得るところがないなら、善知識（優れた指導者）に参問すべきではなく、また、諸仏もこの世に出現され衆生を救済することもない。ただ、仏の教えを、払拳棒喝という手段の下で見聞きした現実のみを真実と理解し、それだけを求めてはならない。さらに仏道を信じ参究し、修行して真のさとりを実証しなければならない。でなければ、寿命が長く生活が安穏《あんのん》で、何の苦しみもないから菩提心をおこすこともなく、仏が出現して法を説く必要もなく、修行してさとりを開く人もいないという北州《ほくしゅう》の存在が仏説ではなくなる。

見たり、聞いたり、考えたり、知ったりすることの経験のみが仏の真実であるとするならば、北州の人びとにもそうした見聞覚知というものはあるのであり、北州の人びともおのずと仏道をさとることになり、仏説と矛盾することになるではないか」。

〈解説〉

道元が、ここで拝問したのは、おそらく、中国において尋師訪道した際に実地に見聞した、善知識といわれる指導者たちの、修行僧を接化する手段・方法への疑義である。道元が歩いた諸寺院では、接化の手段として、「払拳棒喝」つまり、払子をふるい、拳骨を振り上げ、棒（警策）などで殴りつけたり、大声を発して一喝したりすることによって「直下第二点無からしむ（その瞬間何も考えさせない）」といった、人間を極限に追いこみ、悟りに導けるとする手段のみが横行していたのではなかったか。

当時の長老たちは、「仏祖の大道は、聞いても聞かず、見ても見ず、払拳棒喝されたその瞬間、いささかの思い計らいのないところにこそある」としていた。つまり、払拳棒喝の手段によって、その瞬間に少しの余念もはからいも入りこむ隙間のないところを現出せしめ、その直下に体験するところこそが、仏道のすべて、仏道のさとりはそこにこそあるのだ、と修行僧を接化していたのである。そこには、釈尊の真実の教えとはどういうものであるかということや、仏教の根幹の教えなどが入りこむところはなく、とくに二生の感化など、教えもせず、したがって考える時間さえもなく、結果的に、真実の仏の教えを無視してしまう現実があったのである。そこで如浄は道元の拝問に、仏祖の大道は直下の見聞覚知の外に信及し修証しなければならないのだということを須弥山の北方にある仏の教化の及ばないとされる北州で例証した。苦がないため見仏聞法《けんぶつもんぽう》を必要としない北州の衆生にも見聞覚知はある。もし仏祖の大道がそうしたものにすぎないのであれば北州の人びとにも仏化が及ぶが、それがないのは、仏祖の大道が直下見聞のみによって現成するものではなく、仏道を信及し修証することによって初めて成ずるのだと示誨したのである。

菩提達磨以来、禅者たちは、禅的境涯が知的遊戯《ゆげ》に堕する点があるからこそ、種々に功夫《くふう》してきた。黄檗希運《おうばくきうん》(?〜八五〇ごろ)は、仏法の大意を問う中国臨済宗の宗祖となった臨済義玄《りんざいぎげん》(?〜八六七)を三度打ち据えることによってその大意を悟らせているし、徳山宣鑑《とくさんせんかん》

（七八〇～八六五）は行棒《ぎょうぼう》をもって宗風を振るった。また「臨済四喝」と言われるように、臨済は学人のそれぞれのありようについて喝することを使い分け、その喝する威力は宝剣が物を裁断するが如くに、学人が知解《ちげ》の分際に堕することを避けしめたといわれる。

禅仏教の一大特色は、「打坐即さとり」を中心として人と人との関係をもっとも重んじ、師匠と弟子、つまり師資相承《ししそうじょう》とか面授面稟《めんじゅめんぼん》（師資が相対《あいたい》して証契即通すること）として伝えるところに真骨頂がある。つまり仏道の身心を体得した師の人格に具現された仏法を資の人格が受けとめ、さらにそれを弟子《でし》に伝えるのである。その形式は、師資の関係の上での、師資の間の自内証の内に現成されるがゆえに、随身というかたちが求められたり、提唱を聞かせ、ときには禅機と呼んで、苛酷なまでの修行を求めたこともあった。だが、道元の入宋した当時の禅院では、その手段・方法のみで、真の仏法の姿はすでに形骸化していた。

4　拝問　冷煖を自ら知ることは正覚《さとり》か

拝問《はいもん》す。

「古今《ここん》の善知識《ぜんちしき》曰《いわ》く、『魚《うお》の水《みず》を飲《の》んで冷煖《れいだん》自《みずか》ら知《し》るが如《ごと》し、此《こ》の自知《じち》は即《すなわ》ち覚《さとり》なり。これを以《もっ》て菩提《ぼだい》の悟《さと》りと為《な》す』と。道元難《どうげんなん》じて云《いわ》く、『若《も》し自知《じち》即《すなわ》ち正覚《しょうがく》ならば、一切衆生《いっさいしゅじょう》皆《み》な自知《じち》有《あ》り。一切衆生《いっさいしゅじょう》自知《じち》有《あ》るに依《よ》って、正覚《しょうがく》の如来為《にょらいた》るべしや』。或《あ》る人《ひと》の云《いわ》く、『然《しか》るべし、一切衆生《いっさいしゅじょう》は無始本有《むしほんぬ》の如来《にょらい》なり』と。或《あ》る人《ひと》の云《いわ》く、『一切衆生《いっさいしゅじょう》必《かなら》ずしも皆是《みなこ》れ如来《にょらい》にあらず。所以《ゆえ》はいかん。若《も》し自覚性智即《じかくしょうちすなわ》ち是《これ》なりと知《し》る者《もの》は、即《すなわ》ち是《こ》れ如来《にょらい》なるも、未《いま》だ知《し》らざる者《もの》は不是《ふぜ》なればなり』と。是《かく》の如《ごと》き等《とう》の説《せつ》は、是《こ》れ仏法《ぶっぽう》なるべしや、否《いな》や」。

和尚《おしょう》示《しめ》して曰《いわ》く。

「若《も》し一切衆生《いっさいしゅじょう》本《もと》より是《こ》れ仏《ほとけ》なりと言《い》わば、還《かえ》って自然外道《じねんげどう》に同《おな》じ。我我所《ががしょ》を以《もっ》て諸仏《しょぶつ》に比《ひ》し、未得《みとく》を得《とく》と謂《い》い、未証《みしょう》を証《しょう》と謂《い》う者《もの》なるを免《まぬが》るべからざればなり」。

〈語義〉

○覚　さとり、さとりの智慧のこと。菩提、正覚も同義語。○菩提の悟り　釈尊の得た悟りそのもの。○無始本有　無始は限りなく遠い過去。本有は本来具有しているの意。○自覚性智　自分の仏性を覚ること。自覚によって智慧の輝く境地、仏位。○一切衆生本より是れ仏なり　生きとし生けるものすべてが本来仏の意。○自然外道　すべてのものは自然にそうなっていると考え、仏教で説く因果の道理を信じない者たち。○我我所　自分自身と自分の所有するもの。我のはたらきとその作用。○未得を得と謂い、未証を証と謂う得てもいないのに得たと言い、証してもいないのに証していると言う。『妙法蓮華経』「序品」一の、法華会座《ほっけえざ》から退席した五千人の増上慢《ぞうじょうまん》たちについて語った部分の教説（『大正蔵』巻九、七頁a）。

〈現代語訳〉

次のように拝問した。

「古今の善知識《しどうしゃ》は『魚が水を飲み、冷たい暖かいを自ら知るように、この自ら知るところこそが覚《さとり》である。これこそが釈尊の実現された悟りと同じなのだ』と言っています。私は、これを批難して『もし自ら知ることが仏の悟りとするならば、生きとし生けるものはみな、自ら知る働きを持っています。とすると、生きとし生けるものすべては、自ら知る働きを持っていることによって悟りを得た仏なのでしょうか』と、申したのです。すると、ある人は『そのとおりである。一切衆生は、限りなく遠い昔から如来である』と申しました。またある人は『一切衆生は、必ずしもみなが如来ではない。それはなぜかと言うと、自覚の智慧のはたらきが覚《さとり》であると知るものは如来であるが、知らない者は如来ではないからである』と申しておりました。これらの説は果たして仏法と言えるのでありましょうか。どうなのでしょうか」。

如浄は次のように示して言われた。

「もし、一切衆生が本来仏《ほとけ》であると言うならば、すべては自然になるようになるのだと説く自然外道《じねんげどう》と同じである。本来あるものでもない自分をその自分が得たと思って諸仏と比較するなどということは、真実をまだ得ないのに得たと謂《い》い、真実を実証していないのに実証したと謂《い》う増上慢《ぞうじょうまん》の誹《そし》りを逃《のが》れられない」と。

〈解説〉

道元のこの拝問は、『建撕記《けんぜいき》』の伝えるところでは「顕密二教《けんみつにきょう》ともに談ず、本来本法性天然自性身《ほんらいほんぽつしょうてんねんじしょうしん》、と。もしかくのごとくならば、三世の諸仏なにによりてかさらに発心して菩提を求むるや」と記し、また『三大尊行状記《さんだいそんぎょうじょうき》』も「本自《もとよ》り法身法性の如くならば、諸仏は甚麼《なん》としてか更に発心修行するや」ときわめて単純明快に疑問を抱いたことを記しているが、その疑問にある一面の解答を与えるものとしても過言ではない。

その疑問とは、もともと悟っているものがなぜ修行をするのか。生まれながらに完成された人格を持っているなら、なぜ諸仏は苦しんでまで修行をするのか、もともと悟っているのになぜ悟りを求めて発心修行しなければならないのか。その修行とはいったい何か、という当時の日本仏教に対するきわめて基本的な疑問でもあることは先述したが、本来仏であることと、修行して仏となるということとは根本的な矛盾がある。論理的知解の仏法のみでは論理的にもある種の二元論的思考で、永遠に平行線をたどり、解決できない。

この疑問は、天台教学を学ぶ単なる少年僧の疑問ではなく、『涅槃経《ねはんぎょう》』「師子吼菩薩品《ししくぼさっぽん》」巻三〇（『大正蔵』巻一二、七九九頁c）に「一切衆生《いっさいしゅじょう》は悉《ことごと》く仏性《ぶっしょう》あり」、『円覚経《えんがくきょう》』に「一切衆生は本来成仏せり」とある教えを根本として、「草木国土悉皆成仏《そうもくこくどしっかいじょうぶつ》」とか「一切衆生悉《いっさいしゅじょうしつ》有仏性《うぶつしょう》」という言葉で表現され、当時の日本仏教の内包する大きな問題であったのであり、そうしたことを背景としての、道元の永年の疑問に基づく拝問なのである。つまり、道元の時代、悟りの概念として日本でも中国でも常識的な範疇《はんちゅう》で考えられていた「魚が水を飲んで、みずからその冷たい暖かいということを知るように、みずから知るのが悟りである」とする考えかたが一方に存在していたのであり、それを道元は誤りであるとして、「みずから知るのが悟りであるならば、一切衆生はみな、みずから知る能力をもっているから悟りを得た仏ということになるが、それが仏法と言えるのか」と拝問したのである。それに対して、如浄は「一切衆生が、本来仏というのであれば、それは自然外道である」と、そのような考えを明確に否定したのである。如浄は先の拝問3（四二頁参照）のときと同様に、仏法は見聞覚知のみによって得られるものではなく、この場合も自己即仏と理解することで得られるものではなく、それは信及修証によって初めて得られることを示誨しているのである。

如浄によって示されたその見解《けんげ》は、後年、『正法眼蔵』「弁道話」巻の最初部に、

この法は、人人の分上にゆたかにそなはれりといへども、いまだ修せざるにはあらはれ

ず、証せざるにはうることなし。

さらに「自己即仏」という言葉をもって、もし自己即仏としるをもて得道とせば、釈尊むかし化道にわづらはじ。(中略)あきらかにしりぬ、自己即仏の領解《りょうげ》をもて、仏法をしれりといふにはあらずといふことを。

と、確実に展開されているのである。

5　拝問　初心修行者の心得とは何か

拝問《はいもん》す。

「学人功夫弁道《がくにんくふうべんどう》の時《とき》、応《まさ》に須《すべか》らく習学《しゅうがく》すべき心意識《しんいしき》、並《なら》びに行住坐臥《ぎょうじゅうざが》有《あ》りや」。

和尚示誨《おしょうじげ》して曰《いわ》く。

「祖師西来《そしせいらい》して、仏法振旦《ぶっぽうしんたん》に入《い》る、豈《あ》に仏法《ぶっぽう》の身心無《しんじんな》からんや。第一初心弁道功夫《だいいちしょしんべんどうくふう》の時《とき》、

①長病《ちょうびょう》すべからず。

②遠行《おんぎょう》すべからず。

③読誦《どくじゅ》多《おお》かるべからず。
④諫諍《かんじょう》多《おお》かるべからず。
⑤営務《えいむ》多《おお》かるべからず。
⑥五辛《ごしん》を食《じき》すべからず。
⑦肉《にく》を食《じき》すべからず。
⑧乳《ちち》並《なら》びに蜜等《みつとう》を多《おお》く食《じき》すべからず。
⑨飲酒《おんじゅ》すべからず。
⑩諸《もろもろ》の不浄食《ふじょうじき》を食《じき》すべからず。
⑪伎楽《ぎがく》歌詠等《かえいとう》の声《こえ》を聴《き》くべからず。
⑫諸《もろもろ》の舞妓《ぶぎ》を見《み》るべからず。
⑬諸《もろもろ》の残害等《ざんがいとう》を見《み》るべからず。
⑭諸《もろもろ》の卑醜《ひしゅう》の事《こと》（男女婬色等《なんにょいんじきとう》を謂《い》う）を見《み》るべからず。
⑮国王大臣《こくおうだいじん》に親近《しんごん》すべからず。
⑯諸《もろもろ》の生硬《しょうこう》の物《もの》を食《じき》すべからず。
⑰垢膩衣《くにえ》を著《き》るべからず。

⑱屠所《としょ》を歴見《れきけん》すべからず。
⑲久損《くそん》の山茶《さんちゃ》及び風病薬《ふうびょうやく》（天台山《てんだいさん》に有《あ》り）を喫《きっ》すべからず。
⑳諸《もろもろ》の椹《じん》を喫《きっ》すること莫《なか》れ。
㉑名利《みょうり》の事《こと》を視聴《しちょう》すること莫《なか》れ。
㉒乳並《ちちなら》びに蘇蜜等《そみつとう》を多《おお》く喫《きっ》すること莫《なか》れ。
㉓扇棉《せんち》半茶迦等《はんだかとう》の類《たぐい》に親厚《しんこう》すること莫《なか》れ。
㉔梅干《うめぼ》し及《およ》び乾栗《ほしぐり》を多《おお》く喫《きっ》すること莫《なか》れ。
㉕龍眼茘枝橄欖等《りゅうがんれいしかんらんとう》を多《おお》く喫《きっ》すること莫《なか》れ。
㉖沙糖霜糖等《さとうそうとうとう》を多《おお》く喫《きっ》すること莫《なか》れ。
㉗厚《あつ》き綿襖《めんおう》を著《き》ること莫《なか》れ。又《また》、綿《めん》を著《き》ざること莫《なか》れ。
㉘兵軍《ひょうぐん》の食《じき》を喫《きっ》すること莫《なか》れ。
㉙往《ゆ》きて、喧々《けんけん》の声《こえ》、轟々《ごうごう》の声、猪羊等《ちょようとう》の群《ぐん》を観《み》ること莫《なか》れ。
㉚往《ゆ》きて、大魚《たいぎょ》及び、大海《だいかい》、悪画《あくが》、傀儡等《かいろうとう》を観《み》ること莫《なか》れ。尋常《よのつね》には応《まさ》に青山渓水《せいざんけいすい》を観《み》るべし。直《じき》に須《すべか》らく古教照心《こきょうしょうしん》すべし。又《また》、了義経《りょうぎきょう》を見《み》るべし。坐禅弁道《ざぜんべんどう》の衲僧《のうそう》は、尋常直《よのつねじき》に須《すべか》らく足《あし》を洗《あら》うべし。身心悩乱《しんじんのうらん》の時《とき》は、直《じき》に須《すべか》らく菩薩戒序《ぼさつかいじょ》を

暗誦《あんじゅ》すべし」。
拝問《はいもん》して云《いわ》く。「菩薩戒序《ぼさつかいじょ》とは何《なん》ぞや」。
和尚示《おしょうしめ》して曰《いわ》く。「今《いま》、隆禅《りゅうぜん》が誦《じゅ》する所《ところ》の戒序《かいじょ》なり。
㉛小人卑賤《しょうじんひせん》の輩《ともがら》に親近《しんごん》すること莫《なか》れ」。
拝問《はいもん》して云《いわ》く。「何者《なにもの》か是《こ》れ少人《しょうじん》なる」。
和尚示《おしょうしめ》して云《いわ》く。「貪欲多《とんよくおお》き者《もの》は便《すなわ》ち是《こ》れ少人《しょうじん》なり。
㉜虎子《こす》・象子《ぞうす》等《とう》、並《なら》びに猪《いのしし》・狗《いぬ》・猫《ねこ》・狸《たぬき》等《とう》を飼《か》うこと莫《なか》れ。今諸山《いましょざん》の長老等《ちょうろうとう》の猫《みょう》児《に》を養《か》う、真箇不可《しんこふか》なり。暗《くら》き者《もの》の為《ため》なり。凡《おおよ》そ十六悪律儀《あくりつぎ》は、仏祖《ぶっそ》の制《せい》したもう所《ところ》なり。慎《つつし》んで放逸《ほういつ》に慣習《かんじゅう》することなかれ」。

〈語義〉

①～⑤長病すべからず……営務多かるべからず　『摩訶止観《まかしかん》』巻九の禅定の境を観ずる段では「第六に、禅定の境を観ずとは、それ長病と遠行はこれ禅定の障りなり。『立世阿毘曇《りっせあびどん》』にいわく、『諫諍多く営事多きは、またこれ禅定の障りなり、また多く読誦することあるも、またこれ禅定の障りなり』と」（『大正蔵』巻四六、一一七頁a）とある。いずれも修行の場を長時間離れるので修行の障りとされる。⑥五辛　五辛の定説はないが、五種の辛味

の野菜（大蒜《おおにんにく》・革葱《おおにら》・慈葱《ひともじ》・蘭葱《にんにく》・興蕖《こうく》または蒜《にんにく》・蒠葱《ひともじ》・興渠《こうく》・韮《にら》・薤《おおにら》）のこと。臭気が強烈で刺激が強く修行の妨げになるので僧が食するのを禁じた。『梵網経《ぼんもうきょう》』巻二の「四十八軽戒」の食五辛戒では「この五種は、一切の食中にて食することを得ざれ。もしことさらに食せば軽垢罪《きょうくざい》を犯す」（『大正蔵』巻二四、一〇〇五頁b）とある。⑦肉を食すべからず　肉食については、小乗戒では、殺すところを見ていない肉、自分のために殺したと聞かなかった肉、自分のために殺したという疑いのない肉の三種は、三種浄肉として食べてもよいとした。が、大乗仏教では、大慈悲の仏性の種子を断ずることになるとして、一切の肉食を禁じた。『梵網経』巻二の「四十八軽戒」の第三食肉戒において「なんじ仏子よ、ことさらに肉を食せんや。一切の肉を食することを得ざれ。それ、肉を食せば、大慈悲の仏性の種子を断ち、一切の衆生は見て捨て去らん。是の故に一切の菩薩は一切衆生の肉を食することを得ざれ。肉を食せば無量の罪を得ん。もしことさらに食せば、軽垢罪を犯す」（『大正蔵』巻二四、一〇〇五頁b）とある。⑧乳並びに蜜等　乳とは乳のもつ五種の味をいい、時が経つと変化して味が深まる。『涅槃経』では牛乳を精製するときに経る乳味《にゆうみ》（牛乳）・酪味《らくみ》（ヨーグルト）・生酥味《しょうそみ》（生バター）・熟酥味《じゅくそみ》（精製バター）・醍醐味《だいごみ》（精製バターを煮溶かしたとき、表面にできる上澄み）の味を五味と称している。また、蜜は蜜蜂の集めた甘い液。乳も蜜も動物が精製したもので、それを食することは禁じられた。⑨飲酒すべからず　酒は多くの過失を生ずるから、みずから飲むことも、人に与えて飲ませることも禁じている。『梵網経』巻二の「四十八軽戒」の第二飲酒戒において「なんじ仏子よ、ことさらに酒を飲まんや。しかも酒は、過失を生ずること無量なり。もし自身にて、手ずから酒器を過《わた》して人に与え酒を飲ましめば、五百世まで手無し（五百回も悪道に輪廻する）。何をか況《いわ》んや、自ら飲むをや。一切の人をして酒を飲ましめ、及び一切の衆生をして酒を飲ましむることを得ざれ。況んや自ら酒を飲まんや。一切の酒を飲むことを得ざれ。もしことさらに自ら飲み、人をして飲ましめば、軽垢罪を犯す」（『大正蔵』巻二四、一〇〇五頁b）と説かれている。⑩不浄食　四不浄食（邪命食《じやみようじき》）。修行僧は次の四つの仕事をして食を得てはならないとする。『大智度論《だいちどろん》』巻三では、⑴下口食《げくじき》、顔を下に向けてする仕事。薬の調合、穀物を植える、植樹をする。⑵仰口食《ぎようくじき》、顔を上に向けてする仕事。星宿、日月、術数などを観察する。⑶方口食《ほうくじき》、権勢に媚び、言葉巧みに人びとから多くのものを求める仕事。⑷維口食《いくじき》、呪術や卜占で吉凶禍福を占う仕事。インドにおいては出家者の労働は禁止されていたため、そのような手段で生活する人びとを不浄活命者《ふじようかつみようしや》と呼んだ（『大正蔵』巻二五、七九頁c）。しかし中国において、とくに禅宗では、みずから田畑を耕す労働（作務）によって食を得ることを積極的に認めることとなる。が、『正法眼蔵随聞記』巻一（三）に、「田・商・仕・工の四種は、皆、不浄邪命の食なり。出家人の食分にあらず」と見えるので、出家者が農耕によって食を得ることは基本的に認めてはいないのである。⑪伎楽歌詠　伎楽は楽人の奏する音楽、身ぶりをともなった芝居をいう。歌詠は世俗で歌を歌うことをいう。いずれもそれに耽《ふけ》り感情を乱し修行の妨げになるため禁じられた。⑫舞妓　伎楽歌詠を背景に踊る女性のこと。それを見ることは感情を刺激し色情を招く恐れがあると考えられた。⑬残害　殺すこと、奪うこと、損ずること、また酷い死にかたをしたもの。いずれも生き物を傷つけ、またその残骸はその結果の酷さを見ることになる。⑭卑醜の事　男女の淫色などの行為を見ることは、修行の妨げとなることから禁じられた。⑮国王大臣　国王や大臣といった政治的権力に近づくと、結果的に名誉や利益を得ることを助長するため禁じられた。⑯生硬の物　生で硬いものを食すると、胃腸を病むことから、それらのものを食することを禁じた。⑰垢膩衣　垢《あか》のついた法衣のこと。清潔を保たなければならないという観点からその着用を禁じた。⑱屠所を歴見すべからず　屠所は牛や馬を殺す場所。そのような場所を見歩くことは禁じられた。なお、この内容は、現代では差別につながる危険性を含んでいるため注意を要する。本項についての詳細はとくに『曹洞宗人権擁護推進本部紀要　第二号』第三章、第二節「職業に関する表記の問題点」を参照されたい。⑲山茶　山地に野生する茶。山茶花《さざんか》のことども。茶に似ていて飲用となるからこの名がついたと言われる。古くなった山茶を喫すると種々の弊害を生じたのであろう。風病はどのような病なのか不詳であるが、基本的には風邪のことを言い、また中風や癲癇《てんかん》などを言う場合もある。そうした病にたいする特効薬が天台山にあったものか。またそれを飲むことによって幻覚を生じたのかもしれない。⑳諸の椹　諸はもろもろ、さまざま、いろいろなの意。椹は桑の実とも茸ともいう。従来、諸の椹については、桑の実あるいは菌など諸説があり、『宝慶記聞解《ほうきょうきもんげ》』は「諸椹は桑の実のこと、昔は日本よりこれをもって、唐に売りに行ったことあり。開山の入宋船がこれなり、諸は菹に通じて、つけもののこと、塩で漬ける、こうせねば久しくもたぬ」と注する。しかし、道元禅師が明州に到着した時、阿育王山の典座《てんぞ》が麵中に使う倭椹《わじん》を買いに来たことが『典座教訓』に見られるのは有名な話で、それは日本からの輸出品の乾茸のこととされるのが通説で、如浄がここで禁じた諸椹は、種々さまざまな茸のことで、茸には毒を含み食用に適さないものが多くあるからであろう。㉑名利　名聞利養《みょうもんりよう》のこと。名聞は名誉が世間に広まること、利養は利をもって身を養うこと。『学道用心集《がくどうようじんしゅう》』に「それ仏法修行は、なお自身の為にせず、況や名聞利養の為にこれを修せんや」とある。㉒乳並びに蘇蜜等　⑧参照。蘇は乳よりも甘く濃い乳製品。㉓扇楴半茶迦　性的な機能の完全ではないものの総称。扇楴はシャンダの音訳で、男子で生殖器をもたないもの。これに、先天的なもの（本性の扇楴）と後天的なもの（損壊の扇楴）の二種があり、五種不能男の内の生不能男《しょうふのうなん》と病不能男《びょうふのうなん》にあたる。半茶迦はパーンダカの音訳で、半択迦《はんちゃか》とも。一人で男女の性器をもつもの、また両性の性器を持つが完全ではないものをいう。このような人たちに親しく近づいてはいけないというのは、今日の人権尊重・擁護、反差別の立場からは容認されない。㉕龍眼茘枝橄欖等　「龍眼」は、ムクロジ科の中国原産の常緑小高木で、果実の白色透明な仮種皮を龍眼肉と呼び肉質で甘味がある。「茘枝」もムクロジ科の中国南部原産の常緑低木で、果肉は白色半透明、少し酸味はあるが甘く、水分に富む。楊貴妃が好んだと『唐書』にある。「橄欖」はカンラン科の中国原産の常緑樹で、果実は渋みと酸味があり、核果《かくか》は欖仁《らんにん》といい、食用・薬用に用いられる。いずれも多食は、龍眼は癲癇《てんかん》、茘枝は虚熱《きょねつ》（火照《ほて》り）を、橄欖は上気而《じょうきし》塞《そく》（のぼせ・気塞ぎ）を引き起こすとされた。㉖沙糖霜糖　どちらも砂糖のことであるが、糖蜜分を含む黒糖（黒砂糖）に対し、糖蜜が分離され精製された霜のように色の白いものを霜糖といい、沙糖はざらめに近い砂糖。㉗厚き綿襖　綿入れの厚手の着物。㉘兵軍の食　軍隊で用いる強壮剤的な食事。㉙喧々の声、轟々の声、猪羊等の群　喧々の声は、大声で喧々囂々《けんけんごうごう》と言い合ったりする喧騒な声。轟轟の声は、車馬が騒々しい音を立てて行き交う騒音。猪羊等の群は、大群となって追いたてられる群れの狂騒的騒々しさ。それらの雑々とした騒音は修行者にとっては平常心を失わせることとなる。㉚○大魚、大海、悪画、傀僂等　大魚は鯨とも。大きな魚には人が群れて喧騒となるから。大海は、『宝慶記聞解』には高いところに登って、何十里先が見えるといって遠見をするなとある。悪画は卑猥《ひわい》な図画。傀僂の傀は怪しいものの意がある。傀僂は現在の脊柱湾曲症のことで、このような人たちを蔑視することは、今日の人権尊重・擁護、反差別の立場からは容認されない。○古教照心　古教は仏典祖録、これによってみずからの心を反省すること。○了義経　経典の名称ではなく、仏法の実義を余すところなく明らかに説き示している経典を示す。○衲僧　衲衣《のうえ》（糞掃衣《ふんぞうえ》）を着け修行する僧のこと。禅宗では自分を衲僧《のうそう》・衲子《のっす》と称した。○菩薩戒序　鳩《く》摩羅什《まらじゅう》(三四四～四一三)訳『梵網経《ぼんもうきょう》』「盧《る》舎那《しゃな》仏説《ぶっせつ》菩薩《ぼさつ》心地《しんじ》戒品《かいぼん》」第十巻上(『大正蔵』巻二四、九九七頁b)に対する序文。『摩訶止観《まかしかん》』ではその効用を「もしそれ(⿰忄追愓鬼)去らざれば、まさに密かに戒序および戒を誦すべし。戒神また守り、破戒の鬼去る」(『大正蔵』巻四六、一一六頁a)と説いている。○隆禅　栄西門下の日本僧で、嘉定年代(一二〇八～一二二四)の初めごろには道元より先に入宋して天童山に掛搭《かた》しており、道元は隆禅を介して種々の便宜をはかってもらい、とくに伝蔵主《でんぞうす》の所持した臨済下の嗣書を拝覧したことが『正法眼蔵』「嗣書」巻から知られる。また『正法眼蔵随聞記』巻二(一)には「一門の同学五根房《ごこんぼう》(隆禅のこと)、故用祥《ようじょう》(葉上・栄西)僧正の弟子なり」とみえ、『建撕記《けんぜいき》』には藤原定家の弟(従兄弟)寂蓮《じゃくれん》の子が隆禅とみえる。『永平広録』巻十「偈頌《げじゅ》」42には、「郷間《きょうかん》の禅上座《じょうざ》に与《あた》う」と題して「錫《しゃく》を玲瓏《れいろう》に駐《とど》めて動著《どうじゃく》せず、功夫弁道《くふうべんどう》自然《じねん》に円《まど》かなり、回光転眼《えこうてんげん》幾《いくば》くか日《ひ》を経《ふ》る、退歩翻身《たいほほんしん》して已《すで》に年《とし》を積《つ》む。牯牛《こぎゅう》の閑鼻竅《かんびきょう》を穿却《せんきゃく》し、仏祖《ぶっそ》の鉄関禅《てつかんぜん》を打開《だかい》す、一生《いっしょう》跳出《とうしゅつ》す聖凡《しょうぼん》の路《みち》、後《ご》を待《ま》って何《なん》ぞ生《しょう》ぜん本耳縁《ほんにえん》(卍本　木耳縁《もくにえん》)」と偈頌を贈っている。この偈頌は、おそらくは、多年の弁道功夫によって心境一致の処を得て帰国する隆禅師に対する、道元の感謝の偈頌であろう。㉛卑賤の輩に親近すること莫れ　このような表現は、今日の人権尊重・擁護、反差別の立場からは不適切で容認されるものではない。㉜十六悪律儀『涅槃経』「師子吼菩薩品之三」(巻二十七)には次の十六を挙げる。(a)羔羊《ひつじ》、(b)猪豚《ぶた》、(c)牛犢《うし》、(d)鶏《にわとり》をそれぞれ、利益を得るために飼い養い肥らせて転売する(1)～(4)

か、利益を得るためにそれぞれを買ってきて屠殺すること(5)〜(8)と、(9)魚を釣ること、(10)猟師、(11)劫奪《こうだつ》（脅かして奪うこと）、(12)魁膾（生肉を売ること）、(13)飛んでいる鳥を網で捕らえること、(14)両舌（二枚舌をつかうこと）、(15)獄卒（地獄の鬼）、(16)呪龍の八つを合わせた十六を悪律義とした（『大正蔵』巻一二、七八三頁b）。

なお、これらの内容は叢林における出家僧に対するものであるが、この事象をそのまま現代の一般社会にあてはめてしまうと、今日の人権・差別に対する立場からは容認されえない場合があるので注意しなければならない。

〈現代語訳〉

次のように拝問申し上げた。

「仏道修行者が、坐禅修行に精進するとき、必ず習い覚えておかなければならない心意識《こころ》がまえ、および行住坐臥《にちじょうせいかつ》の過ごしかたがありましょうか」。

如浄は慈《いつく》しみをこめて示された。

「菩提達磨《ぼだいだるま》がインドから中国へ来られて仏法が伝わったのであるから、仏法にかなった身心の扱いかたがないはずがない。第一に、はじめて坐禅修行に精進するときには、

①長く患うような病気をしてはならない。

②禅林から遠くへ外出をしてはならない。

③経文の読誦を多くしてはならない。
④他人を諫《いさ》めたり争ったりすることを多くしてはならない。
⑤多くの営務《しごと》をしてはならない。
⑥刺激や臭気の強い五種類の野菜を食べてはならない。
⑦肉を食べてはならない。
⑧動物の乳ならびに蜜を多く食してはならない。
⑨酒を飲んではならない。
⑩諸々《いろいろ》な不浄食《ふじょうじき》を食べてはならない。
⑪管弦・歌舞・歌謡の音曲などを聴いてはならない。
⑫諸々な舞妓《まいひめ》を見てはならない。
⑬諸々な残虐や傷害の場を見てはならない。
⑭諸々な卑猥なこと（原注、男女の婬事などをいう）を見てはならない。
⑮国王や大臣に親しみ近づいてはならない。
⑯諸々な生ものや硬《かた》いものを食べてはならない。
⑰垢がついたり脂染みていたりする衣服を着ていてはならない。
⑱動物を屠殺する場を見物し歩いてはならない。
⑲古くなった山茶および風病薬（原注、天台山にある）を喫《の》んではならない。

⑳諸々な椹《きのこ》を食べてはいけない。
㉑名誉や利益についての事を見聞《みきき》してはいけない。
㉒乳や蘇や蜜などの濃厚な食物を多く食べてはいけない。
㉓扇㮰半茶迦《せんちはんだか》などに親しみ近づいてはいけない。
㉔梅干しと乾《ほ》し栗を多く食べてはいけない。
㉕龍眼《りゅうがん》・茘枝《れいし》・橄欖《かんらん》などを多く食べてはいけない。
㉖沙糖《さとう》や霜糖《そうとう》などを多く食べてはいけない。
㉗厚い綿入れを着るべきではなく、また、綿を着ないのもいけない。
㉘軍隊の糧食を食べてはいけない。
㉙出かけて行って、街中の喧騒《けんそう》の人声、轟《とどろ》く車の音、猪《ぶた》や羊の群れを見てはいけない。
㉚出かけて行って、大魚や大海、卑猥な図画、背が異様に曲がった人などを見てはいけない。常に青い山々、谷を流れる水を見るべきである。たえず古人の教えを繙《ひもと》き、自らの心を照らしみるべきである。また、了義経を読むべきである。坐禅修行の禅僧は、たえず足を洗い清潔にせねばならぬ。身心が悩乱《みだ》れるときには、たえず菩薩戒序を閑《しず》かに誦《とな》えよ」。

私は、拝問した。

「菩薩戒序とは何でしょうか」。

如浄は示された。

「いま、隆禅が誦《とな》えている『梵網経』の菩薩の序がそれである」と。

「㉛小人と、卑賤《いやし》いものたちに親しみ近づいてはいけない」。

私は、拝問した。

「どのような人を小人と言うのですか」。

如浄は示して言われた。

「貪欲《よく》の深い者、便《すなわ》ちこれこそが小人である。

㉜虎の子、象の子など、および猪・狗や猫・狸などを飼ってはいけない。

現在、諸方の住職たちが猫児《ねこ》を養うのはまことにもっていけないことである。暗愚者《おろか》がすることである。十六悪律儀というのは、仏祖が禁止されているところである。慎しみ守り、勝手気ままな慣習にすべきではない」。

〈解説〉

ここでの拝問は、参禅弁道する初心の修行者の心得についてである。それに対して、如浄は、初心者に対して、行住坐臥つまり日常生活のあらゆる場面における注意事項とその心構えとを、三十二項目にわたって示誨されたのである。それらは、禅林での日常生活、まっしぐらに仏道修行に向かわせるための身心の調整のしかたなどを含め、食や衣服にまで及んでいる。それは、一切の所縁を捨て去り、一切の情識分別を休息させ、仏の家に全身心を投げ入れて、仏道の極致を的確に看破するための基礎的な絶対条件でもある。

その懇切な示誨は、「不可」(①〜⑲)と「莫」(⑳〜㉜)とに分けられている。日本語では「不可」を「べからず」、「莫」を「なかれ」と訓じて、現代的表現ではあまり差違のない禁止的表現となる。が、如浄が、「不可」と「莫」に分けている以上、道元も、その語感の微妙な相違を判然と感知していたことは注意しなければならない。

すなわち、「不可」は、適当ではないとして禁止する意味を表し、「莫」は動作を禁止する意味を表す。つまり「……すべきではない」と「……するな」ということである。

道元は、如浄の丈室を初めて訪れた七月二日以後、足しげく如浄の方丈に通い、仏教の教理や坐禅など仏教全般にわたり、日ごろから疑問に思っていたことを一つひとつ心ゆくまで如浄に質問し、如浄もまたまさに「慈父が息子に接するように」まことに情こまやかに道元に教示したことがうかがえる。

㉚・㉛・㉜の示誨によると、如浄は、道元が得心するまで教示している姿勢が受け取れる。たとえば㉚では、「大魚、大海、悪画、傀儡等を観ること莫れ」と言い、その註釈に、青山・渓水、古教照心・了義経を示し、坐禅弁道の衲僧は洗足すべきこと、身心悩乱のときは菩薩戒序を誦えよ、と言い、道元が「菩薩戒序とは何か」と問うと、如浄は、わざわざ日本僧隆禅の誦しているものだ、とこまかく指摘している。だが、また、道元自身もけっして如浄の教示をそのまま無批判に受け入れたわけではなく、腑に落ちないときは納得のいくま

で問い返していて、師資《しし》の間に真剣な問答が展開されているさまが彷彿《ほうふつ》としてくる。如浄にしても道元の会得に対して、すべてを安易に認めたわけではなく、道元の見解《けんげ》に誤りがあれば、厳しくこれを指摘している。この如浄と道元の、師資の正伝の仏法に対するまことに真摯な態度は『宝慶記』全体を貫いている。

㉜の示誨などからは、当時の宋代の住職たちが犬猫や他の動物を飼っていたことがうかがえる。如浄が、それをあくまでも十六悪律儀の所業として、放逸な慣習に流されてはいけない、とし、戒を保住し正伝の仏法を伝持するものへ、何事もゆるがせにしない真摯な態度を示したのである。

6　拝問　『楞厳経《りようごんきよう》』と『円覚経《えんがくきよう》』は仏祖の道か

拝問《はいもん》す。

「首楞厳経《しゆりようごんきよう》、円覚経《えんがくきよう》は、在家《ざいけ》の男女《なんによ》これを読《よ》んで以為《おもえらく》、西来《せいらい》の祖道《そどう》なりと。道元《どうげん》、両経《りようきよう》を披閲《ひえつ》して、文《ぶん》の起尽《きじん》を推尋《すいじん》するに、自余《じよ》の大乗《だいじよう》の諸経《しよきよう》と同《おな》じからず。未《いま》だ其《そ》の意《い》を審《つまびらか》にせず。諸経《しよきよう》に劣《おと》るの言句《ごんく》有《あ》りと雖《いえど》も、諸経《しよきよう》に勝《すぐ》るの義勢《ぎせい》全《まつた》く無《な》きものか。頗《すこぶ》る六師《し》等《とう》の見《けん》に同《おな》じきところ有《あ》り。畢竟《ひっきょう》如何《いかん》が決定《けつじょう》せん」。

和尚《おしょう》示《しめ》して曰《いわ》く。

「楞厳経《りょうごんきょう》は昔《むかし》より疑《うたが》う者《もの》有《あ》りしなり。謂《おも》えらく、此《こ》の経《きょう》は後人《こうじん》の構《かま》うるところなるかと。先代《せんだい》の祖師《そし》、未《いま》だ曽《かつ》て経《きょう》を見《み》ず。近代癡暗《きんだいちあん》の輩《ともがら》、これを読《よ》みこれを愛《あい》す。円《えん》覚経《がくきょう》も亦《ま》た然《しか》り。文相《もんそう》の起《き》尽《じん》頗《すこぶ》る似《に》たり」。


〈語義〉

○首楞厳経　『首楞厳経』（略して『楞厳経』）には二種あり、①後秦の鳩摩羅什《くまらじゅう》訳『首楞厳《しゅりょうごん》三昧経《ざんまいきょう》』（二巻）と、②唐の神龍元年（七〇五）、般剌蜜帝《はんしみったい》（生没年不詳）訳の『大仏頂如来《だいぶっちょうにょらい》密因修証了義諸菩薩万行首楞厳経《みついんしゅしょうりょうぎしょぼさつまんぎょうしゅりょうごんきょう》』（十巻）で、ここで問題としているのは後者である。宋代の長水子璿《ちょうすいしせん》（?～一〇三八）が『首楞厳経疏《しゅりょうごんきょうしょ》』を撰して教禅一致説を唱えて以来、流行した。○円覚経　『円覚経』は、唐の長寿二年（六九三）、仏陀多羅《ぶつだたら》訳『大方広円覚修多《だいほうこうえんがくしゅた》羅了義経《らりょうぎきょう》』といい、圭峰宗密《けいほうしゅうみつ》（七八〇～八四一）が無二の経典として生涯をその研究と註疏《ちゅうそ》に献《ささ》げ、唐宋以来の禅家・華厳家・天台家によって依用《えゆう》され、広く一般にも読誦された。道元は、『楞厳経』と『円覚経』をその内容から批判しているが、古来、その訳者・訳時・用語などは『首楞厳経』と同じく梵本からの翻訳とは言えない部分が多いとされる。○六師　釈尊と同時代に中インドで活躍した六人の仏教以外の自由思想家。彼らは釈尊と同様、正統派婆羅門を徹底的に批判し、独自の宗教を説きながら遊行《ゆぎょう》したが、釈尊は彼らの説を外道として批判した。外道とは、仏教以外の教え、それを信奉する人びとをいうが、中国の儒教・道教は外道ではないとされ、仏教は内道といわれた。○文相　文章の文体とその内容のこと。

〈現代語訳〉

次のように拝問した。

「『首楞厳経』と『円覚経』は、世間の男女がこれを読んでインドから伝えられた仏道が説かれていると思っております。道元《わたくし》がこの両経を読み、経文の内容を推察してみますと、他の大乗経典と同じではなく、その趣旨がはっきりとしません。諸経より劣る言句はあっても、まったく諸経に勝る文意がないとでも言うべきでしょうか。きわめてよく六師外道の考えかたに似ているところもあるのです。結局のところ、どのようにその真偽の判断をすればよろしいのでしょう」。

如浄は次のように示された。

「『首楞厳経』は、昔《むかし》から偽経として疑う人がいた。この経は、後世の人が作ったものであろうと謂《い》われている。先代の祖師方は、この経を見てはいないのだ。近代《ちかごろ》の痴暗者《おろかもの》たちが愛読しているのだ。『円覚経』も同じである。文体や内容、初めと終わりの形式が非常によく似ている」。

〈解説〉

道元の入宋時代、禅門では、全仏教を禅家と教家（禅以外の諸宗派）に二分し経論《きょうろん》を根拠とする教家（天台宗・華厳宗など）に対して、禅家では仏教の真髄は教えの外にあり、坐禅を主とする実践によって仏の境地に至るとするのが主流ではあった。が、その一方で、教家の経論と禅宗の教えとはその根底では一致しているとの教禅一致説も流行していた。また、儒教・道教・仏教の究極は一致しているという三教一致説なども蔓延し、正法が陰に隠れているような状態であった。道元が尋師訪道し歩いた諸寺院の人天の大導師たちのほとんどがそのような状態に身を置いていたのである。そのようななかにあって、道元は、先の「自知即正覚」は外道の説であるとの確信と同じように、禅宗の所依《しょえ》とする『首楞厳経』と『円覚経』の二経についても、その内容が六師外道の見解《けんげ》と同様のものがあるため、最初からこの二経は仏典ではないとの疑念をもっていたのである。そこで、その判断をどのようにすべきかを如浄に仰いだのである。如浄は、それは偽経であるとの卓見を示した。

後に、道元は、上堂で「孔子・老子の言句を見ることなかれ。楞厳・円覚の教典を見ることなかれ」と述べ、その割注には「時の人、楞厳・円覚の教典をもって多く禅門の所依と謂えり。師（道元）、常に之を嫌う」（『永平広録』巻五―383）とあるように、その論は、三教一致説の批判、禅門での楞厳・円覚両経の依用の批難にも及ぶ。が、それは「大宋の仏法、地を払って衰えたり」とする背景の根源が、三教一致説や教禅一致論や楞厳・円覚を禅門の所依するところにあるとする思潮の錯誤を鋭く見抜いていたからにほかならない。かといって、道元は、儒教・道教そして仏教の諸派の存在そのものを否定しているのではなく、その一致説を否定しているのである。つまり、道元は、大宋の仏法の衰退の原因を、この時点で判然と認識していたのである。また、楞厳・円覚も偽経ではあっても、そのなかの言句を仏祖が法を説くために転挙したものであれば、たとえば「一人発真帰源、十方虚空、悉皆消《しょう》殞《いん》」などの語句は偽経からの引用であっても「十軸の文句たとひ偽なりとも、而今《にこん》の句は超出の句なり、仏句祖句なり、余文余句に群すべからず」（『正法眼蔵』「転法輪」巻）として真実の仏祖の言句としており、われわれはその活眼睛《かつげんぜい》と慧眼《けいげん》に参学しなければならない。

7　拝問　三障（煩悩障・異熟障・業障）は仏祖の説か

拝問《はいもん》す。

「煩悩障《ぼんのうしょう》、異熟障《いじゅくしょう》、業障等《ごっしょうとう》の障《しょう》は、仏祖《ぶっそ》の道処《どうしょ》なりや」。

和尚《おしよう》云《いわ》く。

「龍樹《りゆうじゆ》等《とう》の祖師《そし》の説《せつ》の如《ごと》きは、須《すべか》らく保任《ほにん》すべきなり。異途《いと》の説有《せつあ》るべからず。但《ただ》し、業障《ごつしよう》に至《いた》りては、慇懃《おんごん》に修行《しゆぎよう》する時《とき》、必《かなら》ず転《てん》ずべし」。

〈語義〉

○煩悩障、異熟障、業障　仏道修行の正しい道をさまたげる三つの障害。煩悩障は、貪《とん》（むさぼり）・瞋《じん》（いかり）・癡《ち》（無知）の迷いが絶えず現れてそれを除去できず正道の障《さわ》りとなる。異熟障は、悟る機会のまったくない悪道（地獄・餓鬼・畜生）に生を受け善業《ぜんごう》を積めず、正道の障りとなる。業障は、煩悩によって起こされた身口意《しんくい》の三業《さんごう》（行為）により、悪質な場合は、次生に五無間業《ごむけんごう》（母の殺害、父の殺害、阿羅漢の殺害、教団の分裂破壊、仏身に対する悪意の流血）の重罪を犯し正道の障りとなること。○龍樹　二～三世紀（一五〇～二五〇ころ）の人。初期大乗仏教を確立した大論師。南インドに生まれ、バラモンの学を修得して仏教に転じ、大乗仏教に傾倒し諸経典に通じ、厳しい修行と透徹した思索に基づいて『中論《ちゆうろん》』『廻諍論《えじようろん》』などのほか『大智度論《だいちどろん》』『十住毘婆沙論《じゆうじゆうびばしやろん》』（この二経には一部に疑義があるとされる）を著し、とくに空の思想を確立し中観《ちゆうがん》仏教の開祖とされ、以後の大乗仏教はすべて龍樹の影響下にあるとされる。○転ず　変化させる。改める。○保任　保護任持の略。自分自身のものとして大事に保ち持つこと。

〈現代語訳〉

次のように拝問した。

「煩悩障、異熟障、業障などの仏道修行を妨げる三障《さわり》があるとは、仏祖が説かれたのでしょうか」。

如浄は次のように示された。

「龍樹などの祖師の説かれたところは、自分自身のものとして必ず大事にし、守らなければならない。仏法に異なる説のあるはずがないからである。ただし、業障については、綿密丁寧に修行するとき、必ず改まるのである」。

〈解説〉

若いころから、比叡山に身を置き、天台教学に親しんだ道元にとって、仏教の根幹をなす業と因果の問題は、それをどのように見きわめ、どのように決定するか、一大事を了畢《りょうひつ》するためにきわめて重大で重要な関心事であった。

ここでの拝問は、仏道を妨げる三障について、それが仏祖の説かれたものかどうかと疑問視して拝問し、如浄は祖師の説かれたところは保任し、とくに業障は慇懃綿密な修行によって転ずることができると断言している。この拝問は、天台教学のなかでも、禅家に多くの影響を与えた『摩訶止観』「正修章《しょうしゅうしょう》」に、三障四魔《さんしょうしま》として展開される。つまり仏道の正道を妨げる三障や、衆生を悪に引き入れる魔の伝統的教理を背景としていることは十二分に察知される。が、ここでのこの三障の拝問はいかにも唐突である。それは、おそらく、道元が、後の拝問16（二一八頁参照）で展開する、長沙景岑《ちょうさけいしん》（南泉普願《なんせんふがん》の法嗣《はっす》、生没年不詳）と皓月《こうげつ》供奉《ぐぶ》（生没年不詳）との間に交わされた「業障本来空《ごっしょうほんらいくう》」の問答に関連する。つまり、道元は、長沙が業障は本来空と主張するが、業障が空ならば異熟障も煩悩障も空ではないか、それは外道の見解ではないかと疑い、仏法が長沙の言うようなことなら、三世の諸仏の出現もなく、祖師の西来もない、と断言しているように、長沙の言は誤りであることを見抜いての拝問なのである。つまり、この拝問は拝問16とともに見るべきで、さらに言うならば、拝問16は、この拝問の前になされたのかもしれないことが推察される。

　いずれにしても、仏教における業・因果論は近代文明の合理主義的な科学物理法則の範疇を超越し、自分自身が生きている現実世界のなかでの自分の存在意義を問いつづける自分の主体的な行為論であることを忘れてはならない。それでなければ、如浄の「但《ただ》し、業障《ごっしょう》に至《いた》りては、慇懃《おんごん》に修行《しゅぎょう》する時《とき》、必《かなら》ず転《てん》ずべし」という示唆的言句は発せられなかったはずであり、後に道元も「かの三時の悪業報、必ず感ずべしと雖も、懺悔《さんげ》するが如きは、重きを転じて軽受せしむ、又滅罪清浄ならしむるなり」（『正法眼蔵』「三時業《さんじごう》」巻）という。三時の悪業の報いは必ず受けなければならないと言っても、それは懺悔することによって消滅し清らかになるとは、断言されえないはずなのである。

ちなみに、因果については、つぎのように拝問される。

8　拝問　因果の道理をどのように信ずべきか

拝問《はいもん》す。

「因果《いんが》は必《かなら》ず感《かん》ずべしや」。

和尚示《おしようしめ》して曰《いわ》く。

「因果《いんが》を撥無《はつむ》すべからず。所以《ゆえ》に永嘉曰《ようかいわ》く、『豁達《かったつ》の空《くう》は因果《いんが》を撥無《はつむ》す。漭々蕩々《もうもうとうとう》として殃禍《おうか》を招《まね》く』と。若《も》し撥無因果《はつむいんが》を言《い》わば、仏法中《ぶっぽうちゅう》の断善根人《だんぜんこんにん》なり。豈《あ》に是《こ》れ仏《ぶっ》祖《そ》の児孫《じそん》ならんや」。


〈語義〉
○因果　因果は原因と結果。因と果との間には必然的な関係があり、これを因果の道理・法則とし、仏教では三世を貫通する真実としてきわめて重要視する。修因証果の意。仏道修行に因って、必ず証があること（拝問1　二五頁参照）。○感ず　過去の行為による報いを現実にうけること。○撥無　払いのけて信用しないこと。否定し払いのけること。事実があっても、あえて無視し否定すること。とくに因果の道理を無視し否定すること。○永嘉　永嘉《ようか》玄覚《げんかく》（六七五〜七一三）。六祖慧能のもとで大悟し、『永嘉集《ようかしゆう》』『証道歌《しようどうか》』などの著述がある。ここに引かれている語句は『証道歌』からの引用である。○豁達の空　天に雲ひとつなく、からりと開け広々しているさまのこと。因果の道理をそのように理解することは、因果を無視し否定することになるというのである（詳細は拝問16・慈誨33　一一八・一九九頁参照）。○漭々蕩々として殃禍を招く　漭々は水の広く遠いさま、蕩々は広く遠いさま。殃禍は災い。限りなく果てしもなく災いを招くの意。○断善根　邪見によって因果を否定し善根（諸々の善を生じる因）を断つこと。

〈現代語訳〉

次のように拝問した。

「因果というものは、必ずあって、現実に受けるものですか」。

如浄は示された。

「因果を否定し、無視してはいけない。昔、永嘉玄覚は、その著『証道歌』で『因果を空とし、青天のようにからっとして何にもないというように理解する説などは、因果の道理を否定し無視するものである。そうした見解は、際限のない災厄をもたらす』と言われた。もし、因果を否定し無視するなら、その人は、仏法のなかにいて善根を絶った人である。どうして、そのような人たちを仏や祖師の子孫と言えようや」。

〈解説〉

道元の入宋時代は、道元が後に「近代参禅学道と称するともがら、おおく因果を撥無せり。何によりてか因果を撥無せりと知る、いはゆる不落《ふらく》（因果に落ちない、支配されない）と不昧《ふまい》（因果にくらませられない、迷わず、信ずる）と一等にしてことならずとおもへり、これによりて因果を撥無せりと知るなり」（『正法眼蔵』「深信《じんしん》因果」巻）と記すように、撥無因果するところから因果に迷うような風潮も現実にあったのであろう。

つまり、それゆえにこそ道元が拝問3において「二生の感果を無視し払拳棒喝は正しい接化の手段か」と拝問しているように、当時の禅僧の多くは因果の道理を否定し、無視し、己の愚見を振りまわし、払拳棒喝の表面的なやりかたに頼っていた。また、因果の道理を説くことのない儒教と道教がその根本は仏教と同一とする三教一致説の暴論が横行していたのである。だが、その風潮のなかにあって、古仏天童如浄のみは因果の道理を明らめ、正伝の仏法を堅持していたのである。

仏教における業と因果の問題は、インド民族の輪廻《りんね》思想と密接不離の関係にあることはいうまでもない。つまり、この業という概念の背景には、輪廻の思想と、この世で善い行いをすれば死後に良い状態に、悪い行いをすれば悪い状態に生まれ変わる、という善因善果・悪業悪果の考えかたがあり、釈尊もこの考えかたを継承しながらも、神我《じんが》などの絶対者を否定し、すべては自業自得であるという自己責任説を強調し、この業を重視したとされる。初期仏教では輪廻思想は、教説の中心ではなかったが、民衆教化の方便説として、ついには三世因果の説として教理の中心を形成していった。

インド仏教を受容する中国民族がもっとも困惑したのは、この業と因果と輪廻の問題だった。その問題は、早くから神滅神不滅論争とも関連して展開する。長く中国民族を悩ましつづけたのが三世にわたる因果の思惟《しゆい》であるが、中国においては伝統的に個人の前世や来世の観念論には発達せず、現世の行為の倫理的な基盤を構築するものとして受容された面が強い。

ところで、仏教における因果論は単なる時間論ではなく、三世を通貫するのを特色とする。現世のみに限られる因果は、業・輪廻の問題の核心に触れない。が、われわれの生命の秘密は三世にわたる、この道理を完全に把握しなければ解脱への道は遠い。中国禅の因果論は、仏果としての解脱と、その根拠を説くところに一大特色があると言っても過言ではない。それゆえにこそ、因果を究めることは、自己の業を判然と自覚し、自己の行持を律し、仏祖の洪恩を感じ、懺悔滅罪を信じ弁道に精進することになる。そうしたことを背景として道元は如浄の因果論を肯《うけが》っていることは言うまでもない（詳細は拝問16　一二一頁参照）。

ちなみに、この因果の道理の明識は、後に「仏法参学には第一、因果をあきらむるなり」（『正法眼蔵』「深信因果」巻）と、まず仏法参学は因果の道理を明らめることを第一とし、「もし因果亡じて空しからんが如きは諸仏の出世ある可《べか》らず、祖師の西来ある可らず、おほよそ衆生の見仏聞法ある可らざるなり」（同）と、つまり正伝の仏法は因果の道理があって、初めて成り立ち、その法を無視しては、諸仏の出現も祖師の西来も、つまり達磨が中国に来ることも、そして衆生《ひとびと》が自己の仏性を悟り、仏と一体となり、仏を現成することも、仏法を問い学ぶこともない、と展開することになる。また、この因果の道理を持たない儒教と道教は仏教に及ばずとして、「いはんや孔老は、先因を知らず、当果をとかず」（『正法眼蔵』「四禅比丘」巻）として、孔老はわずかに一世の忠孝をもって君につかえ家を治めることを旨とし、さらに後世を説かないと難じ、儒・道・仏の三教一致論を、

> 愚癡のはなはだしき、たとへをとるに物あらず。（中略）三教一致のことば、小児子《しょうにす》の言音におよばず、壊仏法《えぶっぽう》のともがらなり（『正法眼蔵』「諸法実相」巻）。

と痛罵し、三教一致説を弾劾したのは、ひとり先師天童如浄古仏のみであると、その状況を次のように記している。

> 近日宋朝の僧徒、ひとりとしても、孔老は仏法におよばずとしれるともがらなし。なほ仏祖の児孫になれるともがら、稲麻《とうま》竹葦《ちくり》のごとく、九州の山野にみてりといふとも、孔老のほかに仏法すぐれいでたりと暁了せる、一人半人あらず。ひとり先師天童古仏の

み、仏法と孔老と、ひとつにあらずと暁了せり、昼夜に施設せり（『正法眼蔵』「四禅比丘」巻）。

しかし道元は中国思想の根幹をなす、儒教・道教そのものの存在を否定しているわけではない。儒・道・仏の一致説を否定しているのである。

9　拝問　長髪や長爪は僧侶の風儀か

拝問《はいもん》す。

「今日天下《こんにちてんか》の長老《ちょうろう》の長髪《ちょうはつ》、長爪《ちょうそう》、何《なん》の拠《よりどころ》か有《あ》る。将《まさ》に比丘《びく》と称《しょう》せんとするには、頗《すこぶ》る俗人《ぞくじん》に似《に》たり。将《まさ》に俗人《ぞくじん》と名《な》づけんとするには又禿児《またとくじ》の如《ごと》し。西天東地《さいてんとうち》、正《しょう》法《ぼう》・像法《ぞうほう》の間《かん》、仏祖《ぶっそ》の弟子《でし》は未《いま》だ嘗《かつ》て斯《かく》の如《ごと》くならず。如何《いかん》」。

和尚示《おしょうしめ》して曰《いわ》く。

「真箇《しんこ》是《こ》れ畜生《ちくしょう》なり。仏法清《ぶっぽうしょう》浄《じょう》海中《かいちゅう》の死屍《しし》なり」。


〈語義〉

○長髪、長爪　髪や爪をのばすこと。道元の入宋時代は、僧侶でありながら長髪・長爪が一種の風潮でもあった。○正法・像法　釈尊滅後の教法の受け取られかたを、正法・像法・末法の三つの時期に分ける。正法は、教えとそれを実践する行と、それによって得られる証《さとり》が具わっているが、像法は、教と行はあるが証はない時代、末法は教のみある時代とされ、期間については諸説あるが、一般には正法五百年、像法千年、末法一万年説が信じられていた。○畜生　畜養される生類の意で鳥獣虫魚などすべての動物をさす。仏教では前世の悪行の報いで動物に生まれ変わると考え、その動物の境涯を畜生道という。この場合は仏法をその根底から分からぬ人をさす。

〈現代語訳〉

次のように拝問した。

「現在、天下の長老たちが、髪をのばし、爪を長くしているのは、何か根拠があるのでしょうか。そのすがたは、僧と呼ぶより俗人に近く、俗人と呼ぶには単に髪が短い人のようでもあります。インドでも中国でも、正法の世にも像法の世にも、仏祖の弟子は、いまだかつてこのようなことはありません。どうなのでしょうか」。

如浄は次のように示された。

「まことに、あれは畜生である。仏法の清浄海中に浮く死屍《しかばね》である」。

〈解説〉

釈尊の時代、剃髪は、仏弟子となって煩悩・驕慢《きようまん》・誘惑などを断除する意味と、仏道修行者と他の修行者とを区別するためとされ、剃髪の日限は半月もしくは二ヵ月に一度、また長さは二寸など規定に多少の違いがある。『摩訶僧祇律《まかそうぎりつ》』第二十九には、釈尊は四ヵ月に一度髪を剃ったとある。が、剃髪は仏教教団の特殊な習風のため、インドでもこれに対して批難が多く、比丘等を禿頭沙門《とくとうしやもん》とか禿沙門《とくしやもん》と称したり、中国でも剃髪は身体を毀傷《きしよう》するもので孝道に反するものとされた。が、仏教の隆盛とともにそれらの説は衰退した。道元の入宋時代は、さまざまなところで正伝の仏法が破綻していた様相がみられるのであり、とくに、禅宗は、早くから教外別伝を標榜した考えかたと道家・老荘思想の根源である無の思考と密接に結びついたため、その無為自然論に従い、人為を加えない自然体をことさらに重視する風潮もあった。それが僧侶の姿にも如実に現れていた現実を道元は目のあたりにしたのである。道元が『涅槃経』にも長髪・長爪は破戒の僧であると記してあることを知らぬはずはなく、道元の眼には当時の中国禅林の頽廃がそのまま長髪・長爪の異様な風儀として反映していると映ったのである。今日、われわれが眼にする宋代禅者の頂相《ちんぞう》にもそうした姿が見受けられる。如浄はそうした風潮を唾棄すべきことと痛罵したのである。

道元は、後に、『正法眼蔵』「洗浄」巻で長髪・長爪を厳しく批判し、また如浄の先の言葉を「浄髪《じょうはつ》を会《え》せざるは、これ俗人《ぞくじん》ならず。これ僧家《そうけ》ならず、すなわちこれ畜生《ちくしょう》なり。古来《こらい》の仏祖《ぶっそ》、誰《たれ》かこれ浄髪《じょうはつ》せざる者《もの》ぞ。如今浄髪《にょこんじょうはつ》を会《え》せざるは、真箇《しんこ》これ畜生《ちくしょう》なり」と示衆したし、また如浄は上堂や普説では「いかなる道理《どうり》としらず、胡乱《うろん》に長髪《ちょうはつ》・長爪《ちょうそう》なる、あわれむべし、南閻浮《なんえんぶ》の身心《しんじん》をして非道《ひどう》におけること。近来《きんらい》二三百年《びゃくねん》、祖師道廃《そしどうはい》せるゆえに、しかのごとくのともがらおおし。かくのごとくのやから、寺院《じいん》の主人《しゅじん》となり、師号《しごう》に署《あらわ》して、為衆《いしゅ》の相《そう》をなす、人天《にんてん》の無福《むふく》なり。いま天下《てんか》の諸山《しょざん》に、道心箇渾無《どうしんものこんむ》なり、得道箇久絶《とくどうものきゅうぜつ》なり、祗管《しかん》破落党《はらくとう》のみなり」と、弾指《だんし》しながら問責したが諸方の長老はうらむことなく反論することもなかったと記している。そしてさらに「長髪は仏祖のいましむるところ、長爪は外道の所行なり。仏祖の児孫、これらの非法をこのむべからず。身心をきよからしむべし、剪爪《せんそう》剃髪すべきなり」と。僧の僧たるゆえんに反する長髪・長爪をきつく戒めているのである。

10　示誨　儞《なんじ》古貎あり、深山幽谷に居し、仏祖の聖胎を長養すべし

和尚《おしょう》、或《あ》る時召《ときめ》して示《しめ》して曰《いわ》く。

「儞《なんじ》は是《こ》れ後生《ごしょう》なりと雖《いえど》も、頗《すこぶ》る古貎有《こぼうあ》り。直《じき》に須《すべか》らく深山幽谷《しんざんゆうこく》に居《こ》し、仏祖《ぶっそ》の聖《しょう》

胎《たい》を長養《ちようよう》すべし。必《かなら》ず古徳《ことく》の証処《しようしよ》に至《いた》らん」。

時《とき》に、道元《どうげん》、起《た》って和尚《おしよう》の足下《あしもと》に拝《はい》を設《もう》く。

和尚唱《おしようとな》えて云《いわ》く。

「能礼所礼性《のうらいしょらいしよう》　空寂《くうじやく》、感応道交難思議《かんのうどうこうなんしぎ》」。

時《とき》に和尚《おしよう》、西天東地《さいてんとうち》の仏祖《ぶつそ》の行履《あんり》を広説《こうせつ》したまう。時《とき》に道元《どうげん》、感涙襟《かんるいえり》を沾《うるお》す。

〈語義〉

○後生　未熟者。修行年数の短い者のこと。○聖胎を長養すべし　聖胎は仏種子を蔵している神聖な肉身。長養は増長し養成すること。禅宗では大事を了畢《りようひつ》した人の悟後の修行をいう場合がある。○能礼所礼性空寂、感応道交難思議（『法華三昧運想補助儀』に出る）能礼は礼する人、所礼は礼される仏。性空寂の性は本質・本体。礼拝の真実は、礼拝する人と礼拝を受ける人とが自他を超えてひとつになること、つまり感応道交（次項参照）することは人間の思量をこえていることを表現した句。○感応道交　感は衆生が仏菩薩の法益を感ずること、応は仏菩薩が衆生の要請に応じ赴くこと。本来は衆生の心が仏菩薩の心に通じ、仏菩薩の心が衆生の心に感ずることをいう。が、ここでは能礼と所礼、すなわち礼する道元と礼を受ける如浄、資と師の機が相投合したことを述べている〈解説〉ならびに拝問18　一三三頁参照）。○行履　日常の行住坐臥、語黙動静《ごもくどうじよう》、喫茶喫飯など起居動作のすべて。

〈現代語訳〉

如浄は、ある時、道元《わたくし》をお呼びになり次のように云われた。

「儞《きみ》は、年は若いが、大いに古仏となるべき風貌をそなえている。それゆえ、必ず深山幽谷に住み、やがて仏祖となるべき資質を備えた身体を大切にして修行に精進しなさい。必ず古徳祖師がたの境地に至るであろう」と。

その時、道元《わたくし》は、起立し和尚の御足のもとに威儀を正して礼拝した。

すると、如浄は次のように唱えられた。

「能礼所礼性空寂、感応道交難思議」（礼拝の本来の性格は、礼拝する者と礼拝を受ける者とが一体となることである。この師資が感応道交することは人間の思慮分別の世界をこえている）。

そして、如浄はインド・中国の仏祖の修行生活を広く説かれた。その時、道元《わたくし》は感激のあまり涙にむせび襟《えり》を濡らした。

〈解説〉

「儞《なんじ》は是《こ》れ後生《ごしょう》なりと雖《いえど》も、頗《すこぶ》る古《こ》貌有《ぼうあ》り。直《じき》に須《すべか》らく深山幽谷《しんざんゆうこく》に居《こ》し、仏祖《ぶっそ》の聖胎《しょうたい》を長養《ちょうよう》すべし」と言われたときの、道元の感激はいかばかりであったであろう。如浄は、若き道元の風貌に、正伝の仏法を受け嗣ぎ古仏となる資質を見抜いていたのである。そこでは、師資《しとでし》が、つまり如浄と道元が感応道交（拝問18　一三二頁参照）しているその姿が眼前に彷彿と迫ってくる。まさに「感涙襟《かんるいえり》を沾《うるお》す」。この言葉以上に感動の表現は必要としない。

後に、宝慶三年（一二二七）、天童山を乞暇し帰国せんとする道元の夜半の入室《にっしつ》に対し、如浄は芙蓉道楷《ふようどうかい》（一〇四三〜一一一八）から相伝の袈裟、洞山良价《とうざんりょうかい》（八〇七〜八六九）著の『宝鏡三昧』『五位顕訣《ごいけんけつ》』、および如浄自身の賛を書き入れた頂相を授け「汝は異域人なるを以て之を授け信を表す。国に帰って化を布き、広く人天を利せよ。城邑聚楽に住することなかれ、国王大臣に近づくことなかれ。只深山幽谷に居りて一箇半箇を接得し、吾が宗をして断絶致せしむることなかれ云々」と、垂示したと『建撕記』（『曹洞宗全書』史伝・下）は伝える。

また、『三大尊行状記』「道元伝」（『曹洞宗全書』史伝・上）には、「汝、早く本国に帰り、祖道を弘通《ぐずう》すべし。（中略）本国にして山谷に隠居し、聖胎を長養せよ」とあり、『伝光録』（『曹洞宗全書』宗源・下）にも「汝古仏の操行あり、必ず祖道を弘通《ぐずう》すべし、われ汝をえたるは釈尊の迦葉をえたるがごとし。（中略）浄和尚嘱して曰《いわ》く、早く本国に帰り祖道を弘通すべし。深山に隠居して聖胎を長養すべし」とある。後の道元は如浄のこの言葉を遺嘱として行持していることが知られる。

『正法眼蔵』「仏祖」巻では、過去七仏から如浄に至るまでの仏祖の名を列記した後に「道元、大宋国宝慶元年乙酉《きのととり》夏安居《げあんご》時、先師天童古仏大和尚に参侍して、この仏祖を礼拝頂戴することを究尽《ぐうじん》せり。唯仏与仏《ゆいぶつよぶつ》なり」と記しているが、それは、この拝問の「能礼所礼性空《のうらいしょらいしょうくう》寂《じゃく》、感応道交難思議《かんのうどうこうなんしぎ》」とあって、次に「時《とき》に和尚《おしょう》、西天東地《さいてんとうち》の仏祖《ぶっそ》の行履《あんり》を広説《こうせつ》したまう」とする、その広説の部分を補完するものと言えよう。さらには、拝問18には、禅家と教家との「感応道交」についても相当に詳細な質疑の経緯があるように、この「礼拝の偈」は慈覚大師円仁の『常行三昧堂行法』が初出とされ、『往生要集』にも見られるように宗派を越えて広く用いられている。

11　示誨　裙袴《ころも》の腰絛《こしひも》の結びかたについて

堂頭和尚《どうちょうおしょう》、大光明蔵《だいこうみょうぞう》に於《お》いて示《しめ》して曰《いわ》く。

「行李《あんり》交衆《こうしゅ》の時《とき》、裙袴《くんこ》の腰絛《ようじょう》、皆強緊《みなきょうきん》にこれを結《むす》ぶ。稍多時《ややたじ》を経《ふ》るに、更《さら》に無力《むりょく》の労無《ろうな》きにあらざればなり」。

〈語義〉

○**堂頭**　本来は禅院の住職の居室のこと。転じて、住職をさす。　○**大光明蔵**　天童山景徳寺の方丈のこと。『正法眼蔵』「諸法実相」巻に「法堂の西壁をへて、寂光堂の西階をのぼる、(中略)大光明蔵は方丈なり」とある。天童山には住職の公的な講礼の場所としての寂《じゃっ》光堂《こうどう》と大光明蔵の二つの方丈があり、私的な居室として妙高台《みょうこうだい》があった。道元は入宋して、尋師訪道の後、宝慶元年(一二二五)五月一日に妙高台にて如浄に相見している。○行李行履とも。行住坐臥、語黙動静、喫茶喫飯、起居動作のすべて。○裙袴　裙は裙子《くんす》ともいう、子は助字。僧が腰にまとう衣で、俗に腰衣《こしごろも》ともいう。形は袴《はかま》に似てひだをつけた短い黒衣。袴《こ》は寒さを防ぐためにはく下着の一種、今日の股引《ももひき》の類。○腰絛　腰紐のこと。絛は糸を縄状に編んだ紐。現今は「手巾《しゅきん》」と通称している。

〈現代語訳〉

堂頭和尚《どうちょう》、如浄は大光明蔵で示された。

「修行者と一緒に修行生活をする時には、裙や袴の腰絛《こしひも》を、強く結ぶのである。時間がたって紐がゆるみ、結びなおす無駄をなくすためである」。

〈解説〉

この当時の禅僧は、腰衣のような下衣(裙子)を着け、上半身には別に上衣(褊衫《へんざん》)を着けた。したがって、褊衫、裙子、それぞれを紐で身に着けたため、長い時間を過ごすと、おのずと紐がゆるみ服装がだらしなく乱れ、しばしば結びなおさなければならないことがあったのであろう。服装の乱れと、それを正すために要する労と無駄を省くための一瞬たりともなおざりにしない訓戒である。

今日の僧衣は、偏衫と裙子を綴り合わせたもの、いわゆる直裰《じきとつ》である。が、慈誨25（一四九頁参照）で、如浄は「昔の禅僧は皆な偏衫を着けていた。まれには直裰を着る者もいた。最近はすべての者が直裰を着るようになったが、これは末世の弊風である」と、裙子・偏衫を身に着けるのが正装であると主張しているので、如浄時代にすでに直裰が定着していく兆しがあったのであろう。

12　示誨　緩歩《かんぽ》のしかたについて

「僧家《そうけ》の僧堂《そうどう》に寓《ぐう》する功夫《くふう》の最要《さいよう》は、直《じき》に須《すべから》く緩歩《かんぽ》すべし。近代《きんだい》の諸方《しょほう》の長老《ちょうろう》、知《し》らざる人多《ひとおお》し。知《し》る者極《ものきわ》めて少《すく》なし。緩歩《かんぽ》は息《いき》を以《もっ》て限《かぎ》りと為《な》して、足《あし》を運《はこ》ぶなり。脚跟《きゃくこん》を観《み》ず、然《しか》して躬《くぐま》らず仰《あおむ》かずして歩《ほ》を運《はこ》ぶなり。傍《かたわら》より之《これ》を観見《かんけん》せば、只《ただ》一処《いっしょ》に立《た》つが如《ごと》し。肩《かた》・胸等《むねとう》、動揺《どうよう》して振《ふ》るべからず」。

和尚度々《おしょうたびたび》、大光明蔵《だいこうみょうぞう》を歩《あゆ》み、東西《とうざい》に向《む》かい、道元《どうげん》に見《み》せしむ。便《すなわ》ち示《しめ》して曰《いわ》く、「近日《きんじつ》、緩歩《かんぽ》を知《し》る者《もの》は、只老僧一人《ただろうそうひとり》のみなり。儞《なんじ》、試《こころ》みに諸方《しょほう》の長老《ちょうろう》に問《と》いて看《み》よ。必竟《ひっきょう》、他《た》未《いま》だ曾《かつ》て知《し》らざるなり」。

〈語義〉

○僧家　僧侶のこと。　○僧堂　聖僧堂《しょうそうどう》の略。堂の中央に聖僧（文殊菩薩など）を安置し、この周囲に単《たん》（禅牀《ぜんしょう》）を設けて、修行僧はそこで坐禅することだけではなく、起臥し、飯食《いじき》するなど、修行生活の中心となる道場。　○緩歩　経行《きんひん》のこと。坐禅の時、坐屈や睡眠を防ぐため、坐より起《た》ってきわめてゆっくり歩くこと。　○息を以て限りと為して、歩を運ぶなり　一呼吸の間に足の甲の半分の長さだけ一歩を進める。第一歩は右足から（慈誨《じげ》24・示誨《じげ》40　一四八・一三二頁参照）。

〈現代語訳〉

「僧が僧堂に起居して功夫すべきもっとも大切なことは緩歩するということである。近代の諸方の禅院の住職は緩歩を知らないものが多く、知るものはきわめて少ない。緩歩というのは、一呼吸の間に歩を運ぶのである。そのときは、下を向いて脚跟《あしもと》を見てはならない。そして、前屈みになったり、身体をそらしたりせず、歩を運ぶのである。傍《かたわ》らから見てみると一ヵ所に動かないで立っているように見える。肩や胸などを動揺《うごか》し振《ふ》ってはならない」。

和尚はたびたび、大光明蔵のなかを東へ西へと歩いて、道元《わたくし》に見せてくださった。そして、次のように示して言われた。

「今日このごろ、緩歩の法を知っている者は、ただ老僧《わたし》一人だけである。試しに諸方の住職にたずねてみよ。所詮《しょせん》は誰も知らないのである」。

〈解説〉

緩歩の法、今日、禅門で一般的にいわれる「経行」の法を、如浄が大光明蔵で、あちらこちらと一息半歩で、道元にわざわざ歩いて見せてくれたのである。それは、当時の中国では、もはや、如浄のみが伝持していた法であったのである。

この緩歩の法、つまり経行の法は、慈誨24（一四八頁参照）で坐禅時の坐禅より立って歩く「一息半趺《はんぷ》の法」を行ずる、と慈誨し、さらに詳しくは、示誨40（二三一頁参照）の「経行直歩《じきほ》の法」において示誨されている。

13　拝問　ものの本質は三性（善性・悪性・無記性）に関わるか

拝問《はいもん》す。

「仏法《ぶっぽう》は、何《なに》を以《もっ》てか性《しょう》と為《な》す。善性《ぜんしょう》・悪性《あくしょう》・無記性《むきしょう》の中《なか》に何《なん》ぞや」。

堂頭《どうちょう》和尚示《おしょうしめ》して曰《いわ》く。

「仏法《ぶっぽう》は三性《さんしょう》を超越《ちょうえつ》するのみなり」。

〈語義〉

○三性　ものの存在を宗教倫理的性質によって、善性・悪性・無記性（善とも悪とも決定されえない心や行為）の三つの性（本質）に分けた。善は安穏の性で好ましい果を招き、悪は不安穏の性で好ましくない果を招くと定義されている。

〈現代語訳〉

次のように拝問した。

「仏法では、ものの本質をどのようにみるのでしょうか。善性、悪性、無記性のうちのどれなのでしょうか」。

如浄は示して言われた。

「仏法は、その三性を超越するのみである」。

〈解説〉

仏教は、すべてのものの性質を倫理的な立場から、善・悪・無記（善とも悪とも決定されえない心や行為）の三つの性（本質）に分けた。これは、インドの唯識学派で説かれ、中国・日本の法相《ほっそう》宗根本教義となった存在の三種の見かたでもあるが、その説明は学派によって異なる。如浄は、道元の拝問に、正伝の仏法では、ものの本質を、そのような倫理的規範の範疇でとらえるのではなく、その三性を超越したところで把握するのだと示した。

ところで、古来、中国には、孟子《もうし》の「性善説」（人間の性は先天的に善であり、悪い行為は物欲の心がこれをおおうことによって生ずる後天的なものとする）、さらに、荀子《じゅんし》の「性悪説」（人の性は悪で、善い行為は教育・学問・修養など後天的な作為によるとする）、そして、さらに揚子《ようし》は両義を和して「性善悪混説」を主張していた。が、如浄の示誨は、正伝の仏法が、そのような、いわゆる儒教の倫理観に基づく人間を規制する教説を凌駕《りょうが》していることを示している。

14　拝問　仏祖の大道をなぜ禅宗と呼ぶのか

拝問《はいもん》す。

「仏々祖々《ぶつぶつそそ》の大道《だいどう》は、一隅《いちぐう》に拘《かか》わるべからず。何《なん》ぞ強《し》いて禅宗《ぜんしゅう》と称《しょう》するや」。

堂頭《どうちょう》和尚示《おしょうしめ》して云《いわ》く。

「仏祖《ぶっそ》の大道《だいどう》を以《もっ》て、猥《みだ》りに禅宗《ぜんしゅう》と称《しょう》すべからず。今《いま》、禅宗《ぜんしゅう》と称《しょう》するは、頗《すこぶ》る是《こ》れ澆運《ぎょううん》の妄称《もうしょう》なり。禿髪《とくはつ》の小畜生《しょうちくしょう》の称《しょう》じ来《きた》れる所《ところ》なり。古徳《こ とく》皆《み》な知《し》る所《ところ》なり。往古《おうこ》の知《し》る所《ところ》なり。爾《なんじ》、曽《かっ》て石門《せきもん》の林間録《りんかんろく》を看《み》るや」。

道元云《どうげんいわ》く。

「未《いま》だ曽《かっ》て録《ろく》を看《み》ず」。

堂頭《どうちょう》和尚云《おしょういわ》く。

「爾《なんじ》、看《み》ること一遍《いっぺん》せば好《よ》し。彼《か》の録《ろく》、説《と》き得《え》て是《ぜ》なり。大凡《おおよそ》、世尊《せそん》の大法《だいほう》は摩訶《まか》迦葉《かしょう》に単伝《たんでん》し、嫡々相承《てきてきそうじょう》すること廿八世《にじゅうはっせ》、東土《とうど》に五伝《ごでん》して曹渓《そうけい》に至《いた》り、乃至《ないし》、今《こん》日《にち》、如浄《にょじょう》は則《すなわ》ち仏法《ぶっぽう》の惣府《そうふ》なり。大千沙界《だいせんしゃかい》に更《さら》に肩《かた》を斉《ひと》しくすべき者無《ものな》し。而《に》今《こん》、三《さん》・五本《ごほん》の経論《きょうろん》を講《こう》じ得《え》て、以《もっ》て各々《おのおの》の家風《かふう》を肩《にな》う徒《ともがら》は乃《すなわ》ち仏祖《ぶっそ》の眷属《けんぞく》なり。眷《けん》属《ぞく》にして而《しか》も内外《ないげ》親疎《しんそ》の高低《こうてい》有《あ》るなり」。

道元拝問《どうげんはいもん》して云《いわ》く。

「既《すで》に仏祖《ぶっそ》の眷属《けんぞく》たらば、彼《か》の輩《ともがら》も菩提心《ぼだいしん》を発《おこ》して、真《しん》の善知識《ぜんちしき》を訪《とぶら》い得《え》ん。何《なん》ぞ年来《ねんらい》の所学《しょがく》を抛《なげう》って、忽《たちま》ちに仏祖《ぶっそ》の叢席《そうせき》に投《とう》じて昼夜弁道《ちゅうやべんどう》するや」。

堂頭《どうちょう》和尚《おしょう》云《いわ》く。

「西天東地《さいてんとうち》、積年《せきねん》の所弁《しょべん》を抛《なげう》って進《すす》むことは、譬《たと》えば人間《じんかん》にして丞相《じょうしょう》に上《のぼ》る朝《あした》には諫議《かんぎ》を兼《か》ねざるが如《ごと》し。然《しか》れども其《そ》の子孫《しそん》を教《おし》うる日《ひ》には、又《また》諫議《かんぎ》の進退《しんたい》を施《ほどこ》す者《もの》なり。仏祖《ぶっそ》の学道《がくどう》も亦復是《またまたかく》の如《ごと》し。諫議等《かんぎとう》の清廉《せいれん》に因《よ》りて丞相《じょうしょう》に上《のぼ》ると雖《いえど》も、丞《じょう》相《しょう》の日《ひ》には諫議《かんぎ》の議《ぎ》無《な》し。諫議《かんぎ》の日《ひ》には丞相《じょうしょう》の儀《ぎ》を議《ぎ》せず。但《ただ》し学《まな》ぶ所《ところ》の者《もの》は、皆《みな》是《こ》れ治国安民《ちこくあんみん》の忠行《ちゅうこう》なり。忠節《ちゅうせつ》は是《こ》れ一心《いっしん》なり。更《さら》に二心《にしん》に非《あら》ず」。

道元拝覆《どうげんはいふく》して云《いわ》く。

「諸方《しょほう》の長老等《ちょうろうとう》は説《と》く所《ところ》、皆以《みなもっ》て未《いま》だ曾《かつ》て仏祖《ぶっそ》の道《どう》を知《し》らざること明《あき》らけし。今《いま》、明《あき》らかに知《し》りぬ、仏祖《ぶっそ》は実《じつ》に是《こ》れ世尊《せそん》の嫡嗣《ちゃくし》、今日《こんにち》の法王《ほうおう》なることを。三千《さんぜん》の調《ちょう》度《ど》、法界《ほっかい》の縁辺《えんぺん》、皆《み》な是《こ》れ仏祖《ぶっそ》の主《つかさど》る所《ところ》にして、更《さら》に二《に》王《おう》有《あ》るべからざるなり」。堂頭《どうちょう》和尚《おしょう》示《しめ》して云《いわ》く。「汝《なんじ》の言《い》う所《ところ》の如《ごと》し。汝《なんじ》須《すべから》く知《し》るべし、西天《さいてん》に未《いま》だ両《ふた》りの附嘱法蔵《ふしょくほうぞう》を聞《き》かず。東《とう》土《ど》には初祖《しょそ》より六祖《ろくそ》に至《いた》るまで、両《ふた》つの伝衣《でんえ》無《な》し。所以《ゆえ》に大千《だいせん》の仏道《ぶつどう》は、仏祖《ぶっそ》を本《もと》と為《な》せり」。

〈語義〉

○石門の林間録　石門は宋の覚範慧洪《かくはんえこう》（一〇七一～一一二八）のこと。臨済宗黄龍派《おうりゅうは》の真浄《しんじょう》克文《こくぶん》（一〇二五～一一〇二）の法嗣《はっす》で、崇寧《すうねい》元年（一一〇二）に撫州《ぶしゅう》石門の景徳寺《けいとくじ》に住したので石門と称す。『林間録《りんかんろく》』（二巻）は、慧洪が翰墨場《かんぼくじょう》中《ちゅう》に遊戯《ゆげ》した（詩文・書画に親しんだ）十年間に、林間の士（清談をする文人たち）と交遊し、尊宿の高行、叢林の遺訓、諸仏菩薩の微旨、さらに仏法外の清談など三百余種を記録する。大観元年（一一〇七）序刊（『卍続蔵経』乙—二一套四冊・『卍続蔵経』第一四八冊所収）。『林間録後録《りんかんろくごろく》』（一巻）は像《ぞう》賛《さん》・銘《めい》、その序について述べている。この如浄が推奨した『林間録』に見られる達磨論は、後年『正法眼蔵』「仏道」「行持」巻に引かれるが、『林間録』は以後の道元に大きな影響を与えることになる（〈解説〉参照）。○嫡々相承　釈尊より歴代の仏祖に大法が相続されることで、嫡子から嫡子に相続されること。○仏法の惣府　教家の各宗派が一経一論をもって所依の経典とするのに対して、禅は特定の経典を所依としない全一の仏教であるから、禅を仏教の惣府（総府）という。また仏教は禅定《ぜんじょう》を基盤として発展した宗教であるので、禅がそのすべてであるとし、坐禅を中心とする禅宗は、自宗を仏法の総府と自覚するのである。後の拝問28（一六三頁）参照。○大千沙界　大千は三千大千世界の略。沙界は恒河沙世界《ごうがしゃせかい》の略。恒河（ガンジス河）の沙《すな》のように無量無数の多くの世界。広大無辺な宇宙世界のなか。○眷属　親族・一家・一族の意。ここでは禅家に対する教家を指す。○叢席　叢林のこと。禅修行者が和合して一処に住して樹林のように静寂なことから、一般には禅僧が坐禅弁道する道場をいう。○弁道　仏道に精進すること。○丞相・諫議　丞相は宰相（大臣）。諫議は天子を直言をもって諫める諫議大夫（参議）。この比喩的挿話によって、禅はけっして教を排していないことが知られる。○拝覆　覆は申覆のことで陳白・敬白の意味。○三千の調度　三千は数の多いことの形容。調度は諸道具。大千世界の無数の教理も仏法世界の調度品のようなものであるの意。○縁辺　仏縁のある辺際、仏法の世界で、仏に救われるべき衆生。

〈現代語訳〉

次のように拝問した。

「仏々祖々が歩まれた大道は、道の一隅に止まってしまう（禅という呼称でひとくくりにしてしまう）ようなものではないはずです。それなのに、なぜ、強いて禅宗などと称するのですか」。

如浄は示して言われた。

「仏祖の大道を、みだりに禅宗と称してはならない。いま、禅宗と称しているのは、末世のゆえの妄《でたらめ》な呼称《よびな》である。髪の短い小賢《こざか》しい仏法のわからぬ小畜生というべき輩《やから》が言っているのだ。昔の祖師がたはみな知っている。往古の人も知っている。儞《きみ》は、石門の『林間録』を読んだことがあるかね」。

道元《わたくし》はお答えした。

「まだ、その録を読んでおりません」。

如浄は言われた。

「儞《きみ》も、一度、読んでおくとよい。『林間録』の説くところは道理にかなっている。おおよそ、釈迦牟尼仏の大法は、摩訶迦葉に単伝し、以後、嫡々と法が正統に引き嗣がれて二十八代、菩提達磨（二十八代目）がその法を中国に伝え、中国では五代伝えて、六代目の曹溪山の大鑑慧能に至り、そして今日の如浄《わたし》に至っている。ゆえに、如浄《わたし》は仏法の総府なのである。世界広しと云えども、如浄《わたし》に肩をならべる人はいない。現今、三種や五種の経典や論部の書を講釈して、それぞれ一家の宗風を立てている僧たちも、やはり仏祖の一族ではある。一族ではあるが、そこには、仏法に親しいものもあれば疎遠なものも、仏法の理解にも高い低いがある」。

道元《わたくし》は、拝問した。

「仏祖の一族であるからには、さきほどの経論を講釈する僧たちも、菩提心をおこして、真の指導者を訪ねて道を問うこともできるでしょう。それなのに、どうして長年学んできたところを抛《なげう》って、すぐさま、仏祖の叢林に入り、昼夜をおかず仏道に精進するのですか」。

如浄は言われた。

「インドでも中国でも、同じように仏道に精進するということは、長い年月をかけて学んだ処を抛《なげう》って進むのである。たとえてみれば、世間で、丞相《だいじん》になった期《とき》には、その人は諫議大《かんぎたい》夫《ふ》の役は兼任しない。しかしながら、大臣がその子孫を教育するときには、諫議大夫として の進退《さほう》を教えるようなものである。仏祖の学道というのもまた同じである。諫議大夫は天子を諫《いさ》める役であるから、みずからその身を清廉にし、それによって丞相《だいじん》にも上るのだが、丞相《だいじん》の地位になると、諫議大夫のように振るまうことはない。諫議大夫の任にあるときは、諫議大夫としてなすべきことをし、大臣の儀《ふるまい》をしない。しかし、大臣であれ諫議大夫であれ、努力して学び行うところは、みな、国を治め国民の生活を安定させるという、真心からの行いなのである。国のため民のためにつくす忠節は、大臣も諫議も同じ一つの心であって、さらに二つの心があるのではない」。

道元《わたくし》は、次のように申し上げた。

「諸方の禅院の住職などの説くところは、すべてがまったく仏祖の道を知らないことが明らかです。いま、私は仏祖というのは、まことに釈尊の正統な嫡嗣《あとつぎ》であり、今日の法王であることをはっきりと知ることができました。無数の教理は、仏法の世界に備わっているすべての日常の調度と同じであり、全世界の救われるべき衆生のすべては、みな仏祖が王として主宰されるところで、仏祖のほかにもう一人の王がいるはずはないのです」。

如浄は示して言われた。

「儞《きみ》の言うとおりである。よく知っておくがよい。インドにおいても、釈尊の法が摩訶迦葉のほかにも伝えられたということは聞いたことがない。中国でも、菩提達磨から嫡々と慧能に伝えられた袈裟《けさ》以外に別の袈裟はない。それゆえ、三千大千世界の中の仏道は、仏祖をもって本源とするのである」。

〈解説〉

「正伝の仏法をみだりに禅宗と称さない」、これこそがこの拝問の主旨である。

今日、日本には「禅宗」なるものがあり、それには「臨済宗」「曹洞宗」「黄檗宗」等、総じて二十五流があり、われわれは「曹洞宗」に属するなどと、その呼称に何の疑念も違和感も抱かず不思議にさえ思わないのが現実である。だが、言うまでもなく西来の祖道は達磨にはじまり、その法は唐・宋時代に栄え、六祖以後五家七宗に分派した。その法系を禅宗と呼んで、他の諸宗派と区別するのは、後の史家も認めるところであり、常識的な単なる分類的見解として誤りとは言えない。

しかし、道元にとって、仏祖の大道をみだりに「禅宗」と呼ぶことには、相当の疑念があり違和感があったのである。その疑念は、西来の仏祖道が真の正伝の仏法であるのか、仏法の一隅になりさがるものであるのかという問題でもある。要するに、西来の祖道は、全一の仏法かそれとも一隅に止《とど》まる宗派仏法にすぎないのかという重大な問題なのである。つまり、仏法という大きな世界を禅宗という小さな枠のなかに閉じこめることは、仏法を矮小化することにほかならないからである。

正伝の仏法のありようの真実を、正師の膝下《しっか》で真摯に探究することによって順次払拭《ふっしょく》されることは当然としても、そのようなことに疑念をもち、その疑点を突き詰めていく慧眼は、世間智に流される凡眼からすれば、真に不思議なほどに鋭利な疑念であり、そうしたことにさえ疑念を持つ卓越した鋭敏な感性に驚愕を覚える。と同時に、その疑念に、「仏祖の大道を、みだりに禅宗と称してはならない。いま、禅宗と称しているのは、末世のゆえの妄《でたらめ》な呼称《よびな》である。髪の短い小賢しい仏法のわからぬ小畜生というべき輩《やから》が言っているのだ」とまで言明して「禅宗」と呼称する非を難じ、判然と即答した如浄の見識にも驚嘆せざるをえない。

如浄は、道元に『林間録』を推奨し、正伝の仏法の嫡嫡として相承された経緯を、その伝承を懇切に示唆する。そこで、道元は「諸方の禅院の住職などの説くところは、すべてがまったく仏祖の道を知らないことが明らかです」と述べるように、正伝の仏法の伝承を深く認識する。

この時点で、如浄が道元に『林間録』を提示したことは、以後の道元にとっては大きな意義を持つことになる。

〈語義〉でも触れたが、『林間録』（二巻）は、その序によれば、覚範慧洪が詩文・書画に親しんだ十年の間に、清談を論ずる文士たちと交遊し、尊宿の高行、叢林の遺訓、諸仏菩薩の微旨、さらに仏法外の清談など三百余種を記録したものとされている。道元は、如浄に薦められたこの未読の『林間録』を熟読したに相違ない。『林間録』は、当時の文人たちの時代に対するきわめてすぐれた鋭敏な時評、また僧侶の真摯な評論なども含まれているものであり、そうしたところからは、道元にとって、それまで単なる仏書や語録・灯史類などから蓄積され漠然としていた疑念のいくつかが、鮮明になる示唆を得たのではなかったか。つまり、如浄への拝問のいくつかが、『林間録』を精読することによってより明らかになったのではなかったかと察せられる。たとえば、後の拝問16（一一八頁参照）に見られる「長沙と皓月の業障本来空」にちなむ議論もおそらくはそうである。

帰国後の道元の著作に『石門林間録』と明記されたところは、『正法眼蔵』「行持」巻「仏道」巻、『永平広録』（巻七―491）に限られるが、その著作には『林間録』に由来すると思われる語句が見られ、その影響は少なくない。

さて、道元の「禅宗と称する非」の拝問に対して、如浄もその非を認めているところに、道元は禅宗と称するその非なる確証を得ているのであり、帰国後、徹底的にその非を展開することになる。

まず、『弁道話』において、そもそもの誤謬《ごびゅう》は、菩提達磨を僧伝の「習禅編」に編集したことから始まるとして、『林間録』によって、菩提達磨は、一編の経典を将来したわけではないが、正法伝来の正主であって、けっして「習禅」を伝えたわけではないと提示している。つまり、「習禅」というのは、禅定を修習して悟るために禅を学ぶことであるから、坐禅を悟りの手段とし、それを目的とする禅法である。それは菩提達磨の禅とは相違するという判然とした認識が道元にはあるのであって、この姿勢は終生変わることはない。

この「禅宗」と称するのは非であるとの主張は、後に『正法眼蔵』「仏道」巻のなかで、たとえば次のようにくりかえし展開される。

> 仏祖正伝《ぶつそしょうでん》の正法眼蔵涅槃妙心《しょうぼうげんぞうねはんみょうしん》、みだりにこれを禅宗《ぜんしゅう》と称《しょう》す、祖師《そし》を禅祖《ぜんそ》と称《しょう》す、学者《がくしゃ》を禅子《ぜんす》と号《ごう》す、あるひは禅和子《ぜんなす》と称《しょう》し、あるひは禅家流《ぜんけりゅう》の自称《じしょう》あり。(中略)西天東地《さいてんとうち》、従古至今《じゅうこしこん》、いまだ禅宗《ぜんしゅう》の称《しょう》あらざるを、みだりに自称《じしょう》するは、仏道《ぶつどう》をやぶる魔《ま》なり、仏《ぶっ》祖《そ》のまねかざる怨家《おんけ》なり。
>
> たとひ禅那《ぜんな》なりとも、禅宗《ぜんしゅう》と称《しょう》すべからず、(中略)仏仏正伝《ぶつぶつしょうでん》の大道《だいどう》を、ことさら禅宗《ぜんしゅう》

と称《しょう》するともがら、仏道《ぶつどう》は未夢見在《みむけんざい》なり、未夢聞在《みむもんざい》なり、未夢伝在《みむでんざい》なり。禅宗《ぜんしゅう》を自号《じごう》するともがらにも、仏法《ぶっぽう》あるらんと聴許《ちょうこ》することなかれ。禅宗《ぜんしゅう》の称《しょう》たれか称《しょう》しきたる、諸《しょ》仏祖師《ぶっそし》の禅宗《ぜんしゅう》と称《しょう》するいまだあらず。しるべし、禅宗《ぜんしゅう》の称《しょう》は魔波旬《まはじゅん》の称《しょう》するなり。魔波《まは》旬《じゅん》の称《しょう》を称《しょう》しきたらんは、魔党《まとう》なるべし、仏祖《ぶっそ》の児孫《じそん》にあらず。また仏仏祖祖《ぶつぶつそそ》の法《ほう》のほかに、さらに禅宗《ぜんしゅう》と称《しょう》する法《ほう》のあるにたり。もし仏祖《ぶっそ》の道《どう》のほかにあらんは、外道《げどう》の法《ほう》なるべし。

大宋《だいそう》の近代《きんだい》、天下《てんか》の庸流《ようる》、この妄称《もうしょう》禅宗《ぜんしゅう》の名《な》をききて、俗徒《ぞくと》おほく禅宗《ぜんしゅう》と称《しょう》し、達磨《だるま》宗《しゅう》と称《しょう》し、仏心宗《ぶっしんしゅう》と称《しょう》する妄称《もうしょう》、きほひ見聞《けんもん》して、仏道《ぶつどう》をみだらんとす。これは仏祖《ぶっそ》の大道《だいどう》、いまだかつてしらず。

要するに、正伝の仏法を禅宗と呼ぶことは、宗派禅に堕することであり、宋朝禅者が、禅宗、禅那子《ぜんなす》、禅家者流と自称するのは仏祖を学ばない事実を暴露している、というのである。道元の渡宋時代、禅者たちがこぞって禅宗と呼称するなかにあっての、如浄と道元の慧眼を讃する以外にない。

仏祖の単伝した広大無辺なる釈迦牟尼仏の正伝の仏法を禅宗と称する弊害は、その仏法が、仏々祖々が伝えた法の外に、禅宗という法があるように誤解を招くことになる。と同時に、禅宗と称することによって嫡嫡と単伝された正伝の仏法を、宗派禅という一隅に押し込め狭い枠に閉じこめてしまう。無限なる正伝の仏法を禅宗と呼称することによって狭小な範疇だけのものにしてしまうのである。それが、晩宋の仏法の現実、つまり、仏祖の大道の真実をいまだかつて知らずに、仏々祖々の法を禅宗と称するところから、仏道が乱れ、正法眼蔵があることも見聞しないからそれを信受しなくなる、といい、さらに正法眼蔵を知るものは、禅宗などと誤って称することはないと力説するのである。

そのことは、『永平広録』の上堂にも、口をきわめてより具体的に、

参学《さんがく》の人、須《すべから》く邪正《じやせい》を知《し》るべし（中略）。青原《せいげん》・南岳《なんがく》より已後《のち》、五家の宗風《しゅうふう》を擅《ほしいまま》にする、乃《すなわ》ち東地《とうち》の訛謬《かびゅう》なり。況《いわ》んや、仏法《ぶっぽう》を呼《よ》んで以《もっ》て禅宗《ぜんしゅう》と称《しょう》する、古《こ》仏曩祖《ぶつのうそ》の代《だい》に未《いま》だ曾《かつ》て見聞《けんもん》することを得《え》ず、未《いま》だ曾《かつ》て有在《うざい》することを得《え》ず。今《いま》、禅宗《ぜんしゅう》と称《しょう》する、実《じつ》に仏《ぶっ》法《ぼう》に非《あら》ず。仏法《ぶっぽう》、豈《あに》、禅宗《ぜんしゅう》と称《しょう》せんものや。若《も》し、仏法《ぶっぽう》を称《しょう》して禅宗《ぜんしゅう》と為《な》せん者《もの》、舌《した》、盍《なん》ぞ堕落《だらく》せざらん。初心晩学《しょしんばんがく》、知《し》らざるべからず。測《はか》り知《し》りぬ、禅宗《ぜんしゅう》と称《しょう》する学人《がくにん》は、釈尊《しゃくそん》の遺弟《ゆいてい》に非《あら》ざることを（『永平広録』巻三―207）。

此《かく》の如《ごと》くの祖師《そし》、在世《ざいせ》の時《とき》、未《いま》だ仏法《ぶっぽう》を以《もっ》て禅宗《ぜんしゅう》と称《しょう》するとは聞《き》かざりき。二三百年《びゃくねん》より已来《このかた》、猥《みだ》りがわしく禅宗《ぜんしゅう》と称《しょう》す。未《いま》だ出処《しゅっしょ》の根源《こんげん》を明《あき》らめず、頗《すこぶ》る妄称《もうしょう》なり（中略）。仏祖《ぶっそ》の単伝《たんでん》は、唯《ただ》、是《これ》、我《わ》が釈迦牟尼仏《しゃかむにぶつ》の正法《しょうぼう》のみなり。（中略）若《も》し、禅宗《ぜんしゅう》と称《しょう》せば、仏祖《ぶっそ》の児孫《じそん》にあらず、又《また》、見毒有《けんどくあ》るべし。良久《りょうきゅう》して云《いわ》く、仏法本《ぶっぽうもと》より名相《めいそう》の表《ひょう》に非《あら》ず、後人謬《こうじんあやま》って許多《きょた》の名《な》を立《た》つ、少林《しょうりん》の面壁《めんぺき》、縦《たと》え相似《そうじ》なりとも、禅宗《ぜんしゅう》と号《ごう》して有《う》情《じょう》を惑《まど》わすこと莫《なか》れ。（『永平広録』巻七―491）

と、説示するところに確乎としてみられる。

「禅宗と称する者は釈尊の遺弟ではない、仏祖単伝の仏法をみだりに禅宗と称するのは仏祖の児孫ではない」との道元の慈訓の真意の背景をわれわれ児孫は判然と認識しなければならないのである。

15　示誨　参禅は身心脱落である

堂頭《どうちよう》和尚示《おしようしめ》して云《いわ》く。

「参禅《さんぜん》は身心脱落《しんじんだつらく》なり。焼香《しようこう》・礼拝《らいはい》・念仏《ねんぶつ》・修懺《しゆさん》・看経《かんきん》を用《もち》いず、祇管打坐《しかんたざ》のみ」。

拝問《はいもん》す。

「身心脱落《しんじんだつらく》とは何《いか》ん」。

堂頭《どうちよう》和尚示《おしようしめ》して云《いわ》く。

「身心脱落《しんじんだつらく》とは坐禅《ざぜん》なり。祇管《しかん》に坐禅《ざぜん》する時《とき》、五欲《よく》を離《はな》れ、五蓋《がい》を除《のぞ》くなり」。

拝問《はいもん》す。

「若《も》し五欲《よく》を離《はな》れ、五蓋《がい》を除《のぞ》くならば、乃《すなわ》ち教家《きようけ》の談《だん》ずる所《ところ》と同《おな》じ。即《すなわ》ち大小両《だいしようりよう》乗《じょう》の行人《ぎょうにん》為《た》る者《もの》か」。

堂頭《どうちょう》和尚《おしょう》示《しめ》して云《いわ》く。

「祖師《そし》の児孫《じそん》は、強《し》いて大小《だいしょう》両《りょう》乗《じょう》の所説《しょせつ》を嫌《きら》うべからず。学者《がくしゃ》若《も》し如来《にょらい》の聖教《しょうきょう》に背《そむ》かば、何《なん》ぞ敢《あ》えて仏祖《ぶっそ》の児孫《じそん》たる者《もの》ならんや」。

拝問《はいもん》す。

「近代《きんだい》の疑者《ぎしゃ》云《いわ》く、三毒《どく》即《そく》仏法《ぶっぽう》、五欲《よく》即《そく》祖道《そどう》と。若《も》し彼等《かれら》を除《のぞ》かば、即《すなわ》ち是《こ》れ取捨《しゅしゃ》にして還《かえ》って小乗《しょうじょう》に同《おな》じからん」。

堂頭《どうちょう》和尚《おしょう》示《しめ》して曰《いわ》く。

「若《も》し三毒《どく》五欲《よく》等《とう》を除《のぞ》かずんば、瓶沙王国《びんしゃおうこく》、阿闍世国《あじゃせこく》の諸《もろもろ》の外道《げどう》の輩《やから》に一如《いちにょ》ならん。仏祖《ぶっそ》の児孫《じそん》、若《も》し一蓋《がい》一欲《よく》を除《のぞ》かば則《すなわ》ち巨益《こやく》なり。仏祖《ぶっそ》と相見《しょうけん》の時節《じせつ》なり」。

〈語義〉

○参禅　参は参交の意味で、禅に参ずること。この場合は坐禅のこと。その坐禅も只管打坐の坐禅のこと。道元は後に、『正法眼蔵』「坐禅儀」巻の冒頭に「参禅は坐禅なり」と示し、『学道用心集』《がくどうようじんしゅう》には参禅こそが仏法のすべてであることを「参禅学道は一生の大事なり」と表現している。○身心脱落　身心は身体と精神のこと。脱落はぬけ落ちること。身も心も一切の束縛から離脱して、身心が自在無碍《むげ》の境地に至ること。道元の大悟徹底の機縁の言葉。道元は坐禅によってそのような境界を得るのではなく、只管打坐そのものが身心脱落であるとする。なお、「参禅者身心脱落也」の語句は『正法眼蔵』「三昧王三昧」巻「行持」巻等にみえる。また、『永平広録』中にも巻四―318・337、巻五―375、巻六―454等に引用されている。**○焼香・礼拝・念仏・修懺・看経を用いず**　「焼香」は、五供のひとつ、香木・薫物《たきもの》を焚いて仏前にたむけること。それは須達多《すだった》長者が釈尊を請待《しょうだい》するために前日終夜、高台にあって香を薫じた故事に基づくとされる。また、焼香の目的は道場を浄めることでもあり、禅林では住職・師家《しけ》に拝問・相見するときにも焼香するので、発心の媒介ともなる。「礼拝」は、叩頭敬礼のことで、仏祖や尊宿に低頭敬礼すること。中国や日本では、一拝のみではなく、三拝・六拝・九拝・十八拝・百拝などの反復があり、反復が多いほど敬意が深いとされる。「念仏」は一心不乱に仏を憶い、口に仏名を唱えること。「修懺」は、自分の犯した罪を仏祖に懺悔すること。「看経」は、経文を看読すること。眼で経文を見て心を法理に照らすこと。それらはすべてがそれぞれに目的を持ち、何らかの行為をともなう。「用いず」については〈解説〉参照。**○祇管打坐**　只管打坐に同じ。祇管はひたすらの意。打坐の打は動詞の接頭語。**○五欲**　色欲・声欲《しょうよく》・香欲・味欲・触欲《そくよく》。あるいは、財欲・色欲・飲食《おんじき》欲・名欲（名誉欲）・睡眠欲。ほか種々の定義がある。**○五蓋**　蓋は煩悩のこと。五蓋は貪《とん》欲《よく》蓋（官能の欲のむさぼり）・瞋恚《しんに》蓋（いかり）・睡眠蓋（心が不活発で沈み眠くなること)・掉悔蓋《じょうけ》(心がざわつき後悔の念を起こすこと)・疑蓋(因果の道理を疑うこと)のこと。五欲も五蓋も人間の本質的欲望である。如浄は後の慈誨29(一八〇頁参照)で、以上の五蓋に無明蓋を加えて「仏祖の児孫は、先ず五蓋を除き、後に六蓋を除く。五蓋に無明蓋を加えて六蓋と為す」と示す。○三毒即仏法、五欲即祖道　三毒は、貪欲(むさぼり)・瞋恚(いかり)・愚癡(仏教の教えを知らないこと、無知)の煩悩のこと。仏道修行の妨げとなるので毒という。煩悩や欲望がそのまま仏法であり祖道であるとする説のこと。『維摩経《ゆいまきょう》』に「仏《ほとけ》は増上慢人《ぞうじょうまんにん》の為《ため》に、婬怒癡《いんぬち》を離《はな》れるを解脱《げだつ》と為《な》すと説《と》くのみ、若《も》し増上慢《ぞうじょうまん》なき者《もの》ならば、仏《ほとけ》は婬怒癡《いんぬち》の性《しょう》即《すなわ》ち是《これ》解脱《げだつ》なりと説《と》く」とあり、『円覚経《えんがくきょう》』に「一切《いっさい》の障碍《しょうがい》は即《すなわ》ち究竟《くきょう》覚《がく》なり、得念《とくねん》も失念《しつねん》も解脱《げだつ》に非《あら》ざるは無《な》く、成法《せいほう》も破法《はほう》も皆《みな》涅槃《ねはん》と名《な》づけ、智慧《ちえ》も愚癡《ぐち》も通《つう》じて般若《はんにゃ》と為《な》し(中略)諸々《もろもろ》の戒定慧及《かいじょうえおよ》び婬怒癡《いんぬち》倶《とも》に是《こ》れ梵行《ぼんぎょう》なり(中略)地獄《じごく》も天宮《てんぐう》も皆《みな》浄土《じょうど》なり、有性《ゆうしょう》も無性《むしょう》も斉《ひと》しく仏道《ぶつどう》を成《じょう》じ、一切《いっさい》の煩悩畢竟《ぼんのうひっきょう》して解脱《げだつ》なり」とある。これらの言説を援用して当時、三毒即仏法、五欲即祖道等と説いていた。○瓶沙王国、阿闍世国の諸の外道の輩　瓶沙王(ビンビサーラ王)の子が阿闍世王(アジャータシャトル・ヴァイデーヒープトラ王)で、この二王の国はインドのマガダ国のこと。阿闍世王は太子時代に提婆達多《だいばだった》にそそのかされ、父王を殺害し王位に就くが、その罪に苦しむ。その苦しみを癒すのが六師外道、外道六師ともいわれ、「諸の外道の輩」とはこれを指す。釈尊在世の当時には、快楽的な独自の宗教を説きながら遊行した沙門もおり、六人の大臣は、父王殺しが罪にならないことを述べる。この説話は『涅槃経』「梵行品」巻一七（『大正蔵』巻一二、七一七頁a）に出る。道元は宝治《ほうじ》二年（一二四八）鎌倉行化《ぎょうけ》の際、名越《なごえ》の白衣舎《びゃくえしゃ》（在家の家）で、この六師外道の説を引き示誡したともいわれ、今日残る『鎌倉名越白衣舎示誡』（『道元禅師全集』第一七巻所収）はその抜粋とされる。

〈現代語訳〉

如浄が示して言われた。

「参禅は身心脱落である。焼香・礼拝・念仏・修懺・看経ではない。只管打坐こそが身心脱落である」。

拝問した。

「身心脱落とはどのようなことなのですか」。

如浄は示して言われた。

「身心脱落とは坐禅そのものである。祇管《ただ》、坐禅するとき、人間のもっている五つの欲望から離れ、五蓋が除かれるのである」。

拝問した。

「五欲を離れ、五蓋を除くということであるならば、経論に基づいて宗旨を立てる教家の人びとの説く仏教と同じです。だとすれば、仏祖道も大小二乗の修行者と同じことになるのではありませんか」。

如浄は示して言われた。

「祖師の児孫は、ことさらに大乗・小乗の教えなどと区別してそれを嫌ってはならない。仏法を学ぶ者が、もし釈尊の聖教に背けば、仏祖の児孫などとは言えないではないか」。

拝問した。

「近ごろの愚僧たちは『三毒（煩悩）こそ仏法である。五欲は祖道である』などと、人間の欲望や煩悩がそのまま仏法であり祖道であると説いています。そして『その三毒・五欲を除くならば、善を取り悪を捨てるという取捨をすることになり、それこそが小乗と同じである』などと言っておりますが、これは如何でしょう」。

如浄は示して言われた。

「もし、三毒や五欲を除かないなら、その昔、マガダ国の瓶沙王と、その父王を殺害した王子、阿闍世王の時代にいたという外道たちの教えと同じである。仏祖の児孫は、もし一毒でも一欲でも除けば、そのときは大きな利益があり、そのときこそが仏祖に出会う時節なのである」。

〈解説〉

如浄は「参禅は身心脱落なり。不用、焼香・礼拝・念仏・修懺・看経、祇管打坐のみ」と示誨した。ところで、道元はこのとき「身心脱落」について拝問しているが、「不用、焼香・礼拝・念仏・修懺・看経」については拝問していないことに注意してみよう。

道元は「心塵脱落」ではなく、「身心脱落」と言われたからこそ、「身心脱落とはどういうことか」と拝問したのである。つまり、人間の欲望や煩悩を心に積もる塵とし、それを修行によって洗い流し清浄な心を得るのを「心塵脱落」というが、「只管打坐」が単に「心塵脱落」のようなことであるならば、道元があえてそれを質問するはずがない。只管打坐の真髄が「身心脱落」であると示されたので、その真意を拝問したのである。「心の塵の脱落」と「身と心の脱落」では、雲泥の差がある。「心塵」と「身心」という言葉の表現を聞き違うはずがない。ちなみに「如浄が『心塵脱落』といい、道元がそれを『身心脱落』ととらえたのであれば面授相承とはいえない。如浄がいまさらそれを蒸しかえすようでは如浄は道元の学仏道の本師たりえない」と講義で断言されたのは恩師のひとり榑林皓堂《くればやしこうどう》先生であった。

つまり、仏法への参学の基本が「心塵」の払拭であってはならないことは、六百年前に五祖弘忍（六〇一～六七四）の宿題に会下《えげ》の神秀《じんしゅう》（六〇六～七〇六）が「身は是れ菩提樹　心は是れ明鏡台の如し　時々に勤めて払拭せよ　塵埃を惹かしむることなかれ」と壁書したのに対し、六祖慧能（六三八～七一三）が「菩提本樹に非ず　明鏡亦台に非ず　本来無一物　何れの処にか塵埃を惹かん」の偈《げ》を壁書し、付法したことによって解決済みなのである。ところが、この「心塵」へのとらわれは強く、『如浄録』にも「心塵脱落」とあって混乱するが、この『如浄録』を編纂し道元に送ってくれたのは、かつて道元と天童山で同安居《どうあんご》（同じ時期に修行生活をともにした仲間）であった無外義遠《むがいぎおん》（生没年不詳）である。彼は道元没後、寒巌義尹《かんがんぎいん》（一二一七〜一三〇〇）が道元の『永平広録』（十巻）を携えて天童山に至ったとき、それを一巻にし、その序に「日本元公禅師、海南をわたり来たって、直にその室に入って、心塵脱略の処に向かって生涯を喪失す」と記している。これは道元帰国後の宋代仏法が如浄亡き後、如浄の「身心脱落」から従来の「心塵脱略」へと回帰し、堕落した証左となるのである。如浄から道元へと信受された正伝の仏法は「身心脱落」なのである。

　その質問に対して、如浄は「身心脱落とは坐禅である。只管に坐禅するとき、人間のもっている五つの欲望から離れ、五蓋が除かれる」と答え、道元が「それでは、教家と同じではありませんか」と問うと、如浄は「それを除かなければ外道である」と示し、さらに後の慈誨29（一八三頁参照）では「祇管打坐し功夫し、身心脱落するのが五蓋・五欲という人間の欲望を離れる妙術である。坐禅以外に別の方法などない」と明言し、ただひたすらなる坐禅が身心脱落であることを強調しているのである（「あとがき」一九七頁で再説）。

　この「祇管打坐」の徹底した坐禅の主張の背景には、如浄以前に、天童山に住した宏智正《わんししょう》覚《がく》（一〇九一〜一一五七）が、公案を用いて迷妄から大悟への転換を期すという看話禅《かんなぜん》に対して公案を用いずに自己の本来性を信じて兀々《こつこつ》と打坐する黙照禅《もくしょうぜん》を唱えたこと、また、坐禅は悟りの手段としての習禅の坐禅ではなく、菩提達磨がもたらした本来の正伝の坐禅への強烈な回帰志向がある。

看話禅と黙照禅の相克は激しく、看話禅の大成者である大慧《だいえ》宗杲《そうこう》（一〇八九～一一六三）は、真歇《しんけつ》清了《せいりょう》（一〇八八～一一五一）派下の主張する只管打坐を「黙照の邪禅《じゃぜん》」と批判し、黙照側は看話（公案）禅を「看話の邪風」と批難している。

宏智の禅風は、湖北省《こほくしょう》の大洪山《だいこうさん》、江蘇省《こうそしょう》の長蘆山《ちょうろざん》、福建省《ふっけんしょう》の雪峰山《せっぽうざん》、浙江省《せっこうしょう》の天童山を中心に一時栄えた。が、やがて看話禅がそれに取って代わり、道元の渡宋時代はまさに看話禅が隆盛していた。そのような時流のなかで、如浄は、宏智につながる正統の坐禅は、教家を中心とした、たとえば坐禅を焼香・礼拝・念仏・修懺・看経と同等の修行法に位置づけている坐禅、また看話禅の習禅の坐禅、そのような坐禅とはまったく違うものであることを主張していたのである。つまり、如浄は、参禅は「身心脱落」であり、只管打坐の一行専修に徹底する坐禅を標榜《ひょうぼう》していたのである。

宝慶元年（一二二五）七月、夏安居もまさに明けようとする数日前の暁天坐の時、道元の隣で坐睡していた僧を、如浄が「参禅は必ず身心脱落なり。只管に打睡して什麼《なに》をか作《な》す」と大喝する。この大喝を聞いて道元は豁然《かつぜん》として一生の大事を了畢《りょうひつ》するにいたる。「仏のいえ」に投げ入れた自分自身が、只管打坐とともにあって、万法に証されているすがたが身心脱落であることを判然と見きわめた道元は、夜が明けるのを待って如浄の方丈を訪れ、焼香礼拝し「身心脱落」の境地にいたった心境を報告した。これを聞いた如浄はうなずきながら

「身心脱落、脱落身心」と述べ、坐禅の究極では、われわれの身心は身心を離れ、身心は脱落以外にはないと言い、道元の境地を認め、さらに「脱落、脱落」と言葉をつぎ、身心が脱落した、そのことすら忘れてしまえと教示しその大悟を印証した、と、『三大尊行状記《さんだいそんぎょうじょうき》』『建撕記《けんぜいき》』等の道元伝は伝える。それは師明全が示寂した宝慶元年五月二十七日の後に、如浄を拝問した同年七月二日からまもなくの夏安居も終わりに近づいたころのことである。道元二十六歳のことであった。この「身心脱落」の一句こそが、道元が如浄膝下で徹底坐禅し大悟した一大機縁となった言葉である。

では、道元は、なぜ「不用、焼香・礼拝・念仏・修懺・看経」について、問わなかったのであろうか。参禅は身心脱落であるから、黙照禅の大義に基づきただ坐禅のみしていればよいので、焼香・礼拝・念仏・修懺・看経は「いらない」「必要ない」とでも言うのであろうか。単純にそのような意味あいで「不用」を捉えているなら、道元はただちにその真意義を問いただしたはずである。なぜなら、焼香・礼拝・念仏・修懺・看経は、僧家の調度として欠くべからざる行持であり、どの宗派においても、それは本質的な仏教行持である。ちなみに、宗門においては、焼香・礼拝は特別の意義をもち、その趣旨は偈文によくあらわれている。「焼香偈」は「戒香定香解脱香《かいこうじょうこうげだっこう》、光明雲台遍世界《こうみょううんだいへんせかい》、供養十方無量仏《くようじっぽうむりょうぶつ》、見聞普薫証寂滅《けんもんふくんしょうじゃくめつ》」といい「礼拝偈」は「能礼所礼性　空寂《のうらいしょらいしょうくうじゃく》、自身他身体無二《じしんたしんたいむに》、願共衆生得解脱《がんぐしゅじょうとくげだつ》、発無上意帰真際《ほつむじょういきしんさい》」という。現に、『正法眼蔵』「礼拝得髄」巻では礼拝、「看経」巻では看経、それぞれの真意義が懇切に説かれ、さらに『清規』類にも厳密に記載され、日分・月分・年分の行持を綿密にすべきことが説かれる。

では、「不用」はどのような意義を持つのであろうか。「不用」の「用」は、なんらかの役にたつ働きという原意に基づき、「不用」は「用（役）にたたない」「本来の役目をしない」と解し、参禅は「身心脱落」であり、「身心脱落」は、「焼香・礼拝・念仏・修懺・看経」は不用、つまり、（必要ないというのではなく）、それらはその役をなさない、とまずは文字表現の上では理解することが可能であろう。だが「不用」の真意は、それらをする必要がないから行うべきではない、というのではない。打坐はそれらのようにそれぞれに目的をもつものではない。ゆえに、それらとは別のものであると判然と見きわめて只管打坐に徹して身心脱落に徹究せよ、というのである。

さらに言えば、『永平広録』巻一―33に、

> 焼香・礼拝・念仏・修懺・看経を抛却《ほうきやく》して、只管打坐すべし

とあるのも同趣旨であり、『永平広録』の上堂語はより鮮明である。その真意は『正法眼蔵』「弁道話」巻で、次のように示されている。

> 宗門《しゅうもん》の正伝《しょうでん》にいはく、この単伝正直《たんでんしょうじき》の仏法《ぶっぽう》は、最上《さいじょう》のなかに最上《さいじょう》なり。参見知識《さんけんちしき》のはじめより、さらには焼香《しょうこう》・礼拝《らいはい》・念仏《ねんぶつ》・修懺《しゅさん》・看経《かんきん》をもちゐず、ただし打坐《たざ》して身心脱落《しんじんだつらく》することをえよ。もし人一時《ひといちじ》なりといふとも、三業《さんごう》に仏印《ぶっちん》を標《しる》し、三昧《ざんまい》に端坐《たんざ》すると

き、遍法界《へんほっかい》みな仏印《ぶっちん》となり、尽虚空《じんこくう》ことごとくさとりとなる。

正法の仏法は最上のものであるから、初心のときから、それぞれに目的を持ち、それに執着した焼香、礼拝、念仏、修懺、看経は「身心脱落」ではない。だからといって只管打坐によって身心脱落せよというのではない。「只管打坐」それこそが「身心脱落」であるから、初心のときからそこに徹せよというのである。只管打坐に徹すれば、一人の一時の坐禅でも、全世界（遍法界）が仏印となり、世界中（尽虚空）がその功徳を蒙り、たちまちにさとりの世界となる、とその功徳を讃えているところにその真意が示される。そこには、一人の一時の坐禅が万人を救済する大慈大悲がある。と同時に坐禅が最上であるから、坐禅三昧の身心脱落のところから行ずる坐には、焼香・礼拝・念仏・修懺・看経のすべてが帰一する。それらすべての究極は坐禅であるという広大無辺絶大なる理、証上の修として、初心の弁道がすなわち本証の全体であることの展開になる。

その意義は、『正法眼蔵』「仏経」巻でも次のように判然と示される。

> 先師《せんし》、尋《よ》の常に道《いわ》く、我箇裏《わがこり》、焼香《しょうこう》・礼拝《らいはい》・念仏《ねんぶつ》・修懺《しゅさん》・看経《かんきん》を用《もち》ゐず、祗管《しかん》に打坐《たざ》して、弁道功夫《べんどうくふう》し、身心脱落《しんじんだつらく》すべし。
>
> かくのごとくの道取《どうしゅ》、あきらむるともがらまれなり。ゆゑはいかん、看経《かんきん》をよんで看経《かんきん》とすれば触《しょく》す。よんで看経《かんきん》とせざればそむく。

つまり、「脱落の看経あり、不用の看経あること、参学すべきなり」と説示されるところによれば、「不用」の用は「全用《ぜんゆう》」の用であり、すべての仏道の行持が坐禅三昧に集約されて説示されている。それゆえにこそわれわれは、只管に打坐し、弁道功夫し、脱落の焼香・礼拝・念仏・修懺・看経の真意義に徹底し、仏法の総府としての証上の修である只管打坐こそが身心脱落であるということを徹底的に参学しなければならないのである。

16　拝問　三時業（順現報受業・順次生受業・順後次受業）の道理とは何か

拝問《はいもん》す。

「長沙和尚《ちょうさおしょう》と皓月供奉《こうげつぐぶ》と、業障《ごっしょう》 本来空《ほんらいくう》の道理《どうり》を問論《もんろん》す」。道元疑《どうげんうたが》って云《いわ》く、「若《も》し業《ごっ》障《しょう》 空《くう》ならば、余《よ》の二の異熟障《いじゅくしょう》・煩悩障《ぼんのうしょう》も亦《また》応《まさ》に空《くう》なるべし。独《ひと》り業障《ごっしょう》の空不空《くうふくう》のみを論《ろん》ずべからざるか。況《いわ》んや皓月《こうげつ》問《と》う、『如何《いか》なるか是《これ》、本来空《ほんらいくう》』。長沙云《ちょうさいわ》く、『業《ごっ》障《しょう》、是《これ》なり』。皓月云《こうげついわ》く、『如何《いか》なるか是《これ》、業障《ごっしょう》』。長沙云《ちょうさいわ》く、『本来空《ほんらいくう》、是《これ》なり』。今《いま》、長沙《ちょうさ》の道《い》う所《ところ》を是《ぜ》なりと為《せ》んや無《いな》や。仏法若《ぶっぽうも》し長沙《ちょうさ》の道《どう》の如《ごと》くんば、何《なん》ぞ諸仏《しょぶつ》の出世《しゅっせ》、祖師《そし》の西来有《せいらいあ》らんや」。

堂頭《どうちょう》 和尚老師《おしょうろうし》大禅師《だいぜんじ》示《しめ》して曰《いわ》く。

「長沙《ちょうさ》の道《どう》は終《つい》に不是《ふぜ》なり。長沙《ちょうさ》は未《いま》だ三時《じ》業《ごう》を明《あき》らめざるなり」。

〈語義〉

○**長沙和尚**　長沙景岑《ちょうさけいしん》（生没年不詳）のこと。馬祖道一《ばそどういつ》（七〇九〜七八八）の弟子南泉普願《なんせんふがん》（七四八〜八三四）の法嗣。長沙（湖南省）を中心に居所を定めず、縁に従って人を教化したため、時の人、長沙和尚と称したという。○**皓月供奉**　皓月は人名（生没年不詳、唐代の人）で長沙景岑に参じている。供奉は朝廷で天子や貴人などに奉仕する僧の役名で内供奉《ないぐぶ》とも内供《ないぐ》ともいう。長沙と皓月との業障本来空の問答は『景徳伝灯録《けいとくでんとうろく》』巻三「慧可大師章」の割注（『大正蔵』巻五一、二二一頁a）に見える。道元は『正法眼蔵』「三時業」巻で懇切に説示している（〈解説〉参照）。○**業障**　悪業（過去の悪業のために、現世の正道の障碍となるもの）のこと。異熟障（悟る機会のまったくない悪道に生を受け善業を積めず、正道の障りとなること）、煩悩障（貪［むさぼり］瞋［怒り］癡［無知］の迷いが絶えず現れて、それを除去できず正道の障りとなること）。と合わせて三障という。三障については拝問7（七二頁）参照。○**三時業**　善悪の業（行為）を、その報いを受ける時の遅速により「順現報受業」、「順次生受業」、「順後次受業」の三種に分けたもの。順現報受業とは、現世に善悪業をなして、その報果を現世で受ける場合の業。順次生受業とは、現世の業が次の生でその報果を受ける場合の業。順後次受業とは、次の次の生以降のいずれかの生でその報果を受ける場合の業。

〈現代語訳〉

次のように拝問した。

「長沙和尚《ちようさおしよう》と皓月供奉《こうげつぐぶ》とが、業障は本来、空か否か、の問答をしていますが、私はその問答に次のような疑問を持っています。もし、業障が本来空ならば、そのほかの異熟障・煩悩障の二つもまた空であるはずです。三障のうちの業障だけとりあげて空か不空かを論ずべきではないと思います。ましてや、皓月が『本来空とはどのような意味か』と問うと、長沙は『業障がそれだ』と言い、皓月が『業障とは何ですか』と問うと、長沙は『本来空がそれだ』と答えています。はたして、そのように言う長沙の言は正しいのでしょうか。仏法がもし長沙の言うようなことなら、諸仏がこの世に出現されたり、菩提達磨が中国まで来られることはなかったと思います」。

堂頭和尚老師大禅師は教えて言われた。

「長沙の言っていることは結局のところ正しくない。長沙はまだ三時業ということがわかっていないのである」。

〈解説〉

道元は、先に仏道を妨げる三障（業障・煩悩障・異熟障）の問題について拝問した（拝問7　七二頁参照）。が、ここで、皓月と長沙の業障問答をとりあげたのは、この問答は、実は先に如浄が推奨した『林間録』に見られる（拝問14　九六頁参照）ので、おそらくはそれを拝覧したのちに、さらに三時業の問題を含めて確認したのではなかったかと思われる。

道元は後に『正法眼蔵』「三時業」巻に、この問答を『景徳伝灯録』巻三「慧可大師章」の割注（『大正蔵』巻五一、二二一頁a）から次のように提示する。

皓月《こうげつ》供奉《ぐぶ》、長沙景岑和尚《ちょうさけいしんおしょう》に問《と》う「古徳云《ことくいわ》く『了《りょう》ずれば即《すなわ》ち業障本来空《ごっしょうほんらいくう》、未《いま》だ了《りょう》ぜざれば、まさに宿債《しゅくさい》を償《つぐな》うべし』と。ただ獅子尊者《ししそんじゃ》・二祖大師《にそだいし》の如《ごと》きは、什麼《なん》としてか償債《しょうさい》を得《え》ざるや」。長沙云《ちょうさいわ》く「大徳《だいとく》、本来空《ほんらいくう》を識《し》らず」。皓月云《こうげついわ》く「如何《いか》なるか是《こ》れ本来《ほんらい》空《くう》」。長沙云《ちょうさいわ》く「業障《ごっしょう》、是《こ》れなり」。皓月《こうげつ》また問《と》う「如何《いか》なるか是《こ》れ業障《ごっしょう》」。長沙云《ちょうさいわ》く「本来空《ほんらいくう》、是《こ》れなり」。皓月無語《こうげつむご》。長沙便《ちょうさすなわ》ち一偈《げ》を示《しめ》して云《いわ》く「仮有《けう》は元《もと》より有《う》に非《あら》ず、仮滅《けめつ》もまた無《む》に非《あら》ず、涅槃《ねはん》と償債《しょうさい》との義《ぎ》は、一性《しょう》にして更《さら》に殊《こと》なること無《な》し」。

古徳は永嘉玄覚《ようかげんかく》（六六五～七一三）、その引用は『証道歌《しょうどうか》』。了は大悟徹底すること。宿債は前世の業を債務にたとえたもの。獅子尊者とはインドの第二十四世で、カシミール地方で破仏のために寂し、象白山仙人《ぞうはくさんせんにん》がそれを宿因した故事。二祖大師は慧可《えか》（四八七～五九三）のことで、邑宰《ゆうさい》の翟仲侃《てきちゅうかん》の難によって殺害されたとき、真を知るものがこの債を償うといった故事のことである。

別輯「三時業」巻では、「業障とは、三障のなかの一障なり。いはゆる三障とは、業障・報障・煩悩障なり」と示し、三障の内の業障のみをとりあげて論ずるのは三障の本義に悖《もと》るものである。皓月が「空とは何か」と質問したのに対して「業障がそれだ」と答え、「業障とは何か」と問うと、こんどは「空である」などと答えているのは、いまだ三時業を明らめない未了得の短才で、それは外道の単なる空論である、ゆえに長沙の見解は答えになっていない。それは業障の本義を識らないからである。仏祖の児孫が修証弁道するにはかならずこの三時の業をあきらめなければならない。「いまだこの業報の道理をあきらめざらんともがら、みだりに人天の導師と称することなかれ」（『正法眼蔵』「三時業」巻）とその批判はきわめて激しい。それは、人間の本性が空であると認識することは仏道参学の根幹ではあるが（拝問7　七二頁参照）、そこにのみ執着し、「かの三時の悪業報、かならず感ずべしといへども、懺悔するがごときは、重きを転じて軽受せしむ、また滅罪清浄ならしむるなり。善業また随喜すればいよいよ増長するなり」（『正法眼蔵』「三時業」巻）とする三時業に対する正しい認識がなければ、因果も修証も三時業の本義も空であるという外道見の空病に堕する。それでは釈尊の出世も、諸仏の出世も、祖師の西来する必然性も参学しえなくなるからである。それゆえにこそ、如浄は「長沙の答えは答えではない。三時業を知らない」と弾劾《だんがい》しているのである。われわれは、因果をしらず、業報をあきらめず、三世をしらず、善悪をわきまえざる邪見のともがらには群してはならないのである。この拝問で、道元は如浄を「堂頭和尚老師大禅師」と敬称を重ねているのは、この「三時業」の示誨がよほど示唆的で感動を確かなものにしたからにほかならない。

17　拝問　『了義経』とはどのような経か

拝問《はいもん》す。

「古今《ここん》の善知識《ぜんちしき》皆曰《みないわ》く、『須《すべから》く了義経《りょうぎきょう》を看《み》るべし、不了義経《ふりょうぎきょう》を看《み》ること莫《なか》れ』と。如何《いか》なるか是《これ》、了義経《りょうぎきょう》」。

堂上和尚《どうちょうおしょう》示《しめ》して曰《いわ》く。

「了義経《りょうぎきょう》とは、世尊《せそん》の本事《ほんじ》・本生等《ほんしょうとう》を説《と》く経《きょう》なり。其《そ》の往昔《おうしゃく》の縁《えん》、或《ある》いは名字《みょうじ》を説《と》いて、未《いま》だ其《そ》の姓《せい》を説《と》かず、住処《じゅうしょ》を説《と》くと雖《いえど》も、未《いま》だ寿命《じゅみょう》を説《と》かざるは則《すなわ》ち未《いま》だ了《りょう》義《ぎ》ならず。劫《ごう》・国《こく》・名《みょう》・姓《しょう》・寿命《じゅみょう》・眷属《けんぞく》・作《さ》業《ごう》・奴《ぬ》僕等《ぼくとう》を説了《せつりょう》して、説《と》かざる事無《ことな》きを了義《りょうぎ》と名《な》づくるなり」。

拝問《はいもん》す。

「縦《たと》い一言半句《いちごんはんく》なりと雖《いえど》も、道理《どうり》を説了《せつりょう》せば了義《りょうぎ》と名《な》づくべし。如何《いかん》ぞ唯広説《ただこうせつ》のみを以《もっ》て了義《りょうぎ》と名《な》づくるや。縦《たと》い説《と》くこと懸河《けんが》の弁《べん》なるも、若《も》し未《いま》だ義理《ぎり》を明《あき》らめずんば、須《すべから》く不了義経《ふりょうぎきょう》と名《な》づくべきか」。

堂頭《どうちょう》 慈誨《じげ》して曰《いわ》く。

「汝《なんじ》の言《い》うこと非《ひ》なり。世尊《せそん》の所説《しょせつ》は、広略《こうりゃく》倶《とも》に道理《どうり》を尽《つ》くす。縦《たと》い広説《こうせつ》するも道《どう》理《り》を究尽《ぐうじん》せり。縦《たと》い略説《りゃくせつ》するも道理《どうり》を究尽《ぐうじん》せり。其《そ》の義理《ぎり》に於《お》いて究竟《くきょう》せざる無《な》し。乃至《ないし》聖黙《しょうもく》聖説《しょうせつ》皆《み》な是《こ》れ仏事《ぶつじ》なり。所以《ゆえ》に光明《こうみょう》を仏事《ぶつじ》と為《な》し、飯食《はんじき》を仏事《ぶつじ》となす、生天《しょうてん》・下天《げてん》・出家《しゅつけ》・苦行《くぎょう》・降魔《ごうま》・成道《じょうどう》・維衛《いえ》・涅槃《ねはん》、尽《ことごと》く是《こ》れ仏事《ぶつじ》なり。見聞《けんもん》するに衆生《しゅじょう》は倶《とも》に利益《りやく》を得《う》るなり。所以《ゆえ》に須《すべから》く知《し》るべし、皆了義《みなりょうぎ》なり。其《そ》の法中《ほうちゅう》に於《お》いて其《そ》の事《こと》を説了《せつりょう》するを了義経《りょうぎきょう》と名《な》づくる。乃《すなわ》ち仏祖《ぶっそ》の法《ほう》なり」。

道元《どうげん》曰《いわ》く。

「誠《まこと》に和尚《おしょう》の慈誨《じげ》の如《ごと》く保任《ほにん》して、乃《すなわ》ち仏法祖道《ぶっぽうそどう》ならん。諸方《しょほう》の長老《ちょうろう》の説《せつ》、並《なら》びに日本国《にほんこく》古来《こらい》の閑人《かんじん》の説《せつ》は道理《どうり》無《な》きなり。道元《わたくし》の皆《みなし》知りし所《ところ》は、未《み》了義《りょうぎ》の上《うえ》に了義《りょうぎ》を計《けい》せり。今日《きょう》、和尚《おしょう》の輪下《りんか》にして始《はじ》めて知《し》りぬ。了義経《りょうぎきょう》の向上《こうじょう》に了義経《りょうぎきょう》有《あ》ること明《あき》らかなることを。謂《い》いつべし、億々万劫《おくおくまんごう》にも難値難遇《なんちなんぐう》なり」。

〈語義〉

○了義経　仏法の道理が直截完全に述べ尽くされている教えを了義教といい、それを説く教典を了義経という（〈解説〉参照）。○本事・本生　仏典を分類して、その叙述の形式や内容から九分（または部）教、十二分（または部）教としたなかの二種。本事は仏弟子の過去世の因縁を説くもの、本生は釈尊の過去世の因縁を説くもの。「往昔の縁」は過去世の因縁、「劫・国」の劫は時代、国は場所のこと。○作業　身口意つまり身体的活動・言語活動・精神活動による行為、人間のすべての活動によって善悪の果報の因縁を作ること。○懸河の弁　勢いよく流れる水のように、よどみのない大弁舌。立板に水。懸河は傾斜のはなはだしいところを滝のように勢いよく流れる早瀬。○生天・下天・出家・苦行・降魔・成道・維衛・涅槃　釈尊一代の主なできごとを列記したもので八相成道にあたる。一般には、下天・託胎《たくたい》・降誕・出家・降魔・成道・転法輪《てんぽうりん》・入涅槃をいうが異なる部分もある。生天は死後天界に生まれ変わること。下天は出家し俗家を出て剃髪し沙門となること。苦行は悟りを開くために肉体の欲望を断じて堪えがたい修行をすること。降魔は仏道修行を妨げる心内の煩悩魔や死魔や心外の天魔などを降伏《ごうぶく》すること。成道は菩提を完成して仏となること。維衛は分衛、すなわち行乞《ぎょうこつ》のこと。涅槃は貪瞋癡の三毒煩悩を滅すること。○輪下　転法輪下の意。如浄の説法のもとでの意。

〈現代語訳〉

次のように拝問した。

「古今の善知識たちは、皆が『必ず了義経を読むべし。不了義経を読んではならない』と言っています。了義経とはどのような経をいうのですか」。

如浄は教えて言われた。

「了義経とは、釈尊の本事（仏弟子の過去世の因縁）や本生（釈尊の過去世の因縁）を説かれた経のことである。その因縁を説くなかで、名字は説いても姓を説かず、住処は説いてもその寿命を説いていなければ了義ではない。時代（劫）・場所（国）・名前・姓名・寿命・眷属（親族）・作業（身口意による行為によって善悪の果報の因縁を作ること）、奴僕《しもべ》のことまで説きつくし、説いていないことのないものを了義と名づけるのである」。

次のように拝問した。

「たとえ一言半句でも、道理を説きつくせば了義と名づけるべきです。どうしてただ多くのことを広く説いているというだけで了義と名づけるのですか。たとえ勢いよく流れる水のようによどみのない大弁舌をふるったとしても、もし義理をはっきりさせないなら不了義経と名づけるべきです」。

如浄は、慈愛《いつくしみ》深く教えて言われた。

「汝の言うことは誤りである。釈尊がお説きになるところは、広く説かれても略して説かれても、いずれも道理を尽くしている。広説・略説ともに道理を極め尽くし、その義理においても徹頭徹尾究め尽くさないということはない。また、釈尊が説かずに沈黙されておられるのも、説かれることも、みな衆生を教化するための仏事なのである。それゆえに、釈尊の背後に光明がはなたれるのも仏事であるし、ご飯をいただくことも仏事となる。釈尊のご生涯、兜率天《とそつてん》に生まれ、兜率天から南閻浮州《なんえんぶしゅう》に下り、出家し、苦行し、魔を降伏し、成道し、乞食《こつじき》し、涅槃に入る、それぞれすべてが仏事なのである。それを見聞きする衆生は、みな同時に利益を得るのである。ゆえに、釈尊の行実《ぎょうじつ》すべてが了義であるということをよく理解し心得なければならない。その仏法のなかで、仏法としての事柄を完全に説きつくすのを了義経と名づけるのである。それこそが仏祖の法である」。

道元《わたくし》は申し上げた。

「心から、和尚の慈誨《みおしえ》をそのとおりにしっかりと心に銘じお守りいたします。これこそが仏法であり祖道であります。諸方の禅院住職の説、そして日本国の古来の閑人《ひまじん》の説は道理がありません。道元《わたくし》が理解していた了義とは、仏法の教えの究極が明らかになっていないところを判然と明らかに了解することであると思っておりました。今日、和尚の説をうかがい、仏説はすべて了義であり、単なる文字づらの了義経の上にさらに真実の了義教があるということが明らかになりました。このみ教えは、億万劫のなかでも、めったに出会うことのないものであります」。

〈解説〉

仏法の真実の道理が直截完全無欠に述べ尽くされている教えを「了義教」といい、それを説いている教典を「了義経」という。それに反して、衆生の理解の程度によって直截的に義理を説かずに、しだいに真実の教えに誘引していく方便《ほうべん》の教えを「不了義教」といい、これを説く教典を「不了義経」という。

「須く了義経を看るべし。不了義経を看ること莫れ」と、古今の善知識は皆言っているが、道元によれば教家の教説には、依りどころとしなければならない「四依」、してはならない「四不依」というのがある。それには①「法の四依・四不依」、②「行の四依」、③「人の四依」があり、その「法の四依・四不依」のなかの四番目に「教えを完全にあらわしている了義経に依り、不了義経に依ってはならない(『涅槃経』六)というのがある。おそらくは、古今の善知識たちは、その教説の文字面、表面的な部分をのみ捉えてそのように言っていたのであろう。事実、当時、ひたすらに真実の仏法を求めつづけていた道元の了義経観もそうした理論的にきわめて精緻な天台教学にみられる通説に沿ったものにすぎなかったのである。が、正伝の仏法の伝持者である如浄は違う。如浄はその通説を「汝の言うこと非なり」とはっきりと否定した。そして、如浄の了義経の説明では、釈尊の略説も広説も、さらに釈尊のありとあらゆる所作・進退も仏事であり、釈尊の黙示も説示もすべてが了義であるとして、仏法祖道の生命とする根幹が鮮明に慈誨されたのである。

従来、道元自身が、そして日本・中国の長老たちも、了義・不了義と理解していたことは、そのことごとくが未了義の上に単に言葉の上で了義を重ねていた知的遊戯にすぎなかったのである。従来の道元のそれは、そうした通説によるものにすぎず、それらすべては「道理を究尽した」ものでもなければ「その義理において究竟した」ものでもなかったのである。それが、如浄の、その法のなかにおいてそのことを説き了るのが了義経であり、その法において「道理を究尽し」「義理を究竟」したものすべてみな了義であるとの慈誨によって正しく了解されたのである。

釈尊の仏事はもちろん、一切の行仏《ぎょうぶつ》の威儀はすべてが道理を究尽するもの、とする慈誨。ここにおいて、若き道元の日本から持ち越していた理と法との、あるいは知と行との対峙する分別的知解の上での仏教観が微塵のごとく打ち砕かれ、払拭されたのである。それであるからこそ、その慈誨を、道元は望外の喜悦として「億々万劫、難値難遇」と表現して拝受したのである。

ちなみに、如浄が道元の見処を「汝の言うこと非なり」とはっきりと否定したのは、この了義・不了義の拝問のみであり、この拝問以後は「夜間示道元」(示誨34　二〇八頁参照)の場合を除いては、二回ほど「堂頭和尚示曰(あるいは示云)」(示誨38・40　二二三・二三一頁参照)とあるのみで、如浄の示誨が「慈誨」となっていることは、この拝問を境にして道元に正伝の仏法への大きな心境の転機があったことを示唆している。つまり、道元が如浄の仏法を信受奉行する決意が「慈誨」という言葉となって表現されているのである。

なお、この慈誨は後に『正法眼蔵』「四馬」巻で「世尊《せそん》に聖黙聖説《しょうもくしょうせつ》の二《に》種《しゅ》の施設《せせつ》まします。これによりて得入《とくにゅう》するもの、みな如世《によせ》間良馬見鞭影而行《けんりょうめけんべんえいにぎょう》（世間の良馬は鞭の影を見て走る）なり。聖黙聖説あらざる施設によりて得入するも、またかくのごとし」と説き、聖説も聖黙も別のしかたで得入するのも仏法祖道として確実に保任され説示されているのである。

18 拝問　感応道交とはどのようなことか

拝問《はいもん》す。

「昨夜《さくや》三更《こう》、和尚《おしょう》の普説《ふせつ》に云《いわ》く『能礼所礼性《のうらいしょらいしょう》 空寂《くうじゃく》、感応道交難思議《かんのうどうこうなんしぎ》』と。深意有《しんいあ》らんと雖《いえど》も解了《げりょう》すべきこと難《かた》く、浅識《せんしき》の及《およ》ぶ所《ところ》、疑《うたが》う所無《ところな》きに非《あら》ず。謂《いわ》く、感応道交《かんのうどうこう》の道理《どうり》は教家《きょうけ》も亦《ま》た談《だん》ず、祖道《そどう》に同《どう》ずべき理有《ことわりあ》りや」。

堂上《どうじょう》和尚大禅師慈誨《おしょうだいぜんじじげ》して云《いわ》く。

「儞《なんじ》須《すべから》く感応道交《かんのうどうこう》の致《むね》とする所《ところ》を知《し》るべし。若《も》し感応道交《かんのうどうこう》に非《あら》ざれば諸仏《しょぶつ》も出世《しゅっせ》せず、祖師《そし》も西来《せいらい》せざるなり。又経教《またきょうきょう》を以《もっ》て怨家《おんけ》となすべからず。若《も》し従来《じゅうらい》の仏法《ぶっぽう》を以《もっ》て非《ひ》と為《な》さば、円衣《えんえ》・方器《ほうき》を用《もち》うべきなり。未《いま》だ円衣《えんえ》・方器《ほうき》を用《もち》いざれば、須《すべから》く、必定《ひつじょう》の感応道交《かんのうどうこう》あること知《し》るべし」。

〈語義〉

○三更　真夜中。更は時の区分で、午後八時より午前六時までをほぼ二時間ずつ五等分して初更（午後八時〜十時）・二更（十時〜十二時）・三更（十二時〜二時）・四更（二時〜四時）・五更（四時〜六時）とする。○普説　宗旨を挙揚して学人を説得するため、ふだんに行われる禅家の説法法式。普説も上堂も陞座《しんぞ》であるが、普説では祝香もたかず法衣もかけない。○能礼所礼性空寂、感応道交難思議　『法華三昧運蓮補助儀』に見える礼拝の偈「能礼《のうらい》所礼性空寂《しょらいしょうくうじゃく》、自身《じしん》他身《たしん》体無二《たいむに》、願共《がんぐ》衆生《しゅじょう》得解脱《とくげだつ》、発無上意《ほつむじょうい》帰真際《きしんさい》」の初句。礼拝の真実は、礼拝する人と礼拝を受ける人とが自他を超えて一体となること、つまり感応道交することとは人間の思量を超えていること（示誨10　八四頁参照）。○教家　教相家の略。坐禅を主とする禅家の立場から、釈尊の教説を形式や内容の面から分析し、その道理を文字言句で説明し、自派の教典を優位にみる教義的解釈をし、その文字言句で仏道を究めんとするものを総称する。三論宗の二蔵三輪教、天台宗の五時八教、法相宗の三教八宗、華厳宗の五教十宗、真言宗の顕密二教などがある。

〈現代語訳〉

次のように拝問した。

「昨夜の深夜の普説で、『能礼所礼性空寂、感応道交難思議（礼拝の本来の性格は、礼拝する者と礼拝を受ける者とが一体となることである。この師資《しとでし》が感応道交することは人間の思慮分別の世界を超えている）』と言われました。深い意味があることと思いますが、浅学の私には充分に理解できず、疑問がないわけではありません。と言いますのは、教家でも『感応道交』の道理を言いますが、それは祖道でも同じと考えてよろしいのでしょうか」。

堂上和尚大禅師は次のように慈誨された。

「道元よ、君は『感応道交』という真実の意味を知るべきである。感応道交、つまり人と人、師と弟子とがお互いに感応しあうということがなければ、諸仏も世に出現することはなかったし、祖師菩提達磨が中国に来ることもなかったのだ。また、教家の経典を敵《かたき》扱いしてはならない。もし従来の仏法を非とすれば、実際には使用することのない円い袈裟や四角い応量器を用いるような不合理をきたすことになるのだ。いまだに円い袈裟や四角い応量器が用いられていないということは、人と人には必ず確実に感応道交することがあるということを知らねばならない」。

〈解説〉

示誨10で、道元は、如浄の「感応道交」の慈誨に「感涙襟を沾《うるお》す」ほどに感動した経緯があったことは先に記したとおりである（八四頁参照）。道元はここで、感応道交の意義は教家も同様か、と拝問している。が、実は感応道交という言葉は、天台智顗《てんだいちぎ》（五三八〜五九七）が最初に用いたとされ、教家においては、伝統的に衆生の心が仏菩薩の心に通じ、仏菩薩の心が衆生の心に感ずる、礼拝する者も礼拝される者もそこでは、主客が絶して自他融和し、感応道交する、つまり仏法のもとで師と弟子とが一体化することとして認識されていたのである。如浄は、その点をふまえて「感応道交することがなければ、諸仏の出世も、祖師の西来もない」と、感応道交は仏法における核心であり、その点においては教家も祖道も同様であると断言したのである。つまり、ここで示された「感応道交がなければ、諸仏の出世も、祖師の西来もない」ということは、それこそが仏道の根幹であることを示している。その真実を、後に道元は、感応道交と菩提心を、

感応道交《かんのうどうこう》して、菩提心《ぼだいしん》をおこしてのち、仏祖《ぶっそ》の大道《だいどう》に帰依《きえ》し、発菩提心《ほつぼだいしん》の行李《あんり》を習学《しゅうがく》するなり（『正法眼蔵』「身心学道」巻）。

と示し、発菩提心との関連を、

この心は法界に周遍せるにあらず、前にあらず、後にあらず、あるにあらず、なきにあらず、自性にあらず、他性にあらず、共性にあらず、無因性にあらず。しかあれども感

応道交するところに、発菩提心するなり（『正法眼蔵』「発菩提心」巻）。

と示し、また「仏祖正伝するところは、恭敬仏法僧なり」として、

　この帰依仏法僧の功徳、かならず感応道交するとき成就するなり（『正法眼蔵』「帰依三宝」巻）

と示し、さらに、先の拝問16（一一八頁参照）においても、

　業障本来空《ごっしょうほんらいくう》なりとして、放逸《ほういつ》に造業《ぞうごう》せむ衆生《しゅじょう》、さらに解脱《げだつ》のひなくば、諸仏《しょぶつ》の出世《しゅつせ》あるべからず。諸仏《しょぶつ》の出世《しゅつせ》なくば、祖師西来《そしせいらい》すべからず（『正法眼蔵』「三時業」巻）。

と展開して示しているのである。

19　拝問　仏祖の道と教家の談は別のものか

　拝問《はいもん》す。

「先日育王山《せんじついくおうざん》の長老大光《ちょうろうだいこう》に謁《えつ》したる時《とき》、聊《いささ》か難問《なんもん》の次《つい》で、大光曰《だいこういわ》く、『仏祖《ぶつそ》の道《どう》と教《きょう》家《け》の談《だん》と水火《すいか》なり、天地《てんち》懸《はる》かに隔《へだ》たる。若《も》し教家《きょうけ》の所談《しょだん》に同《どう》ずれば、永《なが》く祖師《そし》の家《か》風《ふう》に非《あら》ず』と。今大光《いまだいこう》の道《どう》、是《ぜ》なりや、非《ひ》なりや」。

堂頭《どうちょう》慈誨《じげ》して曰《いわ》く。

「唯大光《ただだいこう》一人《ひとり》に妄談有《もうだんあ》るのみに非《あら》ず。諸方《しょほう》の長老《ちょうろう》も皆亦《みなま》た是《かく》の如《ごと》し。諸方《しょほう》の長老《ちょうろう》、豈《あ》に教家《きょうけ》の是非《ぜひ》を明《あき》らめんや。那《な》んぞ祖師《そし》の堂奥《どうおう》を知《し》らんや。只是《ただこ》れ胡乱作来《うろんそらい》の長老《ちょうろう》なるのみ」。

〈語義〉

○育王山　阿育王山の略称。浙江《せっこう》省寧波《ニンポー》市街東方、天童山景徳寺からさほど遠くない距離の鄞州区《ぎんしゅうく》宝幢鎮《ほうとうちん》の山中に中国五山第五位阿育王寺（広利寺）がある。○大光　当時の阿育王山の住職であるが伝は不詳（〈解説〉参照）。○堂奥　その道の奥義。この場合は仏法の究極。○胡乱　胡は、むやみ、やたらの意、でたらめに。

〈現代語訳〉

次のように拝問した。

「先日、阿育王山の大光住職にお目にかかったとき、少しばかり質問しましたが、大光長老は『仏祖の説くところと教家の説くところには水と火ほどの違いがある。天と地ほどにも懸け離れている。もし、教家の説くところと同様と考えている間は、最後まで祖師の家風はわからないであろう』と言っておりました。このような大光長老の見解は果たして正しいのでしょうか」。

如浄は、次のように慈誨された。

「ただ大光長老ひとりがそのようなでたらめを言っているのではない。諸方の長老たちも同じである。そのような諸方の長老が、教家の教説を正当に評価できようはずはない。彼らが祖師の奥深い教えを知るはずもない。彼らはただでたらめに仏道を学んできたにすぎないのだ」。

〈解説〉

道元は、嘉定十六年（一二二三）秋のころと、宝慶元年（一二二五）の夏安居中に阿育王山を訪ねたことを、『正法眼蔵』「仏性」巻に記している。そのなかで宝慶元年夏安居中に訪れたときの住職は「ときに堂頭は大光和尚なり」と記している。そのときに、この拝問にある「仏祖の道と教家の説はまったく異なる」という大光の見解を聞いたか否かは不明であるが、ともかく、道元は、宝慶元年に訪れたとき、知客《しか》（禅寺で客を接待する役僧）の成桂《じょうけい》も堂頭の大光も西廊の壁間にある龍樹の円月相の実体も知らず、仏法の真実を把握していない。したがって仏法の真意を問うこともしないとその実状を慨嘆している。おそらくは、そのように仏法の真実を判然と掴み得ていないのが、とくに当時の寺院の長老たちの実態であった。

そうした中国仏教のなかにあって、如浄は、釈尊から摩訶迦葉に単伝し、西天二十八祖、東土六祖を経て、如浄自身に、確実に正伝の仏法が伝わっているのであるから、自分こそが仏法の総府であるという確乎たる信念のもとに、「西天に五部有りと雖も一仏法なり」と、仏法に禅家とか教家という異なった二つの仏法はないとした見解をもっていたのである。しかしながら、中国仏教の現実には、禅宗、教宗があり、禅・教・律各寺院があり、それぞれに僧が存在するなかで、「一仏法」といえる状態ではなかった。あえて「一仏法」という観点からその現状を批判し、「教外別伝のとらえかた」（拝問2　三七頁参照）、「禅宗という呼称」（拝問14　九八頁参照）などを徹底批判しているのである。

20　拝問　文殊と阿難の結集の違いは何か

拝問《はいもん》す。

「仏法《ぶっぽう》には元《もと》より文殊《もんじゅ》の結集《けつじゅう》、阿難《あなん》の結集《けつじゅう》の両途有《りょうずあ》り。謂《いわ》く、大乗《だいじょう》の諸経《しょきょう》は則《すなわ》ち文《もん》殊《じゅ》の結集《けつじゅう》なり、小乗《しょうじょう》の諸経《しょきょう》は則《すなわ》ち阿難《あなん》の結集《けつじゅう》なりと。而今何《にこんなん》ぞ摩訶迦葉《まかかしょう》独《ひと》り附法蔵《ふほうぞう》の初祖《しょそ》となりて、文殊《もんじゅ》は附法《ふほう》の嫡嗣《ちゃくし》と作《な》らざるや。何《いか》に況《いわ》んや文殊《もんじゅ》は乃《すなわ》ち釈尊等《しゃくそんとう》の諸仏《しょぶつ》の師《し》なり。那《な》んぞ附法蔵《ふほうぞう》の初祖《しょそ》となすに足《た》らざらんや。今如来《いまにょらい》の正法眼蔵涅槃《しょうぼうげんぞうねはん》妙心《みょうしん》と称《しょう》する、恐《おそ》らくは是《こ》れ小乗声聞一途《しょうじょうしょうもんいちず》の法《ほう》ならんか。如何《いかん》」。

堂頭和尚慈誨《どうちょうおしょうじげ》して曰《いわ》く。

「汝《なんじ》が言《い》う所《ところ》の如《ごと》し。文殊《もんじゅ》は是《こ》れ諸仏《しょぶつ》の師《し》なり。所以《ゆえ》に附法蔵《ふほうぞう》の嫡嗣《ちゃくし》に充《あ》てざるなり。若《も》し是《こ》れ弟子《でし》ならば、必《かなら》ず附法《ふほう》の仁《じん》に充《あ》つべきなり。又《また》、文殊《もんじゅ》の結集《けつじゅう》と言《い》うは一意《いちい》なり。常途《じょうず》の説《せつ》には非《あら》ず。況《いわ》んや文殊豈《もんじゅあ》に小乗《しょうじょう》の教行人理《きょうぎょうじんり》を知《し》らざらんや。阿難已《あなんすで》に大小二乗《だいしょうにじょう》を結集《けつじゅう》せり。又阿難《またあなん》は但《た》だ是《こ》れ多聞《たもん》の人《ひと》なり。所以《ゆえ》に如来《にょらい》一代《だい》の説教《せっきょう》を結集《けつじゅう》するのみなり。迦葉《かしょう》は乃《すなわ》ち一化《いっけ》の上座《じょうざ》なり、最上座《さいじょうざ》なり、最勝《さいしょう》の祖《そ》なり。所以《ゆえ》に法蔵《ほうぞう》を附《ふ》せる者《もの》なるか。縦《たと》い文殊《もんじゅ》に附《ふ》すと雖《いえど》も、又此《またこ》の疑《うたが》い有《あ》るべきなり。直《じき》に須《すべから》く諸仏《しょぶつ》の法《ほう》は斯《かく》の如《ごと》しと信知《しんち》すべし。彼此《ひし》の疑《ぎ》を致《いた》すべからず」。

〈語義〉

○結集　釈尊の入滅後、釈尊の教説が散逸して異論や邪説が横行するのを防ぎ、教団の統一を維持するために代表者が集まり、阿難や優波離《うばり》を中心に各自の記憶している法や律を誦し合い、正しい仏説を確定するために行った教義の編集会議（〈解説〉参照）。○文殊は乃ち釈尊等の諸仏の師なり　文殊は文殊師利のこと。文殊菩薩は過去七仏の師であるということ。経典にこの語句はないが、この語は、百丈懐海《ひゃくじょうえかい》（七四九〜八一四）が「文殊は是七仏の祖師」と最初に使ったとされ、時折禅籍には用いられる。過去世において釈尊に成仏の予言を授けた仏であるとされるゆえ、文殊菩薩は釈尊等の諸仏の師であって、弟子とはならないことになる。○正法眼蔵涅槃妙心　釈尊が体得した悟りの内容を表す語で、この境地は言葉で捉えることはできないとされる。とくに、釈尊の「拈華《ねんげ》」によって摩訶迦葉が「微笑《みしょう》」したとき、「吾に正法眼蔵、涅槃妙心、実相無相、微妙の法門有り。不立文字、教外別伝、摩訶迦葉に付嘱《ふぞく》す」として、その妙心を摩訶迦葉に伝えたとされ、それが歴代の祖師によって師資相承されてきたとする。この「拈華微笑」の話は、唐代に成立したとされる偽経『大梵天王問仏決疑経《だいぼんてんのうもんぶつけつぎきょう》』「拈華品《ねんげぼん》」に見られ、宋代以後、禅宗一般に定着した。○教行人理　教は仏の所説の教法、行は教中に示された行道、人は教を受けて行を修する者、理は証得すべき法の真理。古来、法華の一乗の道理を解する四一《しいち》の説とされ教家に認知されていた。したがって、諸仏の師である文殊は小乗のそれを知らぬはずはないというのである。○一化　釈尊一代の教化の意。

〈現代語訳〉

次のように拝問した。

「仏法においては、元来、文殊菩薩の結集《けつじゅう》と阿難の結集と、二種の伝承があります。大乗の諸経典は文殊の結集であり、小乗の諸経典は阿難の結集であるとされています。それなのに現在、なぜ、摩訶迦葉だけが釈尊の法を受け嗣いだ附法蔵の第一祖となり、文殊が附法の正統の正嫡とならないのでしょうか。ましてや、文殊は釈尊をはじめとした諸仏の師と言われております。どうして釈尊の法を受け嗣ぐ資格がないことがありましょう。そうでなければ現在、釈尊の正法眼蔵涅槃妙心を摩訶迦葉が受けついで今に至っているといわれるのは、小乗声聞の一派の伝えた法ということになりますが、いかがでしょうか」。

如浄は慈誨して言われた。

「汝《きみ》の言うとおりである。文殊は諸仏の師である。それゆえに釈尊の法を受け嗣ぐ嫡嗣《あとつぎ》にはしないのである。もし文殊が釈尊の弟子であるならば、必ず附法の正嫡とすべき人物である。また、文殊が大乗経典を結集したというのは一説であり、定説ではない。ましてや文殊は、大乗の教えのみ知っていて、小乗の教え、その修行法、修行者、さらに修行によって悟る真理を知らないはずはないのだ。阿難も、同様の状態ですでに大小両乗を結集したのである。が、阿難は多聞博識であるから、釈尊一代に説かれた教えを結集しただけである。摩訶迦葉は、釈尊一代の教化の筆頭であるため他の誰よりも勝《すぐ》れた祖師である。それゆえに釈尊の法のすべてを付託されたのであろう。もし、文殊に附法されたとしても、この疑いは残るであろう。ゆえに諸仏の法はこのようなものとして受け取り、堅く信じなければならない。彼此《あれこれ》と疑いを抱くことは不要である」。

〈解説〉

第一回の結集は、釈尊入滅直後、摩訶迦葉の提案により、王舎城郊外の七葉窟に五百人の阿羅漢が集まり、多聞第一の阿難が教法を、持律第一の優波離《うばり》が律を誦出《じゅしゅつ》して、それが仏説に相違ないことを確かめ、仏が説かれた教法と律が確定した。五百人の比丘《びく》が集まったのでこれを五百結集という。

以後、第二回の結集は、仏滅後百年目に七百人の比丘が集まり（七百結集）、第三回の結集は仏滅二百年目、千人の比丘が集まり（千人結集）、第四回の結集は紀元後二百年、五百人の阿羅漢が集まり三蔵を編集したと伝えられる。が、この結集については、とくに第一回の結集が現在のパーリ聖典であると南方仏教では信じられているが、異論や批判がある。

道元の拝問も、そうした結集説を背景としているが、如浄の慈誨がいみじくも示すように文殊の結集もその一説であって定説ではない。今日では結集は歴史的には小乗仏典の結集を指すのが一般化している。ちなみに、日本では十二世紀初頭の成立とされる『今昔物語集』四（一）に「今は昔、天竺に仏の涅槃に入り給《たま》いて後、迦葉尊者を以て上座として千人の羅漢皆集まり座して大小乗の経を結集し給《たも》う」とあるので、十一世紀後半には結集の概念があったことがうかがわれる。

21 慈誨 椅子の上で韈子《べっす》を着ける方法について

堂頭《どうちょう》和尚《おしょう》夜話《やわ》に云《いわ》く。

「元子《げんす》、儞《なんじ》、椅子《いす》に在《あ》って韈《べつ》を著《つ》くるの法《ほう》を知《し》るや、また無《な》きや」。

道元《どうげん》揖《いっ》して白《もう》して云《いわ》く。

「如何《いかん》が知《し》ることを得《え》ん」。

堂頭《どうちょう》和尚《おしょう》慈誨《じげ》して云《いわ》く。

「僧堂《そうどう》に坐禅《ざぜん》する時《とき》、椅子《いす》に在《あ》りて韈《べつ》を著《つ》くる時《とき》は、右袖《うしゅう》を以《もっ》て足趺《そくふ》を掩《おお》いて著《つ》くるなり。聖僧《しょうそう》に無礼《ぶれい》なることを免《まぬが》るる所以《ゆえん》なり」。

〈語義〉

○韈 韈子《べっす》（襪子）とも。足の親指と他の指とを入れるところが分かれていない足袋。○揖 叉手《さしゅ》（両手を胸の前で組み合わせる）して身体を曲げ、頭を下げる礼法。

〈現代語訳〉

堂頭如浄禅師は夜話に示された。

「道元よ、儞《きみ》は椅子の上で韈子《べつす》を履く方法を知っているか」。

道元《わたくし》は揖《いつ》して申し上げた。

「どのように履くのか知りません」。

堂頭如浄禅師は慈誨して言われた。

「僧堂で坐禅するとき、椅子に坐って韈子を履こうとするときは、法衣の右袖で足趺《あしのこう》を覆って履くのである。そうすれば聖僧文殊菩薩に対して無礼にならないからである」。

〈解説〉

今日の日本の禅林では、「著襪《ちゃくべつ》、搭袈裟《たっけさ》（襪子を履き、袈裟を着ける）」といって、法堂《はっとう》などに上り仏事法要をするときには襪子を履き袈裟を着ける。今日のこの際の襪子は小鉤《こはぜ》を用いてあくまでも建物のなかで着ける足袋の一種である。が、この襪は古くインドに発祥し、寒時には着けていたことが知られる。また、中国においても古くから着用され、『釈氏要覧《しゃくしようらん》』巻上「襪」の項に「鈔《しょう》に云く、襪も亦是れ衣なり。四分律に云く、寒には襪を着するを聴《ゆる》す」（『大正蔵』巻五四、二七〇頁c）とあり、その古今注には「三代及び秦より皆角襪《かくべつ》を著す、帯《ひも》を以て結びてくるぶしに至る」（『大正蔵』巻五四、二七〇頁c）とあるので、襪を紐で止めていたことがわかる。また、『勅修百丈清規《ちょくしゅうひゃくじょうしんぎ》』巻下「大衆章《だいしゅしょう》 装包《そうぼう》」の項に「安《あん》歇処《けつしょ》にて包を解き、鞋襪《あいべつ》を取りて足を濯《あら》い、衣を更《か》え袈裟を搭す」(『大正蔵』巻四八、一一四〇頁a)とある鞋襪は、革で作られた外履きの襪である。

22　慈誨　坐禅のとき、胡菰を食べてはならない

堂頭《どうちょう》和尚《おしょう》慈誨《じげ》して曰《いわ》く。

「功夫弁道《くふうべんどう》、坐禅《ざぜん》する時《とき》は、胡菰《ここ》を喫《きっ》すること莫《なか》れ。胡菰《ここ》は熱《ねつ》を発《はっ》すればなり」。

〈語義〉

○胡菰　胡菰の胡はマコモの実、菰もマコモで、実を菰米《こべい》といい、古くは六穀の一とされるが詳細は不明。「明和本《めいわぼん》」は胡椒とする(〈解説〉参照)。

〈現代語訳〉

堂頭如浄禅師は慈誨して言われた。

「功夫弁道、坐禅するときは、胡菰を食べてはいけない。熱が出るからである」。

〈解説〉

胡菰の意味は不詳だが、一説には胡菰はマコモのことで、その実は白く菰米といい、ときには飯とし米に混ぜて粥にし、古くは六穀の一とされたという説がある。が、それが熱を発するとはされていない。何か別のものか。

ところで、流布本（「明和本」）には胡椒とある。胡椒であれば、確かに古くから中国の食品の日用のものであり、それの多食は身体が熱し四大不調となることは明らかである。『宝《ほう》慶記聞解《きょうきもんげ》』には「老人になって血気のうすくなったものは食してよし。若輩のものは食すと熱がでる。そうすると天然に五臓が不和合になる。この項は前の橄欖《かんらん》・茘枝《れいし》に続きそうなものであるが下書きゆえに前後している」（意訳）とあるが、確かに先の拝問5（五四頁参照）に入れるべきものであろう。

23　慈誨　坐禅は風の当たるところでしてはならない

堂頭《どうちょうじ》　慈誨《げ》して曰《いわ》く。

「風《かぜ》の当《あ》たる処《ところ》に在《あ》って坐禅《ざぜん》すべからず」。

〈現代語訳〉

堂頭如浄禅師は慈誨して言われた。

「風の当たるところで坐禅をしてはならない」。

〈解説〉

『正法眼蔵』「坐禅儀」巻に、

坐禅《ざぜん》は静処《じょうしょ》よろし（中略）風煙《ふうえん》をいらしむることなかれ（中略）昼夜《ちゅうや》くらからざれ。冬《とう》暖夏涼《だんかりょう》をその術《じゅつ》とせり。

とあるが、なぜ、風の当たるところで坐禅してはならないのか。その理由は、暑いときなどに風に当たりながら坐禅すると、時間が経つにつれ身体が冷えて不調となるとされるからである。

『宝慶記聞解《ほうきょうきもんげ》』が「六月頃は、涼を好んで、風の当たるところに在って坐すると風寒暑湿の四つが外邪となって、外からこれを受けると中《あた》るなり。働くときは、中りはせねども、坐禅しておるときは中る」と注しているのは参考となろう。

24　慈誨　一息半趺の経行《きんひん》の方法について

堂頭《どうちょう》和尚《おしょう》慈誨《じげ》して曰《いわ》く。

「坐禅《ざぜん》より起《た》ちて歩《ある》く時《とき》は、須《すべか》らく一息半趺《いっそくはんぷ》の法《ほう》を行《ぎょう》ずべし。謂《いわ》ゆる歩《ほ》を移《うつ》すこと半《はん》趺《ぷ》の量《りょう》に過《す》ぎず、足《あし》を移《うつ》すには必《かなら》ず一息《いっそく》の間《かん》を経《ふ》るなり」。

〈語義〉

○一息半趺　趺は足の甲。一呼吸の間に足の甲の長さの半分だけ歩を進めること。いわゆる経行法の詳細である。経行の法は先述の示誨12、または後述する示誨40を参照されたい。

〈現代語訳〉

堂頭如浄禅師は慈誨して言われた。

「坐禅から立って歩くときは、かならず一息半趺の法を行ずべきである。歩を移すときの歩幅は足の甲の半分で、その歩を進めるのは一呼吸の間である」。

〈解説〉坐禅時、坐より起っての緩歩つまり経行の法であり、それは、一呼吸する間に右足の半分を左足の爪先まで進め、次の一呼吸の間に左足の半分を右足の爪先まで進めていく方法についての慈誨である。この緩歩・経行の法は、先の拝問12に見られたように、如浄が身をもって道元に示した緩歩の法の詳細である（示誨12 九一頁参照）。なお、坐禅時の経行については、後の示誨40（二三〇頁）にも出るので、詳細はその〈解説〉を参照されたい。

25 慈誨 褊衫《へんざん》と直裰《じきとつ》について

堂頭《どうちょう》和尚《おしょう》慈誨《じげ》して曰《いわ》く。

「上古《じょうこ》の禅和子《ぜんなす》は、皆《み》な褊衫《へんざん》を著《き》るなり。間《まま》に直裰《じきとつ》を著《き》る者有《ものあ》り。近来《きんらい》、都《すべ》て直裰《じきとつ》を著《き》るは乃《すなわ》ち澆風《ぎょうふう》なり。儞《なんじ》古《こ》風《ふう》を慕《した》わんと欲《おも》わば、須《すべから》く褊衫《へんざん》を著《き》るべし。今日《こんにち》、内裏《だいり》に参《まい》る僧《そう》は、必《かなら》ず褊衫《へんざん》を著《き》る。伝衣《でんえ》の時《とき》、受菩薩戒《じゅぼさつかい》の時《とき》も、亦《また》褊衫《へんざん》を著《き》る。近来《きん》、参禅《さんぜん》の僧家《そうけ》、褊衫《へんざん》を著《き》るは是《こ》れ律院《りついん》の兄弟《ひんでい》の服《ふく》なりと謂《い》えるは乃《すなわ》ち非《ひ》なり。古《こ》法《ほう》を知《し》らざる人《ひと》なり」。

〈語義〉

○上古の禅和子　上古は達磨以後。禅和子は禅和者・禅和とも。参禅する禅僧のこと。和・和子・和者は親しみの語。○褊衫　偏衫とも。褊（偏）はせまい、衫は袖のないものをいう。袈裟を着けるときに下に着る衣。それには、左肩から右脇へ着けるもの（僧祇支《そうぎし》）と右肩から左脇へ着けるもの（覆肩衣《ふげんえ》）とがあり、褊衫はその二枚を襟の部分で縫い合わせたもの。背中は縫わず左右に割れたまま。下肢には裙子《くんす》（僧が腰にまとう衣で、ひだをつけた短い黒衣、袴に似る）を披着した。○直裰　褊衫の背を縫い合わせ、さらに裙子と綴りあわせたもので、現今の僧衣の原型である。○澆風　澆はうすい、澆運のこと。人の情の薄れた末世のこと。

〈現代語訳〉

堂頭如浄禅師は慈誨して言われた。

「昔の禅僧は、皆な褊衫《へんざん》を着けていた。まれには直裰《じきとつ》を着る者もいた。最近はすべての者が直裰を着るようになったが、これは末世の弊風である。儞《きみ》が古人の風儀を慕うなら必ず褊衫を着るべきである。今日、内裏に参ずる僧は必ず褊衫を着る。また伝法のとき、菩薩戒を受けるときもまた褊衫を着る。最近、参禅の僧たちが、褊衫を着るのは律院の僧たちの服装だと言っているのは誤りである。古法を知らないからそう言うのである」。

〈解説〉

編衫については、『勅修百丈清規《ちょくしゅうひゃくじょうしんぎ》』巻下「大衆章　弁道具・偏《ママ》衫」の項（『大正蔵』巻四八、一一三九頁a）に、編衫の原初の変遷が、「古僧衣のこと。律制にはただ僧祇支《そうぎし》とある。これは覆髆衣《ふくはくえ》・掩腋衣《えんえきえ》という。それは袈裟の下の片衣で、長く左の臂《ひじ》を覆い、また右脇を掩《おお》うが、これでは左肩を掩うが右肩は裸となる。竺道祖《じくどうそ》の魏録には、三国の魏の時代に宮人が偏祖を作り僧祇支《そうぎし》の上に縫いあわせてそれを編衫というとある」（意訳）と記述されている。ちなみに、如浄時代までは、この編衫と裙子を着ける古風が正式に伝わってはいたのであるが、それが、今日風の直裰へと変遷したことを示している。この項は先の示誨11（八八頁）を参照。

26　慈誨　華美な袈裟を着けない理由について

堂頭《どうちょう》和尚《おしょう》慈誨《じげ》して曰《いわ》く。

「如浄《わたし》は住院以来《じゅういんいらい》、曽《かつ》て斑《まだら》なる袈裟《けさ》を著《つ》けず。近代《きんだい》の諸方《しょほう》の、長老《ちょうろう》の儀《ぎ》に非《あら》ざる長《ちょう》老《ろう》は、只管《しかん》に法衣《ほうえ》を著《つ》けて衆《しゅ》に随《したが》うも実証無《じっしょうな》きが如《ごと》し。所以《ゆえ》に如浄《わたし》は、曽《かつ》て法衣《ほうえ》を著《つ》けざるなり。

世尊《せそん》の一代《だい》は、唯麁布《ただそふ》の僧伽梨《そうぎゃり》胝衣《ちえ》を著《つ》けたまうのみ。余《よ》の美衣《びえ》を著《つ》けざるなり。又強《またし》いて麁悪《そあく》の衣《え》を著《つ》くべからず。強《し》いて麁悪《そあく》の衣《え》を著《つ》くるは、又是《またこ》れ外道《げどう》なり。欽婆羅子《こんばらす》と称《しょう》するは乃《すなわ》ち是《こ》れなり。然《しか》れば則《すなわ》ち仏祖《ぶっそ》の児孫《じそん》は著《つ》くべき衣《え》を著《つ》くる者《もの》なり。一偏《いっぺん》を執《しゅう》して担板《たんぱん》なるべからざるなり。又《また》、衣《え》に営《まど》う者《もの》は少人《しょうにん》なり。糞《ふん》掃《ぞう》は古蹤《こしょう》なり。知《し》るべし、知《し》るべし」。

〈語義〉

○斑なる袈裟　斑衣のこと。斑はまだら・あやのこと。衣は袈裟。模様のある派手な袈裟。袈裟はカシャーヤの音訳、その原義は壊色《えじき》・不正色《ふせいじき》の意味で、青黄赤白黒のような五正色ではないので壊色という。**○法衣**　法に応じて作るので法衣といい、本来は大衣・七条衣・五条衣の三種の袈裟のことをいうが、この場合は模様のある派手な袈裟のこと。**○僧伽梨胝衣**　サンガーティーの音訳、僧伽梨衣または僧伽胝衣のこと（梨・胝はどちらかが衍字《えんじ》とされる）。三衣（僧伽梨《そうぎゃり》・鬱多羅僧《うったらそう》・安陀衣《あんだえ》）の一で、僧迦梨は九条以上二十五条（奇数条）の裏のついた大衣のこと。○欽婆羅子　アジタ（人名）・ケーサカンバラ（毛髪衣）またはケーサカンバリン（毛髪衣を着る人）の略音写。六師外道の一人。ケーサは毛髪、カンバラは衣。毛髪で編んだ衣で、苦行し来生の生天を願う外道が着たとされる。○担板　板を肩に担ぐと視野が一方に限られることから、一面のみを見て広い視野に立たない偏見的な見かたをいう。○衣に営う者は少人「明和本」には「営美衣者小人也」とある。「営」はまどうという訓もあるので、それは「つくる」という意味ではなく「あれこれとえり好みし惑う」と読むべきであろう。それでないと文意が通じにくい。○糞掃　糞掃衣のこと。人びとが使い古し、掃きだめなどに捨ててあるような布を洗い褐色に染めて（壊色）縫いあわせたもの。人びとの執着を離れた布から作られた衣。

〈現代語訳〉

堂頭如浄は慈誨して言われた。

「如浄《わたし》は禅院の住職となって以来、模様のついた華美な袈裟を着けたことがない。最近、諸方の長老とはいえない名ばかりの長老たちが、ただ派手な袈裟を着けて修行僧に接しているが、仏法を正しく確実に伝えているようには見えない。だからこそ、如浄《わたし》はけっしてそうした華美な法衣を着けないのである。釈尊の御一代は、ただ粗末な布の僧伽胝衣《そうぎゃちえ》をお着けになっただけで、そのほかの美衣をお召しにならなかった。また、だからと言ってことさらに粗悪な衣を着るべきではない。ことさらに粗悪な衣を着るのは外道である。インドで外道が着けた毛髪などで作った欽婆羅子《こんばらす》というのがそれである。それゆえに、仏祖の児孫たるべき者は、着けるべき衣を着けなければならない。偏屈な一方的な考えかたに固執してはならない。また衣服に迷いこだわるのは小人《おろかもの》である。糞掃衣《ふんぞうえ》こそは古人の行持の蹤《あとかた》を伝えるものである。よくよく知っておかねばならないことであるぞ」。

〈解説〉

如浄がなぜ華美な袈裟を着けなかったのかが鮮明に説かれた慈誨である。同時に如浄の矜持が強烈に示された慈誨でもある。つまり、非義なる長老たちが、模様のある華美な袈裟を着けて、とくとくと大衆と接しているが、その実、仏法の真実はまったく伝え得ていない現実、そのような非義の長老たちと一緒にされてたまるか、なんとしても正伝の仏法を、その真実の仏法を、自分自身の全身全霊をこめて伝えていくのだ、という、如浄の気概が切実に示されている慈誨である。当時の長老たちへの批難は拝問19（一三六頁参照）にも見られたが、その矜持は『建撕記』に、

　我《われ》は彼等《かれら》に異《こと》ならんが為《ため》に、斑衣《まだらえ》を著《つ》けざるなり。汝《なんじ》は本国《ほんごく》に在《あ》りて人天《にんてん》を化導《けどう》せん時《とき》、須《すべから》く衣《ころも》を著《つ》けんに妨《さまた》げなかるべし。これ我《わ》が意巧《いこう》なるのみ。

とあるところにも見られる。また、如浄が一生華美な袈裟を着けなかったことは、『正法眼

蔵』「嗣書」巻に、
先師《せんし》の会《え》はこれ古仏《こぶつ》の会《え》なり、叢林《そうりん》の中興《ちゆうこう》なりみづからもまだらなる袈裟《けさ》をかけず。芙《ふ》蓉山《ようさん》の道楷禅師《どうかいぜんじ》の衲法衣《のうほうえ》つたはれりといへども、上堂陞座《じようどうしんぞ》にもちゐず。おほよそ住持職《じゆうじしよく》として、まだらなる法衣《ほうえ》かつて一生《いつしよう》のうちにかけず。

とあり、またさらに、同「行持」巻下に、
紫衣師号《しえしごう》を表辞《ひようじ》するのみにあらず、一生《いつしよう》まだらなる袈裟《けさ》を搭《とう》せず、よのつねに上堂入《じようどうにつ》室《しつ》、みなくろき袈裟裰子《けさとつす》をもちゐる。

とあるところに知られる。道元もまた斑衣を着けず黒衣であったのは、如浄の遺風を確実に受持した行持であったのである。

27 拝問 迦葉尊者が金襴の袈裟を伝授されたのはいつか

柱香《ちゆうこう》して拝問《はいもん》す。
「世尊《せそん》、金襴《きんらん》の袈裟《けさ》を摩訶迦葉《まかかしよう》に授伝《じゆでん》せしは、是《こ》れ何《いず》れの時《とき》なりや」。
堂頭和尚慈誨《どうちようおしようじげ》して曰《いわ》く。

「儞《なんじ》、這箇《しゃこ》の事《じ》を問《と》うは最《もっと》も好《よ》きなり。箇々人《ここにん》は這箇《しゃこ》を問《と》わず、所以《ゆえ》に這箇《しゃこ》を知《し》らず。乃《すなわ》ち善知識《ぜんちしき》の苦《くる》しむ所《ところ》なり。我《われ》、曽《かつ》て雪竇先師《せっちょうせんし》の処《ところ》に在《あ》って、嘗《かつ》て這箇《しゃこ》の事《じ》を問《と》うに、先師《せんし》大《おお》いに悦《よろこ》ぶなり。世尊最初《せそんさいしょ》に迦葉《かしょう》の来《きた》って帰依《きえ》するを見《み》て、即《すなわ》ち仏法《ぶっぽう》並《なら》びに金襴《きんらん》の袈裟《けさ》を以《もっ》て摩訶迦葉《まかかしょう》に附嘱《ふしょく》して第《だい》一祖《そ》と為《な》すなり。摩訶迦葉《まかかしょう》、衣法《えほう》を頂受《ちょうじゅ》して昼夜《ちゅうや》に頭陀《ずだ》し、未《いま》だ嘗《かつ》て懈怠《けたい》せず、未《いま》だ嘗《かつ》て屍臥《しが》せず、常に仏衣《ぶつえ》を戴《いただ》き、仏想塔想《ぶっそうとうそう》を作《な》して坐禅《ざぜん》するなり。摩訶迦葉《まかかしょう》は古仏菩薩《こぶつぼさつ》なり。世尊は毎《つね》に摩訶迦葉《まかかしょう》の来《き》たるを見《み》ては、便《すなわ》ち半座《はんざ》を分《わか》って座《ざ》せしむるなり。迦葉尊者《かしょうそんじゃ》は三十相《そう》を具《ぐ》し、唯《ただ》白毫《びゃくごう》と烏《う》瑟《しつ》とを欠《か》くのみ。所以《ゆえ》に仏《ほとけ》と座《ざ》を並《なら》べて一座《ざ》するは、人天《にんでん》の楽見《ぎょうけん》するところなり。凡《おおよ》そ神通智慧《じんずうちえ》、一切《いっさい》の仏法《ぶっぽう》、仏《ほとけ》の附嘱《ふしょく》を受《う》けて欠減《けつげん》する所無《ところな》きなり。然《しか》れば則《すなわ》ち、迦葉《かしょう》は仏《ほとけ》に見《まみ》えし最初《さいしょ》に、仏衣仏法《ぶつえぶっぽう》を得《う》るなり」。

〈語義〉

○柱香　柱は炷、炷は焚く。香を焚いて焼香すること。○金襴の袈裟　釈尊が伝法の証しとして迦葉に授与した金襴で作った袈裟のこと。これは釈尊在世のとき、叔母の波闍波提《はじゃはだい》が仏にこれを奉じたとされる。中国禅宗では、釈尊が迦葉に金襴の袈裟を授与したことは、正法伝授の象徴として伝承されている。が、その伝授が何時であったかについては、霊鷲山とする説と多子塔（インドの吠舎離城《ぼうしやりじよう》の西北三里にある）前とする説がある（〈解説〉参照）。**○這箇の事**　這箇は「この」の意。伝法衣の伝授のこと。**○箇々人**　一人一人、誰も彼も。**○雪竇先師**　雪竇智鑑《せつちようちかん》（一一〇五～一一九二）は如浄の先師。先師は亡くなった師匠の意。雪竇は徐州（安徽省）の出身。初め長蘆山《ちようろさん》の真歇清了《しんけつせいりよう》（一〇八八～一一五一）に参じ、後に天童宗珏《てんどうそうかく》（一〇九一～一一六二）に投じその法を嗣ぐ。淳熙《じゆんき》十一年（一一八四）雪竇山に晋住、住すること八年で寺の東庵に退き、紹熙《しようき》三年（一一九二）示寂、世寿八十八。如浄は出家後に教学を学び、十九歳でそれを棄て、雪竇智鑑の痛打下に「庭前の柏樹子」の話で悟道し浄頭として修行した。**○頭陀**　ズータの音写。抖《と》藪《そう》・浣洗《かんせん》などと訳す。抖藪は、鶏が身震いするように物を振り払うことで、比丘が衣服・飲食・住処の三種の執着から離れ、厳格で簡素な生活をする行法をいう。これには①在阿《ざいあ》蘭若《らんにや》（人家を離れた静かな場所に住む）、②常行乞食《じようぎようこつじき》（常に乞食する）、③次《し》第乞食《だいこつじき》（乞食に家の貧富を選ばない）、④受一《じゆいつ》食法《じきほう》（一日一食）、⑤節量食《せつりようじき》（過食しない）、⑥中後不得飲漿《ちゆうごふとくおんしよう》（中食以外に漿《ひしお》を飲まない）、⑦著弊衲衣《じやくへいのうえ》（廃物のぼろ切れで作った衣を着る）、⑧但三衣《たんさんえ》（安陀衣・鬱多羅僧・僧伽梨の三衣以上は持たない）、⑨塚間住《ちようかんじゆう》（墓場に住み無常を観ず）、⑩樹下《じゆげ》止《し》（樹下に止まり思惟す）、⑪露《ろ》地《じ》坐《ざ》（空地に坐す）、⑫但坐《たんざ》不《ふ》臥《が》（坐るだけで横にならない）があるゆえに十二頭陀行という。摩訶迦葉は生涯頭陀行に徹し頭陀第一とされる。**○屍臥**　横になって死んだように寝ること。また、うつ伏せに寝ること。「屍臥せず」とは十二頭陀行の「但坐不臥」

のこと。『正法眼蔵』「行持」巻に「誓って屍臥せず、脇尊者《きょうそんじゃ》と名づく」と出る。○仏想塔想　袈裟を敬重する八法（①塔想《とうそう》、②世尊想《せそんそう》、③寂滅想《じゃくめつそう》、④慈想《じそう》、⑤敬如仏想《けいにょぶつそう》、⑥慚想《ざんそう》、⑦愧想《きそう》、⑧令我来世《りょうがらいせ》離《り》貪恚《とんい》癡《ち》具《ぐ》沙門法想《しゃもんほうそう》［自分自身を来世に貪瞋痴を離れ沙門法を具えさせる想い］。『大宝積経《だいほうしゃくきょう》』巻一一三［『大正蔵』巻一一、六三九頁c］）の内の二つで、仏想は袈裟を仏として想い敬重すること。塔想は舎利塔を袈裟と想い敬重すること。○古仏　有徳の僧を尊敬して称する語。道元は六祖慧能（六三八〜七一三）、南陽慧忠《なんようえちゅう》（？〜七七五）、薬山惟儼《やくさんいげん》（七四五〜八二八）、趙州従諗《じょうしゅうじゅうしん》（七七八〜八九七）、長沙景岑《ちょうさけいしん》（生没年不詳）、洞山良价《とうざんりょうかい》（八〇七〜八六九）、黄檗希運《おうばくきうん》（？〜八五〇ごろ）、香厳智閑《きょうげんちかん》（？〜八九八）、投子義青《とうすぎせい》（一〇三二〜一〇八三）、圜悟克勤《えんごこくごん》（一〇六三〜一一三五）、宏智正覚《わんししょうがく》（一〇九一〜一一五七）そして天童如浄《てんどうにょじょう》（一一六二〜一二二七）など正伝の仏法を確乎として伝持した僧に用いている。○三十相　インド古来の伝説で三十二大人相といい、この三十二相を具えるものは、俗にあっては転輪王となり、出家すれば無上覚を開くと言われた。釈尊はこの三十二相を具えていたとされる。迦葉はその内の、白毫相《びゃくごうそう》（眉間《みけん》白毫相とも。両眉の間に白毫があり、右旋し常に光を放つ。仏像に水晶珠があるのはそれを象《かたど》ったもの）と烏瑟相《うしつそう》（頂成肉《しょうじょうに》髻相《つけいそう》とも。頂骨が隆起して髻《もとどり》の形をなす。仏像にもその形が見える）の二相のみを欠いたとされる。○楽見　楽は願う、願い仰ぎ見ること。

〈現代語訳〉

焼香し威儀を正して拝問した。

「釈尊が金襴のお袈裟を摩訶迦葉尊者に授けたのは、いつのことですか」。

堂頭和尚は慈誨して言われた。

「儞《きみ》がこのこと（伝法衣の伝授）を質問するのはたいへん良いことである。誰一人としてこのことについて質問をしない。だからこのことについて何も知らない。そこが善知識たちの苦慮されてきたところである。私は昔、雪竇智鑑禅師の会下《えげ》にあってこのことについてお尋ねしたところ、先師はたいへんお喜びになった。釈尊は、最初に摩訶迦葉が釈尊のところに来て帰依するのをご覧になられ、即座に仏法と金襴の袈裟を摩訶迦葉に伝授し付法蔵の第一祖とされた。摩訶迦葉はお袈裟と仏法とを頂戴し、昼夜に頭陀行をして懈怠せず、横になって寝たこともなく、常に仏袈裟を頭に戴いては仏を想い、舎利塔を仏と想って坐禅をした。摩訶迦葉尊者こそはまさに古仏たる菩薩である。釈尊は、摩訶迦葉が参るたびに、御座の半分を分け、迦葉尊者を坐らせた。摩訶迦葉尊者は仏の具えられる三十二相のうち、三十相までを具え、ただ白毫相と頂成肉髻相の二相を欠くのみであった。それゆえに、釈尊とひとつの座にならんで坐られるその光景を、あらゆる人びとが楽《ねが》ったのである。摩訶迦葉尊者は、神通力も、智慧も、すべての仏の法も、仏から授けられて欠けるところも減じたところもない。このようなわけであるから、摩訶迦葉は釈尊にお目にかかった最初のときに、伝衣と仏法とを得たのである」。

〈解説〉

道元の「釈尊が、伝法の証しとしての金襴のお袈裟を摩訶迦葉に伝授されたのは、いつのことですか」との拝問に対して、如浄は「これは実に結構な質問である。このことを質問した者は誰一人としていない。それゆえに、このことは誰も知らない。善知識も苦慮されたところである。それゆえに私が先師雪竇にこのことを質問したとき、たいへん喜ばれた」と答えている。これは、雪竇の会下の人びとが、問えば確実に答えられるのに、その摩訶迦葉の伝衣を問うことをしないことに師が苦慮しているとするのであるから、そこに釈尊が金襴の袈裟を伝衣として伝授したこと、釈尊が摩訶迦葉に半坐を分かって坐せしめた仏法としての伝統が、つまり伝衣付法の真実とそれを承ける人の行実が、信仰の実体が欠落し伝承されていない現実を露呈していることになる。この事実は伝法の重大さを、当時、雪竇・如浄以外誰一人として認識していなかったことを示している。と同時に、ここに初めて、古仏としての存在である雪竇・如浄を経て道元へと、伝法の真実体が判然と確実に伝承された歴史的な背景を証明していることになる。

後に道元は『正法眼蔵』「嗣書」巻で、

先師古仏天童堂上大和尚、しめしていはく、諸仏かならず嗣法あり、いはゆる釈迦牟尼仏は迦葉仏に嗣法す、迦葉仏は拘那含牟尼仏《くなごんむにぶつ》に嗣法す、拘那含牟尼仏は拘留孫仏《くるそんぶつ》に嗣法するなり。かくのごとく仏仏相嗣して、いまにいたると信受すべし、これ学仏の道なり。ときに道元まうす、迦葉仏入涅槃ののち、釈迦牟尼仏はじめて出世成道せり。いはんやまた賢劫《けんごう》の諸仏、いかにしてか荘厳劫の諸仏に嗣法せん、この道理いかん。先師いはく、なんぢがいふところは聴教の解なり、十聖三賢等のみちなり、仏祖嫡嫡のみちにあらず。(中略)この仏嗣は、しかのごとく学するにあらず、釈迦仏は迦葉仏に嗣法すると学し、迦葉仏は釈迦仏に嗣法せりと学するなり。かくのごとく学するとき、まさに諸仏諸祖の嗣法にてあるなり。このとき道元はじめて仏祖の嗣法あることを稟受《ひんじゅ》するのみにあらず、従来の旧窠《きゅうか》をも脱落するなり。

と記しているが、当時の若き道元の知解《ちげ》のみの仏教の範疇に拘泥する仏教理解では、現に存在しない、すでに入涅槃している迦葉仏に釈尊が嗣法すること、ましてや現在賢劫の四人の諸仏が過去荘厳劫の三人の諸仏に嗣法することなどは道理に合わないゆえに、その道理を尋ねたのである。ところが、如浄は、「そのような知解のみによる理解は単なる聞きかじりの仏法であって、仏祖嫡々相承の仏法ではない」として、釈迦仏は迦葉仏に嗣法すると学し、迦葉仏は釈迦仏に嗣法すると学するのだ」と慈誨するのである。このときに道元は初めて、仏祖に嫡々正伝されている嗣法が仏法の真義であることを判然と確信し、それを信受したのである。そればかりではない。それまでの知解のみによる相対的な仏教理解の範疇を脱却したのである。知解のみによる仏法理解では行仏の威儀は全て二元的相対的尺度をもって量るが、それでは時空を超越して現成する行仏の威儀、たとえば現存する釈尊の経行《きんひん》の跡（慈誨41―二三七頁参照）、祇園精舎の礎石、鉢盂《はつう》、袈裟の存在の真箇の理解には至らない。それらは人間の測量を超越しているからであり、その法のなかにおいて義理を究尽し、義理において究竟しなければならないからである。そのことは『正法眼蔵』「行仏威儀」巻に判然と記されている。

ところで、道元のこの拝問の背景には、たとえば『聯灯会要《れんとうえよう》』巻一の、

世尊《せそん》、昔《むかし》、多子塔前《たしとうまえ》に至《いた》り、摩訶迦葉《まかかしよう》に命《めい》じて座《ざ》を分《わ》かち、僧迦梨《そうぎやり》をもってこれを囲《かこ》み、乃《すなわ》ち告《つ》げて云《いわ》く「吾《われ》に正法眼蔵《しようぼうげんぞう》あり、密《ひそ》かに儞《なんじ》に付《ふ》す」（『新纂 大日本続蔵経』巻七九、一四頁a）。

というような、禅門における古来の付法説、すなわち摩訶迦葉が多子塔前において初めて釈尊に面し、その教えを受けたとする説があったからである。

後に、道元は『弁道話』において、

大師釈尊《だいししやくそん》、霊山会上《りようぜんえじよう》にして、法《ほう》を迦葉《かしよう》につけ、祖《そ》祖正伝《そしようでん》して、菩提達磨尊者《ぼだいだるまそんじや》にいたる。尊者《そんじや》、みづから神丹国《しんたんこく》におもむき、法《ほう》を慧可大師《えかだいし》につけき。これ東地《とうち》の、仏法伝来《ぶつぽうでんらい》のはじめなり。

とか、

如来《にょらい》むかし霊山会上《りょうぜんえじょう》にして、正法眼蔵涅槃妙心《しょうぼうげんぞうねはんみょうしん》、無上《むじょう》の大法《だいほう》をもて、ひとり迦葉尊者《かしょうそんじゃ》にのみ付法《ふほう》せし儀式《ぎしき》は（中略）、うたがふべきにたらず。

などと述べるように、釈尊が霊鷲山で摩訶迦葉に大法を伝授されたことが確実に信受されていることが知られる。

しかし、瑩山紹瑾《けいざんじょうきん》は『伝光録《でんこうろく》』第一章で、

多子塔前《たしとうまえ》にして、初《はじ》めて世尊《せそん》に値《あ》いたてまつる。世尊《せそん》、前来比丘《ぜんらいびく》とのたまうに、鬚髪《しはつ》すみやかに落《お》ち袈裟《けさ》体《からだ》に掛《か》かる。すなわち正法眼蔵《しょうぼうげんぞう》を以《もっ》て付嘱《ふしょく》し、十二頭陀行《じゅうにずだぎょう》を行《ぎょう》じて、十二時中《じゅうにじちゅう》虚《むな》しく過《す》ごさず。

と伝えていることには注目したい。

28 拝問《書簡》禅院こそが正法を正伝していると思うが如何か

拝問《はいもん》す。

「天下《てんか》に四箇《しこ》の寺院《じいん》有《あ》り、謂《いわ》ゆる禅院《ぜんいん》、教院《きょういん》、律院《りついん》、徒弟院《つちいん》なり。禅院《ぜんいん》は、仏祖《ぶっそ》の児孫《じそん》、嵩山《すうざん》の面壁《めんぺき》を単伝《たんでん》して功夫《くふう》す。正法眼蔵涅槃妙心《しょうぼうげんぞうねはんみょうしん》、這裏《しゃり》に留在《るざい》す。誠《まこと》に是《こ》れ如来《にょらい》の嫡嗣《ちゃくし》、仏法《ぶっぽう》の惣府《そうふ》なり。余《よ》は乃《すなわ》ち枝離《しり》なり。更《さら》に斉肩《せいけん》して対論《たいろん》すべからざるものか。教院《きょういん》は天台《てんだい》の教観《きょうかん》なり。智者禅師《ちしゃぜんじ》独《ひと》り南岳《なんがく》の思禅師《しぜんじ》の一子《いっし》となって、一心《いっしん》の三止三観《さんしさんかん》を稟承《ぼんじょう》し、法華三昧《ほっけざんまい》、旋陀羅尼《せんだらに》を得《え》たり。謂《いい》つべし、或従知識《わくじゅうちしき》、宛《あたか》も是《こ》れ或従経巻《わくじゅうきょうかん》なりと。道元《どうげん》、偏《あまね》く経論師《きょうろんじ》の見解《けんげ》を観《み》るに、一代《だい》の経律論《きょうりつろん》を解了《げりょう》すること、独《ひと》り智者禅師《ちしゃぜんじ》のみ最《もっと》も勝《すぐ》れたり。謂《いい》つべし、光前絶後《こうぜんぜつご》なりと。南岳思大和尚《なんがくしだいおしょう》は、法《ほう》を北斉《ほくせい》の慧聞《えもん》に稟《う》けるも、思大和尚《しだいおしょう》は、発心《ほっしん》して根本禅《こんぽんぜん》を触発《そくはつ》せり。慧聞禅《えもんぜん》師《じ》、当初《とうしょ》、背手《はいしゅ》して経《きょう》を探《さぐ》り、龍樹所造《りゅうじゅしょぞう》の中観論《ちゅうがんろん》を得《え》、初《はじ》めて一心三観《いっしんさんがん》を立《た》つ。爾《しか》してより以来《このかた》、天下《てんか》の教院《きょういん》の宗《むね》とする所《ところ》は、皆《み》な是《こ》れ天台《てんだい》の教《きょう》なり。慧聞禅師《えもんぜんじ》は中《ちゅう》観論《がんろん》に依《よ》ると雖《いえど》も、唯所造《ただしょぞう》の論文《ろんもん》を披《ひら》くのみにして、未《いま》だ能造《のうぞう》の龍樹《りゅうじゅ》に遇《あ》わず、亦《ま》た未《いま》だ曽《かつ》て龍樹《りゅうじゅ》の印可《いんか》をも蒙《こうむ》らざるなり。況《いわ》んや寺院《じいん》の規矩《きく》、伽藍屋舎《がらんおくしゃ》の用否《ようひ》の処《ところ》、咨訣《しけつ》未《いま》だ備《そな》わらざるをや。今《いま》、天下《てんか》の教院《きょういん》、或《ある》いは十六観《かん》の室《しつ》を構《かま》う。彼《か》の十六観《かん》というは無量寿経《むりょうじゅきょう》に出《い》ずるも、彼《か》の経《きょう》の真偽《しんぎ》未《いま》だ詳《つまび》らかならず。古今《ここん》の学者《がくしゃ》の疑《うたが》う所《ところ》なり。天台《てんだい》の一心三観《いっしんさんがん》、豈《あ》に西方《さいほう》の一十六観《かん》に等《ひと》しからんや。彼《かれ》は帯権《たいごん》の教《きょう》なり、是《これ》は顕実《けんじつ》の説《せつ》なり。天地懸隔《てんちけんかく》し水火相犯《すいかそうはん》す。想《おも》うに是《こ》れ大宋《だいそう》の学者《がくしゃ》、未《いま》だ天《てん》台《だい》の教観《きょうかん》を明《あき》らめず、猥《みだ》りに一十六観《かん》の帯権《たいごん》を用《もち》いるものか。明《あき》らかに知《し》る、教院《きょういん》は仏在世《ぶつざいせ》の寺儀《じぎ》を伝《つた》うべからずということを。天台已前《てんだいいぜん》の諸寺《しょじ》は、定《さだ》んで摩騰竺蘭《まとうじくらん》の所伝《しょでん》を伝《つた》えるか。律院《りついん》は南山《なんざん》の藍觴《らんしょう》なり。南山《なんざん》は未《いま》だ曽《かつ》て西乾《さいけん》の大邦《だいほう》に入《い》らず、纔《わず》かに東漸《とうぜん》の零文《れいもん》を披閲《ひえつ》するのみ。設《たと》い天人《てんにん》の伝説《でんせつ》を聞《き》けども、豈《あ》に賢聖《けんしょう》の親訓《しんくん》に如《し》かんや。所以《ゆえ》に今《いま》、律院《りついん》と称《しょう》する堂舎《どうしゃ》、殿屋《でんおく》、鱗次櫛連《りんじせつれん》の結構《けっこう》、学者《がくしゃ》・行人《ぎょうにん》多《おお》くこれを疑《うたが》う。今《いま》、禅院《ぜんいん》と称《しょう》するは、天下《てんか》の甲刹《かっせつ》、諸山《しょざん》の大寺《だいじ》なり。容衆《ようしゅう》千に余《あま》り、屋舎《おくしゃ》百に余《あま》る。前楼後閣《ぜんろうこうかく》、西廊東廡《せいろうとうぶ》、宛《あたか》も皇居《こうきょ》の如《ごと》し。此《こ》の儀《ぎ》、必《かなら》ず是《こ》れ仏祖《ぶっそ》の面《めん》授口説《じゅくぜつ》ならん。構《かま》うべきを構《かま》え、建《た》つべきを建《た》つ、豊屋為先《ほうおくいせん》なるべからざるものか。朝参暮請《ちょうさんぼしょう》、定《さだ》んで初祖《しょそ》の直指《じきし》たらむ、依文解義《えもんげぎ》の輩《ともがら》に比《ひ》すべからざるなり。是《こ》の儀《ぎ》を以《もっ》て正《せい》となすべきか。道元《どうげん》が疑《うたが》う所《ところ》は、我《が》仏世尊《ぶっせそん》の世間《せけん》に出現《しゅつげん》するや、必《かなら》ず古仏《こぶつ》の儀式《ぎしき》に依《よ》る。所以《ゆえ》に世尊《せそん》一日《じつ》阿難《あなん》に告《つ》ぐ、『汝《なんじ》すべからく七仏《ぶつ》の儀式《ぎしき》を須《もち》うべし』と。然《しか》れば則《すなわ》ち七仏《ぶつ》の法《ほう》は、乃《すなわ》ち是《こ》れ釈迦牟尼仏《しゃかむにぶつ》の法《ほう》なり。釈迦牟尼仏《しゃかむにぶつ》の法《ほう》は、乃《すなわ》ち七仏《ぶつ》の法《ほう》なり。爾《しか》りしより以降《いこう》、二十八伝《でん》して菩提達磨《ぼだいだるま》尊者《そんじゃ》に至《いた》る。尊《そん》者《じゃ》、親《した》しく震旦《しんたん》に到《いた》り、正法《しょうぼう》を正伝《しょうでん》し、迷情《めいじょう》を救済《きゅうさい》し、五伝《でん》して曹溪《そうけい》に至《いた》る。曹溪《そうけい》の二神足《じんそく》、青原《せいげん》と南岳《なんがく》の児孫《じそん》、今《いま》、善知識《ぜんちしき》と称《しょう》して、仏《ほとけ》に代《か》わって化《け》を揚《あ》ぐ。其《そ》の所住《しょじゅう》の処《ところ》の僧伽藍《そうがらん》は、仏法《ぶっぽう》の正嫡《しょうちゃく》たるべく、更《さら》に教律等《きょうりつとう》の寺院《じいん》に比論《ひろん》すべからざるものなり。譬《たと》えば国《くに》に二王無《おうな》きが如《ごと》きものか。

幸《さいわい》に慈照《じしょう》を乞《こ》いたてまつる。道元咨目百拝柱香《どうげんしもくひゃっぱいちゅうこう》して上覆《じょうふく》す。

堂上《どうじょう》　和尚大禅師尊前《おしょうだいぜんじそんぜん》」。

堂頭《どうちょう》　和尚慈誨《おしょうじげ》して曰《いわ》く。

「元子《げんす》が来書甚《らいしょはなは》だ是《ぜ》なり、説《と》き得《え》て是《ぜ》なり。往古《おうこ》には未《いま》だ教律禅院《きょうりつぜんいん》の閑名《かんめい》を聞《き》かず。今《いま》、三院《いん》と称《しょう》するは、便《すなわ》ち是《こ》れ末代《まつだい》の澆風《ぎょうふう》なり。王臣《おうじん》は仏法《ぶっぽう》を知《し》らざれば、乱《みだ》りに教僧《きょうそう》、律僧《りっそう》、禅僧等《ぜんそうとう》と称《しょう》し、寺院《じいん》に額《がく》を賜《たま》う時《とき》にも、亦《また》、律寺《りつじ》、教寺《きょうじ》、禅寺《ぜんじ》等《とう》の字《じ》を書《しょ》す。是《かく》の如《ごと》く展転《てんてん》して、天下《てんか》に今《いま》五輩《はい》の僧《そう》を見《み》る。所謂《いわゆる》、律僧《りっそう》は南山《なんざん》の遠《おん》孫《そん》なり、教僧《きょうそう》は天台《てんだい》の遠孫《おんそん》なり、輸伽僧《ゆがそう》は不空等《ふくうとう》の遠孫《おんそん》なり、徒弟僧《つちそう》は師資未詳《ししみしょう》なり、禅僧《ぜんそう》は達磨《だるま》の児孫《じそん》なり。憐《あわ》れむべし、末代《まつだい》の辺地《へんち》は是《かく》の如《ごと》きの輩《ともがら》を見《み》ることを。西天《さいてん》に五部《ぶ》有《あ》りと雖《いえど》も一仏法《ぶっぽう》なり。東地《とうち》の五僧《そう》は一仏法《ぶっぽう》ならざるが如《ごと》きなり。国《くに》に若《も》し明王《みょうおう》有《あ》らば、是《かく》の如《ごと》きの違乱《いらん》有《あ》るべからず。汝《なんじ》、当《まさ》に知《し》るべし、今禅院《いまぜんいん》と称《しょう》する寺院《じいん》の図様儀式《ずようぎしき》は、皆是《みなこ》れ祖師《そし》の親訓《しんくん》、正嫡《しょうちゃく》の直伝《じきでん》なり。所以《ゆえ》に七仏《ぶつ》の古儀《こぎ》は唯是《ただこ》れ禅院《ぜんいん》のみなり。禅院《ぜんいん》と称《しょう》するは乱称《らんしょう》なりと雖《いえど》も、今行《いまおこな》う所《ところ》の法儀《ほうぎ》は、実《じつ》に是《こ》れ仏祖《ぶっそ》の正伝《しょうでん》なり。然《しか》れば乃《すなわ》ち、吾《わ》が寺《てら》は本府《ほんぷ》なり。律《りつ》、教《きょう》は枝離《しり》なり。所以《ゆえ》に仏祖《ぶつそ》は是《こ》れ法王《ほうおう》なり。国主即位《こくしゆそくい》して天下《てんか》に王《おう》たれば、一切皆王《いつさいみなおう》に属《ぞく》するなり」。

〈語義〉

○四箇の寺院　四箇の寺院のうち、禅院、教院、律院については、拝問文中に道元の説明があるが、徒弟院の説明はない（次項参照）。○徒弟院　「つていん」ともいう。度弟院《とていいん》のこと。禅宗では、自分の得度させた弟子や派下のもののみが歴代住職する寺院をいう。如浄の慈誨には「徒弟僧は未だ師資詳《つまびら》かならず」とあるので、当時は嗣法をしていない僧の住する寺院を指したのであろう。諸方の善知識を住持させる諸刹に対する。○嵩山の面壁　菩提達磨が嵩山少林寺で面壁坐禅に徹したこと。○天台の教観　天台宗の教学は、教＝教理（実践を裏付ける教理を組織立てたもの）と観＝観法（実践修行）の相互資助を旨とする教観相資を根本とする。天台宗は、北斉（五五〇～五七七）時代の慧聞《えもん》（慧文とも。生没年不詳）→南岳慧思《なんがくえし》（五一五～五七七）→天台智顗《てんだいちぎ》（五三八～五九七）と伝えて成立した。○智者禅師　天台智顗のこと。中国天台宗の開祖とされる。が、慧聞→慧思→智顗と相承されるために中国天台宗の第三祖とされる。『法華玄義《ほっけげんぎ》』『法華文句《ほっけもんく》』『摩訶止観《まかしかん》』等の大著がある。○南岳の思禅師　南岳慧思のこと。中国天台宗第二祖、智顗の師。『随自意三昧《ずいじいざんまい》』『法《ほ》華経安楽行義《けきようあんらくぎようぎ》』等の著作がある。○一心の三止三観　一心は、心意識のはたらき。止は禅《ぜん》定《じよう》、観は智慧。三止は、①体真止（諸事象は因縁より起こるものであるから空であると悟り、すべての妄想を止める→空観に対する）、②方便随縁止（菩薩が空の理に止まり衆生を教化利益すること→仮観に対する）、③息二辺分別止（前の二止は真と俗の二辺に偏るので、それを離れて中諦《ちゅうたい》に止まる→中観に対する）。この三止に対して三観は、⑴空観（諸法の空諦《くうたい》を観ずる）、⑵仮観（諸法の仮諦《けたい》を観ずる）、⑶中観（諸法の中諦を観ずる）。それらはいずれも一心に集約されるので一心の三止三観という。空・仮・中の三諦は、慧聞が龍樹の『中論』より独学して悟り、弟子に伝えたといわれる。この観法は天台の諦観法として諸法実相の正観の基本理念として重要視されている。○法華三昧　天台宗において、『法華経』『普賢観経』に依って空・仮・中の三諦の理が一心の上に具現し、無明を息滅して自在となる行法《ぎょうほう》のこと。○旋陀羅尼　『法華経』「普賢菩薩勧発品《ふげんぼさつかんほっぽん》」に説く三陀羅尼のひとつで、凡夫が諸法に執着する姿を転換し自在な妙用《みょうゆう》を得させる陀羅尼のこと。陀羅尼とは、総持、能持とも訳し、善法を保持して悪法を生じさせない意をもつ。○或従知識・或従経巻あるいは参学の善知識に直接学び、あるいは経典を通して仏道を参学弁道すること。○北斉の慧聞　中国天台宗の初祖（慧文とも。六世紀頃の人、伝不詳）、慧思の師。習禅を専らにし『大智度論《だいちどろん》』を読み一心の三止三観（前頁参照）の妙理を悟り、『中論』により一心の空・仮・中の三諦の理を体得したといわれる。これにより天台の宗統が龍樹の教学に基づくことが知られる。○根本禅　貪・瞋・癡などの迷い（修惑《しゅわく》）を断って得る勝れた禅定の境地。根本定ともいう。○龍樹所造の中観論　龍樹は二〜三世紀のインドの人で、大乗経典の註釈を多く著し大乗仏教の教学体系を樹立、中観派の開祖、八宗の祖とされる。中観論は『中論』（四巻・龍樹著・鳩摩羅什《くまらじゅう》訳・『大正蔵』巻三〇）のこと。○十六観　『観無量寿《かんむりょうじゅ》経《きょう》』に説かれる極楽浄土に生まれるための十六種の観法のこと。①日想《にっそう》観・②水想《すいそう》観・③地《ち》想《そう》観・④宝樹《ほうじゅ》観・⑤宝池《ほうち》観・⑥宝楼《ほうろう》観・⑦華座《けざ》観・⑧像想《ぞうそう》観・⑨真身《しんじん》観・⑩観音《かんのん》観・⑪勢至《せいし》観・⑫普《ふ》観想《かんそう》観・⑬雑想《ぞうそう》観・⑭上輩《じょうはい》観・⑮中輩《ちゅうはい》観・⑯下輩《げはい》観。十六観の室とは、それらを行う専用の建物である十六観堂。日本には、元照流浄土教を伝えた俊芿《しゅんじょう》（一一六六～一二二七）が泉涌寺《せんにゅうじ》に十六観堂を建てている。○無量寿経　『観無量寿経』のこと。劉宋《りゅうそう》代の畺《きょう》良耶舎《りょうやしゃ》（三八三ごろ～四四二）の訳。浄土教では『大無量寿経《だいむりょうじゅきょう》』『阿弥陀経《あみだきょう》』と併せて浄土三部経とする。『観無量寿経』には原典も異訳もないため中国での偽経説がある。○帯権　権《かり》に設けた方便を含んだ教えのこと。天台の教相判釈《きょうそうはんじゃく》（教判のこと。釈尊一代の経典を形式内容によって位置づけ、自派の所依《しょえ》となる経典に基づいた教義的解釈）によると、真実は『法華経』によって初めて説かれたのであり、他の経典はすべて衆を導くための権の教えということになる。○顕実　『法華経』において、はじめて真実の教えが顕《あき》らかに説かれたこと。○南山　南山道宣《なんざんどうせん》（五九六～六六七）のこと。玄奘《げんじょう》の訳経に協力し、四分律宗を広め、南山律宗の祖となる。『四分律行事鈔《しぶんりつぎょうじしょう》』『続高僧伝《ぞくこうそうでん》』などの著書がある。宋代はほとんどこの宗のみが流行し、日本にも南山宗のみが伝わった。道宣が著した『道宣律師感通録《どうせんりつしかんつうろく》』によれば、その宗義は道宣が天人より聴いたと伝えられる。○藍觴　正しくは濫觴。物事のはじまりのこと。○西乾の大邦　インドのこと。○東漸の零文　東漸は中国に伝わったという意で、零文は断片的な文章。○鱗次櫛連　魚の鱗のようにつづきならび、櫛の歯のように連なる。建物の壮麗に建ち並ぶようす。○甲刹「かっさつ」ともいう。南宋から元初にかけて、官府によって五山十刹の下位に設けられた禅院の寺格。諸禅院のなかで甲（首位）たる刹（寺院）、また各州の甲たる禅刹をいう。○豊屋　大きく広く豊かで荘厳な建物のこと。禅宗寺院には、いたずらに荘厳な建造物はないというのである。禅宗の人びとは、古くは律院に居住し、禅院はなく、唐代の馬祖道一《ばそどういつ》の法嗣百丈懐海《ひゃくじょうえかい》が初めて禅院の規矩《きく》（『百丈清規《ひゃくじょうしんぎ》』）を制定し、禅院が律院教院から独立した。道元禅師も後に寺内の諸事は『百丈清規』に一如《いちにょ》すべしとする。○朝参暮請　弁道に励むこと。朝夕、師家に参じて親しく指導を受けること。『正法眼蔵』「重雲堂式《じゅううんどうしき》」巻に「坐禅は僧堂のごとくすべし、朝参暮請いささかもおこたることなかれ」とある。○依文解義　経典や語録の文字面だけをとらえて仏法を理解すること。○七仏　釈迦牟尼仏の出現までに現れた過去七仏のこと。毘婆尸《びばし》仏《ぶつ》・尸棄仏《しきぶつ》・毘舎浮仏《びしゃふぶつ》・拘留孫仏《くるそんぶつ》・拘那含牟尼仏《くなごんむにぶつ》・迦葉仏《かしょうぶつ》に釈迦牟尼仏を加えて七仏とする。仏法は釈尊以前からの無限の絶対的真実であることを示す。○震旦　古代インド人が中国をチーナスターナ（秦土の意味）と呼称した音訳、神丹・真胆などとも記す。漢土・唐土のこと。震旦の呼称は後漢までさかのぼる。○曹渓の二神足　六祖慧能の弟子である青《せい》原行思《げんぎょうし》（?〜七四〇）と南岳懐譲《なんがくえじょう》（六七七〜七四四）のこと。青原行思は弟子に石頭希遷《せきとうきせん》

（七〇〇〜七九〇）を出し、南岳懐譲は弟子に馬祖道一（七〇九〜七八八）を出し、青原下は曹洞宗、南岳下は臨済宗となり後世に栄える。栄西は南岳下、如浄は青原下の系統である。『正法眼蔵』「弁道話」巻に「ときに六祖に二位の神足あり。南岳の懐譲と青原の行思なり。ともに仏印を伝持して、おなじく人天の導師なり。その二派の流通するに、よく五門ひらけたり。いはゆる法眼宗、潙仰《いぎょう》宗、曹洞宗、雲門宗、臨済宗なり」とある。**○咨目**　咨はかる、慇懃にお伺い申し上げること。目は項目。道元が縷々《るる》述べた見解を項目として拝問する意。裴庾《はいゆ》が三体詩を作り、目上の人に見せるときに「咨目」と使ったという（〈解説〉参照）。**○五輩の僧**　教僧・律僧・禅僧・瑜伽《ゆが》僧（真言密教僧）・徒弟僧のこと。教僧は必ずしも天台僧に限らない。瑜伽僧は真言を瑜伽ともいい、大日経系統が瑜伽宗、金剛頂《こんごうちょう》経《きょう》系統が金剛頂宗ともいうので、瑜伽僧は両者を合わせた総称。**○不空**　不空金剛（七〇五〜七七四）。西域の人、中国唐代の密教僧・翻訳僧。真言付法の第六祖。幼少に長安で師である金剛智《こんごうち》（六七一〜七四一）について密教を学び、金剛智滅後は、インドに赴いて経典五百余部を持ち帰り、帰唐後『金剛頂経』など多数の密教経典を漢訳し、鳩摩羅什・真諦《しんだい》・玄奘とともに中国四大翻訳家と称される。安禄山《あんろくざん》の乱（七五五年）のとき、反賊鎮圧の法を修したり群凶撲滅の勧請道場を開いたりするなど、一貫して国家の安泰を祈ったゆえに玄《げん》宗《そう》・粛宗《しゅくそう》・代宗《だいそう》の三代の皇帝の信頼を得て、護国の宗教として密教を定着させる大きな役割を果たした。**○西天に五部有り**　迦葉《かしょう》・阿難《あなん》・末田地《までんじ》・商那和修《しょうなわしゅ》・優婆毱多《うばきくた》を異世の五師といい、仏滅後百年、付法蔵第五世優婆毱多のもとに五人の弟子があり、戒律に関して異見を抱き五派に分かれた。これを同世の五師とも五部ともいう。

〈現代語訳〉

書状をもって次のように拝問した。

「現在の中国には四種類の寺院、いわゆる禅院、教院、律院、徒弟院の四つがあります。禅院は、仏祖の児孫が、嵩山の達磨大師の面壁坐禅の法を単伝して伝えています。釈尊の正法眼蔵涅槃妙心（正伝の仏法の真実）は這裏《ここ》にこそあります。真に、これこそが釈尊の正統の嫡嗣であり、仏法の総府です。他の寺院はここから分かれた枝葉です。同列に論ずべきものではないと考えます。

教院は、天台の教観、理論と実践が伝えられ行われるところです。天台の智者大師は、その師南岳慧思禅師の一人の弟子として、一心の三止三観の法を稟《う》け承《つ》ぎ、法華三昧の真実の智慧を体得しました。これは、師について学ぶこと（或従知識）と経典から学ぶこと（或従経巻）、教えと修行とがまったく合致したというべきです。道元《わたくし》は、あまねく経や論の研究者の見解を観ましたが、釈尊一代に説かれた経律論を完全に理解しているという点では智者大師お一人だけがもっとも勝れ、これほどの人は空前絶後です。

智者大師の師である南岳慧思大和尚は、法を北斉の慧聞禅師から稟《う》けたのですが、発心して根本禅を感得しました。慧聞禅師はその最初、暗中模索して、龍樹が書かれた『中観論』を得て、そこから初めて一心三観の宗旨を立てたのです。それ以降、天下の教院が第一とするところは、みな天台の教えです。慧聞禅師の宗旨は『中観論』を根拠としますが、それは龍樹の『中観論』の論説のその文字づらを読んだだけで、その著者である龍樹その人に会ったわけではないので、龍樹から印可証明を受けたわけではありません。ですから、寺院の規矩、伽藍のなかの屋舎の建てかたや使用法はその要訣《ようけつ》が備わっているとは言えません。たとえば現今の教院では、十六観法を実習する部屋を構えていますが、その十六観というのは、浄土教の『観無量寿経』に出るものです。その経典そのものの真偽が不明で、古今の学者が疑問視しています。『観無量寿経』の教えは方便による教えであり、天台の教えは、真実を開示する教えです。両者の間は、天と地ほどに隔たり、水と火のように相反するものです。この混乱はおそらくは、大宋国の学者たちが、天台の教えと観法を明らかにせず、みだりに浄土十六観という方便を含む教えを用いているからです。この一事によっても、教院は仏在世の寺院の様式を伝えていないことが明らかです。天台宗が成立する以前に中国に建立された諸寺は、後漢の迦葉摩騰《かしようまとう》、竺法蘭《じくほうらん》らが伝えたインドの寺院の様式を伝えていたものでありましょう。

律院は南山道宣から始まります。しかし、道宣は西方の大インドに行ったことがなく、わずかに中国に伝えられた律文の断片を読んだにすぎません。たとえ道宣が天人の声を聞いたと言ってみたところで、三賢十聖という菩薩から親受した訓戒にはとても及びません。それゆえに、現今、律院と称する寺院の堂舎殿屋が、魚の鱗のようにあるいは櫛の歯のように壮麗に建ち並ぶその構築物については、学者も修行者も多くこれを疑問視しているのです。

現今、禅院と称するのは、天下の甲刹と呼ばれる大寺院、諸山の大寺です。収容する大衆は千人を超え、屋舎は百余棟、前後にそびえる楼閣、東西にめぐる回廊はまるで皇居のようです。ですが、この儀法（達磨の仏法）は必ず仏祖が面授し口伝されたものです。構築すべきものを構築し、建立すべきものを建立し、立派な建物を第一にしてはいけないのです。朝夕の参禅、請益《しんえき》（弟子が師に教えを請うこと）は、初祖達磨大師が直々に指示されたそのままです。ですから、文字づらのみによって仏法の義理真実を臆測して理解する輩《やから》とは比すべきものではありません。この儀法こそが正しいとすべきです。

道元《わたくし》が信ずるところは、わが釈尊がこの世に出現されたのは、必ず古仏の儀式に依られたということです。それゆえに、釈尊は、一日《あるひ》、阿難に「汝は七仏の儀式に依るべし」と告げたと思っています。ですから、七仏の法はそのまま釈迦牟尼仏の法であり、釈迦牟尼仏の法はそのまま七仏の法となります。釈迦牟尼仏が出現して七仏の法を用いられて以降、インドで二十八伝して菩提達磨尊者に至り、尊者はみずから震旦《ちゅうごく》に来られて正法を正伝し、迷える人びとを救済され、その法は達磨大師から五伝して曹渓山大鑑慧能禅師に至りました。大鑑禅師のお二人の高弟、青原行思禅師と南岳懐譲禅師の児孫たちが、現在天下の善知識と称して、仏に代わって化導しています。それらの人の住持している伽藍は、仏法の正嫡であり、教院、律院などの寺院と比較して論ずるべきではありません。たとえば、一国に二人の国王がいないようなものです。

以上についてご慈悲によるご照覧をこうむりますよう、道元《わたくし》は、百拝し、香を焚き申し上げるしだいです。

堂頭和尚大禅師尊前」。

堂頭の如浄は書状で次のように慈誨された。

「道元よ、君の書状に説いていることはきわめて正しい。昔は、教院・律院・禅院といった名はなかったのだ。今、教・律・禅の三院というのは末世の弊風である。王やその臣下の役人も仏法を知らずに、みだりに教僧・律僧・禅僧などといって、寺院に額を下賜《かし》する際にも、また律寺・教寺・禅寺などの文字を書いているのだ。このようにして弊習が広がり伝わり、いまや天下に五種類の僧があることになっているのだ。

それゆえ律僧は、南山道宣の遠孫、教僧は天台智者大師の遠孫、瑜伽僧は不空金剛などの遠孫、徒弟僧は師資の関係が未詳なものであり、禅僧は達磨大師の児孫であるなどと言っている。末代の世に、仏出世の地から遠いこの辺地で、仏弟子にこのような区別を見るということは、真に憐れむべきことなのだ。インドには五部の別があるとはいうが、それでもあくまでも一つの仏法である。中国には五僧などと称してまるで一つの仏法ではないようである。一国に賢明な王がいれば、このような混乱はあるはずがない。道元よ、君は、現在、禅院と称する寺院の配置や構造や儀式は、皆すべて祖師が親しく訓戒されたところであり、正統に直伝されたものであり、それゆえにこそ、七仏の古儀はただ禅院にのみ伝わっていることを、よくよく知らねばならない。禅院という呼称は乱れた呼び名で誤ってはいるが、いま、禅院で行われている法儀は、実にこれこそが仏祖の正伝なのである。であるからこそ、われわれの寺院こそが仏法の本府（総府）なのである。律院・教院はその枝分かれをしたものにすぎない。ゆえに仏祖こそは法王なのである。国主が即位して天下に王となれば、一切がみな王に属するのと同様なのである」。

〈解説〉

この拝問は、道元の書面によるものである。『宝慶記』のなかでは、書面による拝問は、最初の「如浄禅師への随時参問を願う奉呈文」と本拝問のみである。なぜ、書面にしたのかは、本文によるかぎり、如浄に嗣続されていた正伝の仏法への確信と、それをいかに自分の仏法へと昇華し、それを嗣続し、どのように展開するかを考えていたからだと思われる。基盤となる現実に存在する禅の寺院を禅宗と呼称するのは、不真義であるが、それこそが仏法の本府（総府）である、とするその根幹への確信などが文面からはうかがわれる。この道元の意図するところ、その内容は短い拝問の時間内ではその意を尽くしきれないと思われたのであろうし、そこに示された道元自身の観点が正鵠を射たものであるのか否か、ぜひとも如浄に判じてもらいたかったのではなかったか、と察する。

道元はそれを「咨目《しもく》」として表現し拝問としたのである。「咨目」という語句は、「咨」「目」個々の字は検索しえても、日中の古今の漢和辞典の類には経眼できない熟語である。が、江戸期の宗学者面山瑞方《めんざんずいほう》（一六八三〜一七六九）講義、斧山玄鈯《ふざんげんとつ》（?〜一七六九）筆記の『宝慶記聞解』に、「咨ははかる、目は項目・条目のことで、咨は慇懃に人に進言すること。咨は諮とも書く」とあり、「裴庾《はいゆ》が『増註唐賢絶句三体詩法《ぞうちゅうとうけんぜっくさんたいしほう》』を撰したとき、自分より目上の人に見せることを咨目と使った」とあるので、いまはその註釈にしたがう。つまり咨目とは、項目仕立てにしてお伺い申し上げる意味であり、咨目の文字が、文面の最後にあるからといって、以下の項目を略しているという意味ではなく、また道元の「贈蘭渓道隆書状《ぞうらんけいどうりゅうしょじょう》」（『曹洞宗全書』宗源・下）に「道元咨目悚息《どうげんしもくしょうそく》」、終わりに「比丘道元悚息咨目《びくどうげんしょうそくしもく》」とあるので、書簡に用いられた慣用句ではないかという説もあるが、この拝問28には「咨目百拝」とあり、慈誨33にも「咨目百拝」とあるので、道元が縷々述べた見解を項目として拝問いたします、の意であろう。なお、「悚息《しょうそく》」とは「おそれひっそりとする」意で謙譲の語である。では、その咨目とは何であったのか、これは、後に道元の正伝の仏法が宋朝禅とは一線を画する確信となり基盤ともなる見解であるので整理しておく必要があろうかと思う。

道元は次のように拝問した。いま、現代、中国には、禅院・教院・律院・徒弟院の四種類があるが、禅院のみ、仏祖の児孫が達磨の仏法を単伝し、正法眼蔵涅槃妙心の真実は、ここにのみ伝わり、この禅院こそが仏法の総府であり、他の寺院は、その枝葉であって、同等に論ずべきではないが、以下に整理する。

①教院は、天台の教観、つまり理論と実践を行ずる場であり、その一心三観は龍樹の『中論』(中観論)に依拠したものである。が、その宗旨は龍樹その人から直接受けたものではないゆえに、教学上の問題、境内地の建物の活用法は口伝としても正確に伝わっていない。とくに、天台では一念三千、一心三観といって空・仮・中の三止三観をたてながら、西方浄土を欣求《ごんぐ》する十六観、つまり極楽浄土を求める権《かり》の方便を同列にしているのであるから、天台はその宗旨の真偽も明らかにできず、仏法の伝統を守っているとは言えない。

②律院は、四分律による戒法を宣揚した道宣を祖とする。彼は学・行ともに勝れた人物ではあるが、律院で説かれる宗旨は、インドに行き直接学んだものではなく、東漸した断簡に学び、道宣自身が天人より聴いたことに基づくゆえに、釈尊以来の伝統を直接伝えてきている賢聖たちの真実の親訓にとても及ばない。したがって、鱗次櫛連する壮麗な建物は、いったい何のための建物かと、学者も修行者もその存在を疑問視している。

③禅宗は、天下の大寺で、修行者は千人余り、建物は百を超え、前楼後閣、西廊東廡が立ち並ぶが、それらはすべて構うべきを構え、建つべきものを建てていて華麗華美を競ったも

のではない。朝参暮請も菩提達磨の直指であり、文字づらを追って義を立てる輩と比較すべきものではない。

④釈尊の教えは、古仏の七仏の儀式にのっとった教えであり、その正伝の仏法は二十八伝して達磨にいたり、さらに五伝して慧能にいたり、その二神足、青原・南岳の児孫たちが、いま、善知識として仏に代わって迷えるものを救っているゆえに、その寺院こそが仏法の正統であり、他の教律などの寺院とは比較することができない。

道元による正伝の仏法の正統性の主張に対して、如浄は、道元の主張を、現今、教・律・禅と区別するのは末世の弊風である。インドでは五部の別があるが、あくまでも一仏法である。そもそも禅宗という呼称も末世の呼びかただが、いま、禅院で行われている仏法の儀式のみが仏祖正伝のものであり、それであるからこそ、われわれの寺院こそが仏法の本府・総府であると慈誨したのである。この確信こそが、後の道元の宋朝禅批判へと展開する基盤のひとつともなったのである。

宋代というのは、西暦の九六〇年から一二七九年に至る三百十九年間をいう。宋朝禅というのは、とくに南宋（一一二七〜一二七九）時代以降の禅のことを指し、この時代に隆盛をきわめていたのが雲門宗と臨済宗で、南宋では臨済宗、とくに楊岐《ようぎ》派が広く展開していた。つまり、道元の入宋《にっそう》時代は「現在大宋国には臨済宗のみ天下にあまねき」時代で、曹洞宗などは微々たる存在であった。そのなかにあって、宏智古仏、本師如浄古仏は臨済・曹洞両派にあって際だった存在で、如浄は、二三百年来、仏法はすたれ魔党畜生のみが多いと、南宋禅において正伝の仏法の純粋性が退化している状態を慨嘆しているのである。

ちなみに、後の道元の批判の対象となった宋朝禅の主な点を挙げると、

①宋朝禅は、「禅宗」と誇称して五家七宗の分派を当然とした宗派である。

②教外別伝・不立文字を標榜し経典・教学を軽視する。

③公案に頼る看話見性を主とした待悟禅である。

④自証自悟を尊び参師聞法を軽視する。

⑤坐禅観は息慮凝寂《ぎょうじゃく》・胸襟無事に終始する。

⑥臨済の四科簡、洞山の五位などにより教相化を謀り機関禅に堕する。

⑦竹頭接木のような意味のない語句を乱用して、実のない体験の世界を語る。

⑧儒・道・仏の三教を一致とみている。

個々に挙げると枚挙にいとまがないが、それらの事象を如浄は見抜いていたからこそ「魔党畜生」などと激しい言葉で批判するのである。後の道元の宋朝禅批判は、もちろんこの如浄禅師にならうものであるが、その主張は、如浄よりも過激で詳細を究める。しかし、それは、あくまでも宗派的意識によるものではなく、正伝の仏法への邪解の破却と是正であり、一仏法としての真実純粋なる正伝の仏法への回帰の指標なのである。

29 慈誨 只管打坐こそが六蓋を除く

堂頭《どうちよう》和尚慈誨《おしようじげ》して曰《いわ》く。

「仏祖《ぶつそ》の児孫《じそん》は、先《ま》ず五蓋《がい》を除《のぞ》き、後《のち》に六蓋《がい》を除《のぞ》く。五蓋《がい》に無明蓋《むみようがい》を加《くわ》えて六蓋《がい》と為《な》すなり。唯《ただ》、無明蓋《むみようがい》のみを除《のぞ》くも、即《すなわ》ち五蓋《がい》を除《のぞ》くなり。五蓋《がい》は離《はな》るると雖《いえど》も、無明蓋《むみようがい》を未《いま》だ離《はな》れざれば、未《いま》だ仏祖《ぶつそ》の修証《しゆしよう》に到《いた》らざるなり」と。

道元《どうげん》、便《すなわ》ち礼拝拝謝《らいはいはいしや》し、叉手《しやしゆ》して白《もう》さく。

「前来《ぜんらい》、未《いま》だ今日《こんにち》の和尚《おしよう》の指示《しじ》を聞《き》かず。這裏《しやり》、箇々《ここ》の老宿《ろうしゆく》、耆年《ぎねん》、雲水兄弟《うんすいひんでい》都《すべ》て知《し》らず。又《また》、曽《かつ》て説《と》かず。今日多幸《こんにちたこう》にも、特《とく》に和尚《おしよう》の大慈大悲《だいずだいひ》を蒙《こうむ》り、忽《たちま》ちに未《いま》だ嘗《かつ》て聞《き》かざる処《ところ》を蒙《こうむ》るは宿殖《しゆくじき》の幸《さいわ》いなり。但《ただ》、五蓋《がい》・六蓋《がい》を除《のぞ》くに、其《そ》の秘術《ひじゆつ》有《あ》りや無《な》きや」。

和尚微笑《おしようみしよう》して曰《いわ》く。

「儞《なんじ》、向来《こうらい》、作功夫《さくふう》して甚麼《なに》をか作《な》す。這箇《しやこ》、便《すなわ》ち是《こ》れ六蓋《がい》を離《はな》るる法《ほう》なり。仏々《ぶつぶつ》祖々《そそ》は階級《かいきゅう》を待《ま》たず、直指《じきし》単伝《たんでん》して五蓋《がい》六蓋《がい》を離《はな》れ、五欲等《よくとう》を呵《か》するなり。祇管打《しかんた》坐《ざ》の作《さ》功夫《くふう》、身心脱落《しんじんだつらく》し来《きた》る、乃《すなわ》ち五蓋《がい》五欲等《よくとう》を離《はな》るるの術《じゅつ》なり。此《こ》の外《ほか》、都《すべ》て別《べつ》事無《じな》し、渾《まった》く一箇事無《こじな》し。豈《あに》、二に落《お》ち三に落《お》つる者有《ものあ》らんや」。

〈語義〉

○五蓋　蓋は覆う意で煩悩のこと。貪欲《とんよく》蓋（官能の欲のむさぼり）・瞋恚《しんに》蓋（いかり）・睡眠蓋（心が不活発で沈み眠くなること）・掉悔《じょうけ》蓋（心がざわつき後悔の念を起こすこと）・疑蓋（因果の道理を疑うこと）のこと。五欲（肉体の五感の対象である色〔物質〕・声・香・味・触の五境〔五塵〕に心を奪われて起こる五種の欲望）も五蓋も人間の本質的欲望である。五蓋については、先の示誨15（一〇八頁）も参照。**○無明蓋**　無明は、根本的な無知のこと。十二因縁の第一。煩悩の根源に無知でくらいこと。煩悩の根源について無知なことは五蓋の根本に無知なことになる。五蓋の根源的障り。**○仏祖の修証**　仏祖は仏即祖、祖即仏のことで、古仏・古聖・古徳。力量の卓越した禅僧をいう。修証は、普通には修は身を修めること、因。証は心をさとること、果。身修心証、修因証果とされる。が、この場合は、修行そのものが証の具現であるとする只管打坐の真髄のことを意味している。道元は後に只管打坐の立場を修証不二・本証妙修として展開する。**○拝謝**　師匠や目上の人から教誨をいただき、合掌低頭し礼拝感謝すること。**○老宿、耆年**　老宿は老尊宿の意で長く叢林にあって修行した有徳の老師の尊称。耆年の者は老人を指し六十歳または七十歳以上をいう。○**宿殖**　宿世つまり前世・過去世において積んだ善根、善き因縁。○**向来**　いままでの、これまでの、さきほどの。○**作功夫**　功夫を作すこと。功夫は修行に努力精進すること。また坐禅弁道に徹底的に精進すること。○**甚麼**　恁麼・什麼に同じ。なんの、どのような。この語句の訓読は、ふつう「なに」と振られるが、ときには、「じんも」「じゅうも」と振られることがある。○**階級を待たず**　階級は凡聖・迷悟などの区別や相対的な世界のこと。上座部（小乗）仏教では修行について一般的に五十二位の階級が必要とするが、それは教家の説で、禅家は修行の段階を一足飛びに飛び越え、ただちに仏の位を証する（一超直入如来地）とし、これが、直指人心、見性成仏を単伝するものとした。○**直指単伝**　直指は喩えや因縁などの方便を用いず、文字言句や教説によらず直截的に、師匠から弟子に指し示すこと。単伝は、仏祖から仏祖に相承された仏法を純粋に相伝すること。禅門のありようを端的に表した語句。○**身心脱落**　道元の大悟徹底の機縁の言葉であるが、これについては示誨15の〈語義〉ならびに〈解説〉に詳述したので参照されたい。

〈現代語訳〉

堂頭天童如浄は慈誨して言われた。

「仏祖の児孫は、まず五蓋（貪欲・瞋恚・睡眠・掉悔・疑の煩悩の五つの障り）を除いて、その後、六蓋を除くのである。五蓋に無明蓋（煩悩の根源についての無知なる障り）を加えて六蓋とする。ゆえにただ、無明蓋だけを除いても、それが五蓋を除くことになる。五蓋を離れたといっても、まだ無明蓋を離れないならば、仏祖の真実の修行とさとりには到っていないのである」。

道元《わたくし》は、ただちに礼拝し合掌低頭し感謝し叉手して申し上げた。

「これまで、今日のようなご指示はまったく聞いたことがありません。ですから、ここにおられる老尊宿がたも、また修行僧たちもまったく知りませんし、そのような話をしたこともありません。今日、幸いにも和尚様の大慈大悲を蒙り、これまで聞いたことのない真実を聞かせていただいたのは、前世の因縁による幸いであります。ところで、五蓋・六蓋を除くにあたり、そのための秘術がございますか、いかがでしょうか」。

和尚は微笑んで言われた。

「儞《きみ》が、これまで懸命に坐禅し功夫してきたのは、いったい何をしてきたのか。それこそが六蓋を離れる法ではないか。仏々祖々は、何人《なんぴと》に対しても修行に段階を設けたりせず、教説や方便に依らず、直截的に真実そのものを示して、五蓋・六蓋を離れ、五欲等を離れよと激しく示しているのである。只管打坐に精進し身心脱落することが、そのまま五蓋・五欲等を離れる妙術である。このほかまったく別のことはない。只管打坐、それ以外には何一つとしてない。第二、第三の方法などはない」。

〈解説〉

如浄は先の示誨15（一〇六頁参照）では五蓋について慈誨している。が、ここでは五蓋に無明蓋を加えて「仏祖の児孫は、先ず五蓋を除き、後に六蓋を除く。五蓋に無明蓋を加えて六蓋と為す」と慈誨している。

この慈誨は、示誨15の五蓋を補足して「五蓋に無明蓋を加えて六蓋と為す」と示しているが、六蓋という基本的概念分類があるわけではなく、五蓋の根本には当然のことながら無明があるゆえに、その点から五蓋の根源の無明を加えて六蓋と示したのであろう。無明、つまり、煩悩の根源について無知なことは五蓋の根本に無知なことになる。したがって、五蓋を除き得れば、無明を除き得ることになるし、無明を除き得なければ、当然五蓋も除き得ないことになる。ゆえに、この一蓋でも除けば即ち五蓋を除くことになる。この慈誨に対して道元は「いままで、その説を聞いたことがない。尊宿にも雲水にも聞いたことがないから、それについて話したこともない」としている。道元は、如浄がいままで示したことのなかった指示に感激し拝謝した上で「五蓋・六蓋を除く秘術があるか」と拝問すると、「仏祖は階級を待たず」と慈誨している。これは、当時の禅界には、教家でいう、修行に階級、つまり五十二位の段階があることに基づいて修行がなされていたことがいみじくも示されている。そして、如浄は「只管打坐の作功夫、身心脱落し来る。この外に別事無し」と、そのような教家の教説によらず、直指単伝によって五蓋・六蓋を除くと示した。文字言句や教説によらず、喩えや因縁などの方便を用いず、直截的に、師匠から弟子に、仏祖から仏祖に相承された仏法を純粋に相伝すること、そして只管打坐して身心脱落することこそが、五蓋・六蓋を除く秘術である、それこそが仏祖の修証なのである、と慈誨したのである。道元は、如浄の、只管打坐の真髄を端的にあらわした真実の言葉の一閃に、正伝の仏法の嗣続への確信、否、自身の仏法の確立とその仏法を嗣続する魂の昂ぶりを体得したのである。

30　拝問　華美な法衣を着けないのはなぜか

拝問《はいもん》す。「和尚《おしょう》、住院《じゅういん》より已来《このかた》、曽《かつ》て法衣《ほうえ》を搭《たっ》せざる意旨《いし》如何《いかん》」。

和尚《おしょう》慈誨《じけ》して曰《いわ》く。

「吾《われ》、長老《ちょうろう》と做《な》りてより後《のち》、曽《かつ》て法衣《ほうえ》を著《つ》けざるなり。蓋《けだ》し乃《すなわ》ち倹約《けんやく》なり。仏《ほとけ》及《およ》び弟子《でし》は、糞掃《ふんぞう》の衲衣《のうえ》を著《つ》けんと欲《ほっ》し、糞掃《ふんぞう》の鉢盂《はつう》を用《もち》いんと欲《ほっ》したまうなり」。

道元《どうげん》、又白《またもう》さく。

「諸方《しょほう》の法衣《ほうえ》を著《つ》くるは、既《すで》に倹約《けんやく》に非《あら》ず、猶《なお》、少貪《しょうとん》に滞《とどこお》るがごとし。但《ただ》、宏智《わんし》古仏《こぶつ》の法衣《ほうえ》を著《つ》けしが如《ごと》きは、倹約《けんやく》に非《あら》ずと言《い》うべからざるなり」。

　和尚慈誨《おしょうじげ》して曰《いわ》く。

「宏智古仏《わんしこぶつ》の法衣《ほうえ》を著《つ》けしは、乃《すなわ》ち倹約《けんやく》なり。又《また》、是《こ》れ有道《うどう》なり。儞《なんじ》が郷里日本国《きょうりにほんこく》裏にては、儞《なんじ》が法衣《ほうえ》を著《つ》けんこと、妨《さまた》げ無《な》し。我《わ》が這裏《しゃり》にて我《われ》の法衣《ほうえ》を著《つ》けざるは、是《こ》れ諸方《しょほう》の長老《ちょうろう》の衣《ころも》を貪《むさぼ》るの弊《へい》に同《どう》ぜざらんが為《ため》なり」。


〈語義〉
○法衣　現今では、編衫《へんざん》・裙子《くんす》・直綴《じきとつ》など僧が着用する衣服のことをいうが、法衣の本来の意味は①僧伽梨衣《そうぎゃりえ》（大衣・九条）②欝多羅僧衣《うったらそうえ》（上衣・七条）、③安陀衣《あんだえ》（下衣・五条）の三種の袈裟のこと。三衣のうちの僧伽梨衣を法衣という場合もあるが、この場合は華美な袈裟のこと（慈誨25・26 一四九・一五一頁参照）。○倹約　無駄を省き費用を切り詰めることだが、『宝慶記聞解』は『法苑珠林《ほうおんじゅりん》』の「倹約篇」を引き、「少欲喜足」こそが倹約であるとしている（〈解説〉参照）。○糞掃の衲衣　とくに禅僧が衲衣を着けていたところから、禅僧を衲僧《のうそう》という（慈誨26参照）。○糞掃の鉢盂　毀れて棄てられた鉢盂。人の執着のなくなった鉢盂のこと。○宏智古仏　宏智正覚《わんししょうがく》（一〇九一～一一五七）。十一歳で得度、枯《こ》木法《ぼくほう》成《じょう》（一〇七一～一一二八）の指示により丹霞子淳《たんかしじゅん》（一〇六四～一一一七）に謁し、十八歳より諸方に遊歴し、丹霞に執侍すること多年にしてその法を嗣ぐ。三十九歳（一一二九）で天童山の住職となり、以後三十年近く正伝の仏法を挙揚し、天童山の伽藍や規矩を整えたゆえに天童中興の祖とされる。その禅風は公案を用いない黙照禅で、大慧宗杲《だいえそうこう》（一〇八九〜一一六三）の看話《かんな》禅（公案禅）の打破に努め、ひたすらに坐禅することを主張した。文辞に巧みで雪竇《せっちょう》と並んで孔門の游・夏、詩壇の李・杜に比せられ、禅門においては大慧宗杲とともに二大甘露門とされる。宏智の百則の頌古《じゅこ》は万松行秀《ばんしょうぎょうしゅう》（一一六六〜一二四六）の評唱とともに『従容録《しょうようろく》』として知られる。その『宏智《わんし》録《ろく》』は道元もその語をたびたび引くように、日本曹洞禅に大きな影響を与えた。道元が古仏と呼称するのは、「古仏の道を参学するは、古仏の道を証するなり」（『正法眼蔵』「古仏心」巻）として六世歴代祖師を古仏とする。が、古仏として具体名を挙げるのは、薬山、香厳、長沙、黄檗、光宅、圜悟等そして宏智・如浄に限られる。

〈現代語訳〉

次のように拝問した。

「住職されてから、法衣をお搭《か》けにならないのは、なぜなのですか」。

堂頭如浄は慈誨して言われた。

「私は住持となってから後、法衣を着けたことがない。それはまさしく倹約の精神に基づくからである。仏とその弟子は、糞掃の袈裟を着け、糞掃の応量器を用いたではないか」。

私は、さらに拝問した。

「諸方の住持がたが法衣を着けるのは、まったく倹約ではありません。少しばかり貪欲の心がうかがえます。ただ、宏智古仏が法衣を着けていたのは、倹約を心得ていなかったとは言えないと思いますが……」。

如浄は慈誨して言われた。

「宏智古仏が法衣をお着けになったのは、それこそ倹約の精神を心得た上でのことであり、また道心があってのことである。汝が、郷里の日本国において法衣を着けることは一向に構わない。私が天童山で法衣を着けないのは、華美で贅沢な荘厳衣を貪る弊風に染まっている非義な諸方の住持たちとは一線を画すためである」。


〈解説〉

先に、如浄は、自身が法衣を着けない理由として慈誨26で、「如浄《わたし》は住職となって以来、華美な袈裟を着けたことがない。最近、長老とはいえない名ばかりの長老たちが、派手な袈裟を着けて修行僧に接しているのは何の根拠もない」とし、その実体を「長老の儀に非ざる長老は、只管に法衣を著けて衆に随うも実証無きが如し」と示した。つまり、「非義の長老たちが、華美な袈裟を着けて接化しているが、仏法を正しく確実に伝えているようには見えない。それゆえにこそ、如浄《わたし》はけっしてそうした華美な法衣を着けない」として、釈尊一代の浄行を示していた。その慈誨からは、如浄の法衣を着けない理由が瞥見されはした。が、今回の慈誨で、如浄は先の慈誨に示した「非義の長老たちに実証のない」その実体を「倹約」という言葉で集約し、ここでは、「我が這裏にて我の法衣を著けざるは、是れ諸方の長老の衣を貪るの弊に同ぜざらんが為なり」と判然と言明している。それは、まさに華美な荘厳衣を貪る非義なる弊風に染まっている格好ばかりの諸方の住持たちとは、如浄《わたし》は一線を画す、という様相をより鮮明に示したのである。

それでは、「倹約」とは何か。もちろん、字義どおりでは、無駄を省き節約することである。が、その真意は、『宝慶記聞解』が『法苑珠林《ほうおんじゅりん》』の「倹約篇」を引くように、迦葉尊者の「少欲喜足」の頭陀行、薄矩羅《はくら》の浄戒行、さらに「乞食来已八十年」そして「我、結跏趺坐八十年、未だ曽て倚壁倚樹せず」など、確たる仏法の実践行に生きる僧侶たちの記載事項を参照すると、頭陀行の「少欲喜足」の精神をもって、仏道に邁進しそれを実践することであることが知られる。したがって、この慈誨は、如浄の正伝の仏法を、その倹約の精神をもって嗣続する気概の真骨頂が懇切に如実に示された慈誨ということになる。それゆえにこそ、道元は「儞が郷里日本国裏にては、儞が法衣を著けんこと、妨げ無し」と慈誨されても、『建撕記』に「永平谷浅《えいへいたにあさ》しと雖《いえど》も、勅命重《ちょくめいおも》きこと重　々《じゅうじゅう》、却《かえ》って猿鶴《えんかく》に笑《わら》わる、紫衣《しえ》の一老翁《ろうそう》」（『曹洞宗全書』史伝・下）と頌して生涯法衣を着けない報恩の行に徹したのである。

31　示誨　仏祖の身心脱落は柔軟心《にゆうなんしん》である

和尚或《おしようあ》る時示《ときしめ》して曰《いわ》く。

「羅漢《らかん》、支仏《しぶつ》の坐禅《ざぜん》は、著味《じやくみ》せずと雖《いえど》も、大悲《だいひ》を闕《か》く。故《ゆえ》に仏祖《ぶつそ》の大悲《だいひ》を先《さき》と為《な》し、誓《ちか》って一切衆生《いつさいしゆじよう》を度《わた》さんとする坐禅《ざぜん》に同《おな》じからざるなり。西天《さいてん》の外道《げどう》も亦《ま》た坐《ざ》禅《ぜん》するなり。然《しか》りと雖《いえど》も、外道《げどう》には必《かなら》ず三患《かんあ》有り。謂《いわ》く著味《じやくみ》、謂《いわ》く邪見《じやけん》、謂《いわ》く憍慢《きようまん》なり。所以《ゆえ》に、永《なが》く仏祖《ぶつそ》の坐禅《ざぜん》に異《こと》なる。又《また》、声聞《しようもん》の中《なか》にも亦《ま》た坐禅《ざぜんあ》有り。然《しか》りと雖《いえど》も、声聞《しようもん》は慈悲《じひ》乃《すなわ》ち薄《うす》し。諸方《しよほう》の中《なか》に於《お》て、利智《りち》を以《もつ》ては必《かなら》ずしも諸法実相《しよほうじつそう》に通《つう》ぜず。独《ひと》り自身《じしん》をのみ善《よ》くし、諸仏《しよぶつ》の種《たね》を断《だん》ず。所以《ゆえ》に永《なが》く仏祖《ぶつそ》の坐禅《ざぜん》に異《こと》なるなり。仏祖《ぶつそ》の坐禅《ざぜん》と謂うは、初発心《しよほつしん》より、一切諸仏《いつさいしよぶつ》の法《ほう》を集《あつ》めんことを願《ねが》う。故《ゆえ》に、坐禅《ざぜん》の中《なか》に於《おい》て衆生《しゆじよう》を忘《わす》れず、衆生《しゆじよう》を捨《す》てず、乃至《ないし》、蜫虫《こんちゆう》にも、常《つね》に慈念《じねん》を給《たま》い、誓《ちか》って済度《さいど》を願《ねが》い、有《あら》ゆる功徳《くどく》を一切《いつさい》に廻向《えこう》す。是《こ》の故《ゆえ》に、仏祖《ぶつそ》は常《つね》に欲界《よつかい》に在《あ》って坐禅弁道《ざぜんべんどう》す。欲界《よつかい》の中《なか》に於《おい》ても、唯《ただ》、瞻部洲《せんぶしゆう》のみ最《もつと》も因縁《いんねん》となす。世々《せせ》に諸《もろもろ》の功徳《くどく》を修《しゅ》して、心《しん》の柔軟《にゅうなん》なることを得《う》ればなり」。

道元《どうげん》拝《はい》して白《もう》す。

「作麼生《そもさん》か是《こ》れ心《しん》の柔軟《にゅうなん》なるを得《え》ん」。

和尚《おしょう》示《しめ》す。

「仏々祖々《ぶつぶつそそ》の身心脱落《しんじんだつらく》を弁肯《べんこう》する、乃《すなわ》ち柔軟心《にゅうなんしん》なり。這箇《しゃこ》を喚《よ》んで仏祖《ぶつそ》の心印《しんいん》と作《な》すなり」。

道元《どうげん》礼拝《らいはい》六拝《はい》す。


〈語義〉
○羅漢　梵語の中国音写語「阿羅漢」の略語。羅漢は、釈尊の説法により修行の目的を達した場合の名で、この場合は「声聞」を指す。また、羅漢は生死を離れ一切の煩悩を断ち、永遠なる仏法の厳しい求道者、仏法の護持者、人びとの救済者として仏道修行者の最高段階にある人もいう。○支仏　梵語の中国音写語「辟支仏《びゃくしぶつ》」の略語。支仏は、他の教えに依らず、無師独悟するところから「独覚」ともいい、またみずから十二因縁、縁起の法を観じたり、天地自然の変化によって悟りを開くことから「縁覚」ともいう。○著味　禅定の境涯にとらわれること。○大悲　衆生の苦を救済する仏菩薩の大慈悲心のこと。凡夫・声聞の慈悲は単に悲といい、仏菩薩の慈悲を大悲または大慈大悲という。○**三患**　著味・邪見・憍慢のこと。著味は前項で説明した。邪見は因果を無視し道理に背いた見解。憍慢の憍はおごる、慢はあなどる、自らを尊大視し他を軽蔑すること。○**利智**　鋭利で怜悧な智慧。○**諸法実相**　諸法は、この世のありとあらゆるすべての存在の真実のあり方。実相は、そのすべての存在のありのままの相《すがた》をいう。この世のすべてのありさまがそのまま真実のあるべきすがたであること。○**初発心**　菩提を求める心を初めて発すこと。『正法眼蔵』「説心説性」巻に「仏道は初発心のときも仏道なり、成正覚《じょうしょうがく》のときも仏道なり」とある。○**欲界**　三界（欲界・色界・無色界）の一。広くは地獄から人間・六欲天を含むが、主としてわれわれの欲望渦巻く混濁した地上の人間界（有情）の世界を指す。○**瞻部洲**　古代インド人の地上の世界観に基づく想像上の地名（拝問3　四三頁参照）。○**弁肯**　弁道のこと。仏道に精進すること。○**柔軟心**　真実をあるがままに知る心。諸法の真実のすがたをあるがままにとらえ、それにさからうことのない心。只管打坐し身心脱落することを判然と把握する心。○**仏祖の心印**　仏心印のこと。印は印可の義で確証すること。師資が以心伝心に証契即通すること。

〈現代語訳〉

堂頭如浄はあるとき示された。

「羅漢や支仏の坐禅は、坐禅の境涯にとらわれないといっても、衆生を救うという大慈大悲心を欠いている。それゆえに、仏祖が大悲をまず第一として、誓って一切衆生を済度する坐禅とは同じではない。インドの外道もまた坐禅はするが、外道の坐禅には必ず三つの欠点がある。それは、著味、邪見、憍慢である。ゆえに、永久にまったく仏祖の坐禅とは異なる。また、声聞のなかにも坐禅はあるが、その坐禅は慈悲心が薄い。諸法（あるがままに現成している世界）のなかにおいては、利智（鋭利な智慧）によっては、必ずしもその真実の相《すがた》を真に会得することができない。独善によるから衆生を済度する諸仏の種子を摘んでしまう。ゆえに、永久に仏祖の坐禅と一致しない。仏祖の坐禅というのは、最初に発心したときから、すべての諸仏の教えを身心に染みこませることを願う、つまり発心の最初から、自未得度先度他の心を発《おこ》すのである。それゆえに、坐禅のなかにあって衆生（生きとし生けるものすべて）を忘れず、衆生を捨てない。さらにまた昆虫にも常に慈悲の心をもち、誓って済度しようと願い、あらゆる功徳を一切のものに供養するのである。ゆえに、仏祖は常に欲界（欲望渦巻く混濁した人間界）にあって坐禅弁道するのだ。欲界のなかにおいては、ただわれわれの住む瞻部洲だけが、もっともすぐれて坐禅をする因縁がある。なぜなら、坐禅は、われわれの世界で、幾世代にもわたって坐禅をしてさまざまな功徳を修めてこそ、心を柔軟にすることができるからである」。

私はお拝をして申し上げた。

「どのようにすれば、心の柔軟を得ることができるのですか」。

堂頭如浄は慈誨された。

「仏々祖々が只管打坐のなかに身心脱落していることを弁道し参究し体認する、それこそがすなわち柔軟心である。これこそが仏祖の真実（仏心印）の確証なのである」。

道元《わたし》は礼拝《らいはい》し六拝した。


〈解説〉

正伝の仏法の坐禅は、声聞・縁覚そして外道の坐禅とは一線を画する坐禅であることを懇切に示した慈誨である。
つまり、声聞・縁覚（羅漢・支仏）の坐禅は、あくまでも自己のみの救済を目的とする独善的なもので、著味という何かに執着することはなくなるであろうが、それのみで大悲心に欠ける。また、外道の坐禅には、著味、邪見、憍慢の三患つまり欠陥がある。声聞の坐禅は、独善的に自己の心の安定を主として慈悲心が希薄である。諸法のなかに在っては利智のみでは諸法に通じないばかりか、仏種を断ずる、とそれらを否定する。そして、仏祖の坐禅こそは、「初発心のときより、自未得度先度他を誓願とし、一身のために解脱を求めない」とするのである。これは『勅修百丈清規《ちょくしゅうひゃくじょうしんぎ》』巻下に、
夫《それ》、学般若《がくはんにゃ》の菩薩《ぼさつ》は、大悲心《だいひしん》を起《お》こし、弘誓《ぐぜい》の願《ねがい》を発《はっ》して、精修三昧《せいしゅざんまい》誓《ちか》って衆生《しゅじょう》を度《ど》す

べし。一身《いっしん》の為《ため》に独《ひと》り解脱《げだつ》を求《もと》めず。

とあるように仏法の基本でもある。ちなみに「四弘誓願」の第一は「衆生無辺誓願度」である。そして、その正伝の仏法の坐禅は、欲界でこそ成り立ち、われわれの住む瞻部洲だけが、もっともすぐれた坐禅をする因縁がある、と示した。なぜか。天上界などでは、何の欲もなく混迷することもないから、坐禅して功徳を積む機会がまったくない。私たちの住む人間界であるからこそ坐禅をし功徳を積むことができ、仏々祖々が只管打坐のなかに身心脱落したことを弁道し参究し体認し、只管打坐こそが身心脱落であることを、驀直《まくじき》に疑著《ぎちゃく》なく肯《うけが》う、そのことこそが柔軟心であると示したのである。

この拝問の趣旨は、『永平広録』巻六（437上堂）に、

夫《それ》、学仏法《がくぶっぽう》の漢《かん》、用心身儀《ようじんしんぎ》、太《はなは》だ容易《ようい》ならず。凡夫《ぼんぷ》・外道《げどう》、倶《とも》に坐禅《ざぜん》を営《いとな》む。然《しか》れども凡夫《ぼんぷ》・外道《げどう》の坐禅《ざぜん》、仏々祖々《ぶつぶつそそ》の坐禅《ざぜん》と同《おな》じからず。然《しか》る所以《ゆえん》は、外道《げどう》の坐禅《ざぜん》は邪見《じゃけん》・著味《じゃくみ》・驕慢有《きょうまんあ》る故《ゆえ》なり。（中略）先師天童道《せんしてんどういわ》く「参禅《さんぜん》は身心脱落《しんじんだつらく》なり。既《すで》に身心脱落《しんじんだつらく》を得《え》れば、必《かなら》ず邪見《じゃけん》・著味《じゃくみ》・驕慢無《きょうまんな》し。祈禱《きとう》、祈禱《きとう》」。

と示されている。

32　慈誨　法堂《はっとう》の師子像と蓮花蓋について

堂上《どうじょう》和尚慈誨《おしょうじげ》して曰《いわ》く。

「法堂《はっとう》の法座《ほうざ》の南階《なんかい》の東西《とうざい》に師子形《しぎょう》有《あ》り。各階《おのおのかい》に向《むか》う、但《ただ》、面少《おもてすこ》し南《みなみ》に向《むか》うなり。其《そ》の色《いろ》は白《しろ》なり。全体白《ぜんたいしろ》くして、髪及《かみおよ》び身《み》も尾《お》も、皆白《みなしろ》なるべし。近代《きんだい》は、白《しろ》師子《じし》と作《な》すと雖《いえど》も、猶《なお》、青髪有《せいはつあ》るがごときは、甚《はなは》だ師承《しじょう》を知《し》らざるなり。髪《かみ》より以《い》下、尾《お》に至《いた》るまで皆白《みなしろ》なり。法座《ほうざ》の上《うえ》の蓋《がい》は蓮花蓋《れんげがい》なり。蓮花《れんげ》の地《ち》を覆《おお》うが如《ごと》き、乃《すなわ》ち是《こ》れ蓮花蓋《れんげがい》なり。八角《かく》なり、八面《めん》の鏡《かがみあ》有り、八幡《ばんあ》有り。幡《ばん》の端《はし》の角《かど》ごとに鈴《れい》を懸《か》く。花葉《かよう》は五重《じゅう》にして、葉《は》ごとに鈴《れい》を懸《か》く。当山《とうざん》の法座《ほうざ》の蓋《がい》に一如《いちによ》なり」。

〈語義〉

○法堂　住職や高僧が仏にかわって説法をする道場のこと。古くは法堂のみであったが、後に法堂の前方に仏殿が建てられ、仏殿が法堂をも兼ねるようになり禅宗寺院の重要伽藍の一つとなった。○法座　演法の座、法堂における須弥座のこと。「明和本」では、「如《も》し、汝《なんじ》、法座《ほうざ》の上《うえ》の蓋《がい》を作《つく》らば、法座の上の蓋は蓮華蓋なり」となっている。○師子　獅子とも。白獅子については〈解説〉参照。○蓮花蓋　天蓋のこと。天蓋には人天蓋と仏天蓋がある。人天蓋は法堂の説法者の高座に、仏天蓋は仏像の上に吊す荘厳具のこと。○幡蓋・幢《どう》などとともに仏菩薩の威徳を表す。荘厳や供養のために用いられる荘厳具。

〈現代語訳〉

堂上和尚は次のように慈誨された。

「法堂の法座の南面にある階段の東西に獅子像がある。それぞれ身体は階段に向かっているが、顔は少し南を向いている。その色は白である。身体全体は白く、鬣《たてがみ》も身も尾もみな白くなければならない。近代は、白獅子を作っても、鬣を青くしているのは、師からの正しい伝承を知らないからである。鬣から尾に至るまで白くなければならぬ。

法座の上の蓋は蓮花蓋である。蓮花が地を覆うようなもの、すなわちそれが蓮花蓋なのである。形は八角、八面に鏡があり、八枚の幡を下げる。幡の端には角ごとに鈴を懸ける。花葉は五重で、その葉ごとに鈴を懸ける。この天童山の法座の天蓋がまさにそれである」。

〈解説〉

この慈誨は、道元が帰国後に法堂を作ることを、如浄が想定し、法堂の仕様、とくに獅子像と蓮花蓋のありようを師承として懇切に示したものである。

ここで、如浄は、「法堂の法座の南面の階段の東西にある獅子像は白くなければならない、近年、鬣を青くするのは師承を知らないからである」、と強調している。が、なぜ白獅子でなければならないのかの説明がない。獅子は、言うまでもなく、百獣の王の獅子のことで、ひとたび咆哮すれば百獣がすべて従うように、釈尊の説法によって悪魔・外道・邪見の徒が恐れおののき伏するところから、釈尊を尊貴して人中の獅子に擬して、釈尊の説法を獅《し》子吼《く》といい、それが転じて高僧の座を獅子座、あるいは猊座《げいざ》と呼ぶことは周知される。その百獣の王獅子の毛色は黄褐色である。では、なぜ、白獅子が強調されるのか。それは、『宝慶記聞解』『鼇頭《ごうとう》宝慶記』『宝慶記摘葉集』の註が『普曜経』などに引用されている『法苑珠林』巻九には、釈尊が誕生されたとき、雪山に五百の白獅子が現瑞して、釈尊に害が及ばぬように城門を守護したという伝説が記されているように（『大正蔵』巻五三、三四三頁c）、白は清浄無垢の象徴であり、獅子は一切の徳を具えた存在、釈尊の徳を人中の獅子と喩えた故事が伝承されていたものか。つまり、その白獅子の存在は、善知識が法座にあって正伝の仏法を獅子吼する、その仏法を守護するという大きな存在意義に転化していたのではなかったか。ただし、その故事伝承は如浄の天童山には確かに伝わっていたのであろうが、中国において、いつごろから具現化されたのかなどの詳細は不明である。ちなみに、青獅子は伝承の獣としては存在する。

また、蓮花は言うまでもなく泥土から出てそれに染汚されることなくみごとな香花を咲かせるところから、煩悩に汚されない清浄無垢な仏の象徴とされ、それが転じて大慈大悲心の法を説く蓮花座として、つまり広大な慈悲心で全世界を覆う蓮花蓋となっている。おそらく、当時の天童山の天蓋は蓮花蓋で、八角重層で八面に鏡がつけられ、その八面から幡が下がり、その幡の両角には鈴が下がり、さらに蓮花の花葉ごとにも鈴がつけられたものであったのである。その白獅子像と天蓋との様式を、道元は師承として将来したのである。

33　慈誨「風鈴頌」について

道元咨目百拝《どうげんしもくひやつぱい》して白《もう》す。

「適《たまたま》、和尚《おしよう》の風鈴《ふうれい》の頌《じゆ》を承《うけたまわ》るに、末上《まつじよう》の句《く》に『渾身口《こんしんくち》に似《に》て虚空《こくう》に掛《か》かる』と云《い》い、落句《らつく》に『一等他《いつとうた》のために般若《はんにや》を談《だん》ず』と云《い》う。所謂《いわゆ》る虚空《こくう》とは、虚空色《こくうしき》を謂《い》うべけんや。疑者《ぎしや》は必定《ひつじよう》して虚空色《こくうしき》なりと謂《い》う。近代《きんだい》の学者《がくしや》、未《いま》だ仏法《ぶつぽう》を暁《あきら》めず、青天《せいてん》を認《みと》めて虚空《こくう》と為《な》す、真《まこと》に憐憫《れんみん》すべきなり」。

堂頭和尚慈誨《どうちようおしようじげ》して云《いわ》く。

「虚空《こくう》と謂《い》うは般若《はんにゃ》なり。虚空色《こくうしき》の虚空《こくう》には非《あら》ず。虚空《こくう》と謂《い》うは、有礙《うげ》に非《あら》ざるなり、無礙《むげ》にも非《あら》ざるなり。所以《ゆえ》に、単空《たんくう》の空《くう》にも非《あら》ず、偏真《へんしん》の真《しん》にも非《あら》ず。諸方《しょほう》の長老《ちょうろう》は、色法《しきほう》すら尚《な》お未《いま》だ明《あき》らめず、況《いわ》んや能《よ》く空《くう》を暁《あきら》めんや。我《わ》が箇裏《こり》の、大宋《だいそう》の仏法衰微《ぶっぽうすいび》せりとは言《い》うべからざるなり」。

道元拝稟《どうげんはいぼん》す。

「和尚《おしょう》の風鈴《ふうれい》の頌《じゅ》は、最好中《さいこうちゅう》の最上《さいじょう》なり。諸方《しょほう》の長老《ちょうろう》、縦《たと》い三祇劫《さんぎこう》を経《ふ》るとも亦《また》、及《およ》ぶこと能《あた》わざるなり。雲水兄弟《うんすいひんでい》、箇々《ここ》頂戴《ちょうだい》すべし。道元《どうげん》、遠方《えんぽう》の辺土《へんど》より出《い》で来《き》たって、寡聞少見《かもんしょうけん》なりと雖《いえど》も、今《いま》、伝灯《でんとう》・広灯《こうとう》・続灯《ぞくとう》・普灯《ふとう》、及《およ》び諸師《しょし》の別録《べつろく》を披《ひら》くに、未《いま》だ曽《かつ》て和尚《おしょう》の風鈴《ふうれい》の頌《じゅ》に如《し》くもの有《あ》るを得《え》ず。道元《どうげん》、何《なん》の幸《さいわい》ありてか今《いま》見聞《けんもん》するを得《え》て、歓喜踊躍《かんぎゆやく》し、感涙衣《かんるいころも》を湿《うるお》し、昼夜叩頭《ちゅうやこうとう》して頂戴《ちょうだい》するなり。然《しか》る所以《ゆえん》は、端直《たんじき》にして、而《しか》も曲調《きょくちょう》有《あ》ればなり」。

堂頭和尚《どうちょうおしょう》、将《まさ》に轎《かご》に乗《の》らんとする時《とき》、笑《え》みを含《ふく》んで示《しめ》して曰《いわ》く。

「儞《なんじ》の道《い》うこと深《ふか》く抜群《ばつぐん》の気宇《きう》有《あ》り。我《われ》、清涼《せいりょう》に在《あ》りて、這箇《しゃこ》の風鈴《ふうれい》の頌《じゅ》を做《つく》れり。諸方讃歎《しょほうさんたん》すと雖《いえど》も、而《しか》も未《いま》だ嘗《かつ》て説《と》き来《き》たって斯《かく》の如《ごと》くならざるなり。我《われ》、天《てん》童老僧《どうろうそう》、儞《なんじ》に眼《げん》有《あ》ることを許《ゆる》す。儞《なんじ》、頌《じゅ》を做《つく》らんと要《よう》せば、便《すなわ》ち恁地《いんち》に作《つく》るべし」。

〈語義〉

○咨目百拝　拝問28の〈語義〉・〈解説〉（一七〇・一七六頁）参照。○風鈴の頌　ここでは、如浄禅師の風鈴頌「通身是口掛虚空　不管東西南北風　一等与渠談般若　滴丁東了滴丁東」の第一句（起句）と第三句（落句・転句）のみが示されるが、この風鈴頌は、『如浄和尚語録《にょじょうおしょうごろく》』巻下を初出とする。字句の相違はあるが、『正法眼蔵』「摩訶般若波羅蜜」巻、「虚空」巻、『永平広録』巻九「頌古」58に出る（〈解説〉参照）。○虚空　虚空は果てしない無限の宇宙的な大空間である。が、大乗仏教では虚空は広大無辺で無碍（さわりのない）無障（さえぎるものもない）で、一切の現象的な存在や事象を包含する空間とみて、それを般若の実体とする（〈解説〉参照）。○虚空色　われわれの目に見える紺碧の空のこと。○疑者　仏法を弁《わきま》えず疑う者。○有礙・無礙　礙は妨げ、障碍。仕切りのあるもの、眼に見えるもの。○単空の空　すべてが空であるとして不空の道理を認めず、空に執着する小乗的な空論。但空《たんくう》ともいう。○偏真の真　物事を真と偽とに分け、真のみを真実とし、虚無という無をのみ真と見る偏った見かた。○色法　すべての物質的存在の総称。○拝稟　稟は白《もう》す。お拝し鄭重《ていちょう》に申し上げること。○三祇劫　三阿僧祇劫《さんあそうぎこう》の略。人間の思慮を超越したとてつもなく無限無窮な時間。阿僧祇劫とは、人智をもって窮め尽くしがたい無限の数字をいい、その数字を三倍したものを三阿僧祇という。○伝灯・広灯・続灯・普灯　それぞれ

『景徳伝灯録《けいとくでんとうろく》』（三十巻、永安道原《えいあんどうげん》撰、一〇〇四年成立）、『天聖広灯録《てんしょうこうとうろく》』（三十巻、李遵勗《りじゅんきょく》撰、一〇三六年成立）、『建中《けんちゅう》　靖国続灯録《しょうこくぞくとうろく》』（三十巻、仏国惟白《ぶっこくいはく》撰、一一〇一年成立）、『嘉泰《かたい》普灯録《ふとうろく》』（三十巻、雷庵正受《らいあんしょうじゅ》撰、一二〇四年成立）のこと。いずれも宋代に成立。これに『宗門聯灯会要《しゅうもんれんとうえよう》』（三十巻、悟明《ごみょう》撰、一一八三年成立）を加えて五灯という。○清涼　清涼寺のこと。江蘇省石頭山にある。五代の呉の順義年間（九二一～九二七）の創建。如浄が最初に住職した寺で、如浄は、嘉定三年（一二一〇）十月五日に入院し、嘉定八年（一二一五）の秋に退院した。風鈴の頌は、この住職時代の五年の間の作ということになる。

〈現代語訳〉

私は、礼を尽くして次のように申し上げた。

「たまたま、和尚の風鈴の頌を承りましたが、その第一句には『渾身口に似て虚空に掛かる』とあり、第三句に『一等他のために般若を談ず』とあります。この虚空は、単なる青い空を言っていないにもかかわらず、仏法を弁《わきま》えない人は、さもそれが実体であるかのように考えて、その虚空を必ず紺碧の空のことだと言います。最近の参学者は、まだ仏法を究めていないので、青い空を仏法の虚空と同じだと捉えています。真に憐憫すべきことだと思います」。

堂頭和尚は慈誨して言われた。

「虚空というのは、広大無辺な仏法の智慧・般若をそのように表現したのである。目に見える紺碧の空のことではない。虚空というのは、般若そのものであるから、遮るものがある（有礙）わけでもなければ、遮るものがない（無礙）わけでもない。一切皆空として意識的に分別するような単なる空などというものでもない、また偏真などという真と虚とに分けて真のみの世界を空想し執着するものでもない。それらは虚空ではない。諸方の長老たちは、物質の存在する現実の世界（色法）が分かっていない。空と色を別のものと思っているから、空のことなど理解できるはずがない。しかし、私のいるこの場、天童山では、大宋国の仏法が衰微したなどとは言うべきではない。正伝の仏法今ここに生きてあるのだ」。

私、道元は、お拝し次のように申し上げた。

「この風鈴の頌は、私の大好きな最高の偈頌です。今の中国の長老方では、たとえ三阿僧祇《あそうぎ》劫《こう》という無限な時間を費やしたとしても、とても作れません。雲水たちはそれぞれこの頌を大切にすべきです。私、道元は遠い辺地の日本からやって来て、仏法に対して寡聞少見ですが、いま、『景徳伝灯録』『天聖広灯録』『建中靖国続灯録』『嘉泰普灯録』および諸師がたの語録を披《ひら》いてみても、いまだに、この『風鈴の頌』に匹敵するものを見たことはありません。私は、幸せにもいま、それを見聞し、歓喜し踊躍し、感涙袖を濡らす状態のなかで昼夜合掌し拝受しております。なぜならば、この偈頌は、虚空というものをものの見事に表現しながら、偈頌として格調が真に高くすばらしいからです」。

このように道元《わたくし》が申し上げたのは、堂頭如浄和尚がまさに輿《こし》に乗ろうとするときであったが、微笑しながら次のように言われた。

「儞《きみ》の言うところは深く、抜群の見識がある。私は、この頌を建康府の清涼寺に住職していたときに作ったのだ。諸方の長老たちは讃歎こそすれ、いままでに一度もこのように説き明かしたものはいない。私は、天童山の住職として、儞に仏法を見きわめる確かな識眼があることを認める。儞も頌を作ろうとするときは、ものの本質を見きわめて作りなさい」。

〈解説〉

古来、仏門とくに禅門においては、この「虚空」をどう捉えるかということが、ある種の課題となっており、祖師方もその参究に懸命であった。

たとえば、馬祖道一（七〇九〜七八八）の弟子、石鞏慧蔵《しやっきょうえぞう》（生没年不詳）と西堂智蔵《せいどうちぞう》（七三五〜八一四）による虚空についての問答がある。

兄弟子である石鞏が弟弟子である西堂に「虚空を摑《つか》むことができるか」と問うと、西堂は手で虚空を摑む仕草をした。石鞏は「それでは虚空の真実を摑んでいない」と言って、西堂の鼻を摑んで強く引っ張った。西堂は忍痛の声をあげた。つまり、石鞏は、西堂に己と虚空は対立するものではなく、己こそが虚空そのものであると確信させ、西堂の悟道の因縁をつくったという故事はよく知られている。

「虚空」というのは、字義の上では常識的には紺碧の空で、宇宙的な大空間である。が、道元の拝問に、如浄が「般若のことを虚空と表現したのだ」と明確に慈誨するように、虚空は、常識的な紺碧の空という意味ではなく、般若つまり仏法の無辺なる智慧を示す。「虚空つまり般若」、その果てしない無限の仏法の宇宙的大空間、それはすべての事象を包含しその存在を少しも妨げず、われわれ自身もそのなかに存在しているということを示す。その只中で、われわれは、綿密に功夫し弁道し発心し修証し、生かされているので、虚空こそが仏祖のいのち、あるがままの己の存在そのものとなる。そのような虚空の真実に対する決定的な視点を道元に与えてくれた因縁の偈頌が、まさにこの「風鈴の頌」なのである。

　ところで、この「風鈴の頌」を道元はいつの時点で拝覧したのかは不明であるが、如浄の慈誨に「清涼にあってこの風鈴の頌を作った」とあるので、如浄の作頌は清涼寺に住職していた時代（嘉定三年［一二一〇］〜嘉定八年［一二一五］）ということになる。ちなみに、道元が拝問を願い出たのが、明全示寂（宝慶元年［一二二五］五月二十七日）以後のことであるから、この「風鈴の頌」についての拝問までほぼ十年を経過していることになる。

　道元は、この頌への感動を「歓喜踊躍し、感涙衣をうるおす」と表現するが、道元が「感涙衣をうるおす」のは、①入宋当初の坐禅時に、隣単の僧が毎暁の開静《かいじょう》のとき、袈裟をささげて頂上に安置し、合掌恭敬して、「搭袈裟の偈」を黙誦するのを聞いたときである。さらには、②宝慶年代の初めごろ、台山雁山等に雲遊するついでに、平田の万年寺《まんねんじ》にいたり、時の住持、福州の元鼒《げんし》に、大梅法常《だいばいほうじょう》とおぼしき高僧の霊夢によって、梅華模様の嗣書を見せられたときである。道元は、ただ焼香礼拝し恭敬供養するのみであった。③宝慶記では、正伝の仏法が正嫡し具現化されている感動を「感涙袖をうるおす」と表現しているのである。この頌もまた、道元にとっては、まさに感涙袖をうるおすという最大級の感動であったのである。それゆえにこそ、道元はその感激のきわみを「古今を通して、この頌に匹敵するものはありません。私は、幸せにもいま、辺土からやって来て、仏法に対して寡聞少見にもかかわらず、その真実を見聞し、歓喜し踊躍し、感涙袖をぬらし、昼夜合掌し拝受いたしております」と記したのである。

　この「風鈴の頌」は、『如浄和尚語録《にょじょうおじょうごろく》』巻下に、

通身是口掛虚空。不管東西南北風。一等与渠談般若。滴丁東了滴丁東〈通身是口虚空《つうしんこれくちこくう》に掛《か》かり、東西南北《とうざいなんぼく》の風《かぜ》を管《かん》せず、一等《とう》に渠《かれ》がために般若《はんにゃ》を談《だん》ず、滴丁　東了　滴丁東《てきちょうとうりょうてきちょうとう》〉

（『大正蔵』巻四八・一三二頁b）

「全身を口にして虚空に掛かり、東西南北どのような風にも対応し、あらゆるところに般若の智慧を説く、ちりりんちりりん、ちりりんりん」

と見える。

　後に、この頌は、まず、道元三十四歳のとき、最初の示衆とされる『正法眼蔵』「摩訶般若波羅蜜」巻で、一貫して仏教の空観に基づく般若の智慧のありようを説くなかで引用

され、

　これ仏祖嫡嫡《ぶっそちゃくちゃく》の談般若《だんはんにゃ》なり、渾身般若《うんしんはんにゃ》なり、渾他般若《うんたはんにゃ》なり、渾自般若《うんじはんにゃ》なり、渾東西南北《うんとうざいなんぼく》般若《はんにゃ》なり（風鈴が虚空に掛かって般若を談じ、その虚空こそが正伝の仏法の真実智慧を談じている）。

と示衆される。さらに、四十六歳のとき、越前に移り大仏寺の建立の翌年、寛元三年（一二四五）三月示衆の『正法眼蔵』「虚空」巻の冒頭に、

　這裏《しゃり》ハ、是《これ》、什麼《なん》ノ処在《しょざい》ゾ（自分自身は、いま、いったい、如何なるところに、どのように存在しているのか）。

と問いかけ、まず石鞏と西堂との虚空問答を採り上げ、如浄の頌を引き、風鈴が虚空となって般若を談じている現実を示す。そして、馬祖と亮座主との問答の「経を講ずるのは何によるのか」という問題におよび、「虚空が経を講ずる」とし、さらに、婆須蜜の偈では、虚空のまっただ中であるがままに生き抜くこと、仏々祖々の祖師方が、功夫・弁道・発心・修証し問うことは、それこそが虚空を捉えることであることを示している。つまり、参学者の全存在が虚空に包含されるがゆえに、虚空を真剣に捉えることが必要であるとして、古来のさまざまな虚空の捉えかたを示し、虚空を捉える真剣な参学が実現してこそ自分自身が仏祖となり、その仏祖こそが綿々と相承されていく、その真摯な虚空の捉えかたをひたすらに参学せよと総括して示衆している。

また、『永平広録』巻九（頌古58）では、この「風鈴の頌」に対して、

渾身是口判虚空、居起東西南北風、一等玲瓏談己語、滴丁東了滴丁東〈渾身是口《こんしんこれくち》虚空《こくう》を判《はん》ず、居起《ききよ》東西南北《とうざいなんぼく》の風《かぜ》、一等《とう》に玲瓏《れいろう》として己語《こご》を談《だん》ず、滴丁《てきちよう》 東了《とうりよう》 滴丁東《てきちようとう》〉

「全身が口となり、虚空そのものとなって仏法を説く、東西南北、無辺際の風に吹かれるままに何の分け隔てもなく、己のことばですべての真実を語る、チチ、チン、トウ、リョウ、チチ、チン、トウ」

とある。つまり、眼に見えない風は、東西南北どこからも吹いてきて、虚空にかかる風鈴を鳴らすが、その響く鈴の音は、風鈴が全身、虚空となって己語を語り、虚空そのものを現していると示した。これは「風鈴の頌」に対しての道元の著語《じやくご》といってもいい頌古なのである。そのように、この「風鈴の頌」への「感涙袖をうるおす」という感動は、その後生涯にわたっているのである。

34　示誨　すべての衆生は諸仏の子

堂頭《どうちよう》和尚《おしよう》、夜間《やかん》に道元《どうげん》に示《しめ》す。

「生死流転《しょうじるてん》の衆生《しゅじょう》、若《も》し発心《ほっしん》して仏《ほとけ》を求《もと》むれば、即《すなわ》ち是《こ》れ仏祖《ぶっそ》の子《みこ》なり。余《よ》及《およ》び一《いっ》切衆生《さいしゅじょう》も亦《ま》た乃《すなわ》ち諸仏《しょぶつ》の子《みこ》なり。然《しか》も是《かく》の如《ごと》くなりと雖《いえど》も、父子《ふうし》の最初《さいしょ》を尋《たず》ぬること莫《なか》れ」。

〈語義〉

○夜間　おそらく夜坐が終わってから、暁天坐までの間。**○生死流転の衆生**　生まれ変わり死に変わる迷苦のなかで煩悩のために善悪の諸行をくりかえし転々と流されている衆生のこと。『正法眼蔵』「礼拝得髄」巻に「ふるきをあらためざるべくは生死流転をばすつべからざるか」とある。**○発心**　発菩提心の略。無上の菩提を志求する心を発すこと。道元は仏道修証の「発心・修行・菩提・涅槃」を修証一等の立場で、初発心から少しの間隙もなく際限なく連続する（究竟涅槃まで連続する行持道環）こととする。**○一切衆生**　一切はすべて、衆生は生存しているもの。地獄・餓鬼・畜生・修羅・人間・天上・声聞・縁覚・菩薩・仏の十界を含むすべての世界の生きものの意だが、この場合はとくに人間の意。**○然も是の如くなりと雖も**　通常は「それはそうであるが……」の意に解するが、この場合は、前段の意義を強調し、「それはまったくの事実であるから……」の意味であろう。**○父子の最初**　父子は『法華経』「譬喩品《ひゆぼん》」の「今、此の三界は、皆、是、我が有《う》なり。その中の衆生、悉く是、吾子」に基づく。我とは釈迦牟尼仏であり、子は衆生のこと。『正法眼蔵』「三界唯心」巻に詳細に示衆されている（〈解説〉参照）。

〈現代語訳〉

堂頭和尚は、夜間、次のように示された。

「迷苦の世界に流転する衆生が、菩提心を発《おこ》して仏になることを求めるのは、それはもちろん、仏祖の子だからである。しかしながら、それ以外の発心しない一切の衆生もまた、同じように諸仏の子なのである。それはまったくそのとおりで紛れもない事実なのであるから、そのことを論議することは、父と子の前後すなわち釈尊と衆生の最初がいつであったかなどと詮議することになるので、詮のないことを詮索してはならない」。

〈解説〉

菩提心を発する衆生も、菩提心を発しない衆生も同じように諸仏・仏祖の子である。それがなぜかなどと詮索することは、仏法上における父と子の関係、父子の前後、つまり、釈尊と衆生との関連、それは仏あっての衆生であり、衆生あっての仏である厳然たる事実を詮索することになるので、その詮議は詮のなきこととの示誨である。

では、父子の最初とはどういうことか。道元は、後に『正法眼蔵』「三界唯心」巻で、『法華経』「譬喩品」に見られる「今此三界、皆是我有、其中衆生、悉是吾子」（今、此の三界は、皆、是、我が有なり。その中の衆生、悉く是、吾子）の句をあげて、「今《いま》、この現実《げんじつ》の三界《さんがい》は、全《すべ》てが我《われ》・釈迦牟尼仏《しゃかむにぶつ》の有《う》（そのもの）である。その三界全体《さんがいぜんたい》が衆生《しゅじょう》である。仏《ほとけ》と衆生《しゅじょう》と三界《さんがい》がひとつのものである。故《ゆえ》に衆生《しゅじょう》も森羅万象《しんらばんしょう》悉《ことごと》くが吾子《わがこ》である」と、諸仏と三界を詳細に示衆する。そのなかで、父子の関係について、仏祖は、しばしば「父は少《わか》く、子は老いたり」というが、いま、仏法上で、仏と衆生の間を吾が子と表現すると、それは年齢関係を超越するとして、まず、世間でいう父子と仏法上の父子の関係の違いを、「世の中で、吾が子といえば、必ずその身体髪膚《しんたいはつぷ》を慈父より受け、はじめて子ということが成立すると考える。が、今は必ずしも、父があってはじめて子があるというでもなく、子があってはじめて父があるというでもない」と前言し、老少ということは仏祖がよく「父は少く、子は老いたり」というが、「父は少く子は老いているということも、父は老いて子は少いということも、父も老い子も老いているということも、父も少く子も少いということもある」と示衆する。つまり、慈父の有無にかかわらず、「吾子」が生じてくるので、「吾子」の有無に関せず、慈父が存在するとするのである。そして、

いうなれば、心《こころ》ある衆生《しゅじょう》がいて、心《こころ》なき衆生《しゅじょう》がいるのであり、あるいは、心《こころ》あるわが子《こ》がいて、心《こころ》なきわが子《こ》がいるのである。だが、そのような「わが子《こ》」も「子《こ》なるわれ」も、すべてが一人《ひとり》のこらず釈迦《しゃか》という慈父《じふ》の嗣子である。この十方世界にありとあらゆる過去・現在・未来の衆生は、すべていつかは仏たるものである。何となれば、仏たち

のわが子はすなわち衆生であり、衆生の慈父はとりもなおさず仏たちであるからである。と懇切に示す。つまり、諸仏の吾子は衆生であり、衆生の慈父は諸仏であるから、この父子はみな仏法の上では同じことになる。それゆえにこそ「如来道の宗旨は、吾子の道のみなり、其父の道まだあらざるなりと参究すべし」と示される。我ら衆生は、仏の吾子として仏になるより外に何物にもなりようがないゆえにこそ、その父子の前後など詮索しても詮のないこととするのである。

35　示誨　坐禅時の調身法について

堂頭和尚《どうちようおしよう》、道元《どうげん》に示《しめ》して云《いわ》く。

「坐禅《ざぜん》の時《とき》、舌《した》は上《うえ》の顎《あぎと》に拄《か》く。或《ある》いは当門《とうもん》の板歯《ばんし》に括《とど》むるも亦《ま》た得《え》たり。若《も》し四五十来年《らいねん》坐禅《ざぜん》に慣習《かんじゆう》して、渾《すべ》て低頭《ていず》瞌睡《こうすい》せざるものは、眼目《がんもく》を閉《と》じて坐禅《ざぜん》するも妨《さまた》げ無《な》し。初学《しよがく》の未《いま》だ慣《な》れざる者《もの》の如《ごと》きは、目《め》を開《ひら》いて坐《ざ》すべきなり。若《も》し坐《ざ》すること久《ひさ》しくして疲労《ひろう》せば、右《みぎ》を改《あらた》め左《ひだり》を改《あらた》むるも妨《さまた》げ無《な》し。此《こ》れ乃《すなわ》ち、仏《ほとけ》より直下《じきげ》、僅《わず》かに五十世《せ》、正伝《しようでん》して証有《しようあ》るなり」。

〈語義〉

○舌は上の……　『普勧坐禅儀』に「舌は上の顎に掛けて、唇歯相著けよ」とあり、『正法眼蔵』「坐禅儀」巻には「脣歯あいつくべし」とある。顎を腭《はぐき》とつくる書もある。○目を開いて坐すべきなり　『普勧坐禅儀』には「目はすべからく常に開くべし」とあり、『正法眼蔵』「坐禅儀」巻には「目は開すべし」とある。○右を改め左を改む　結跏趺坐もしくは半跏趺坐に組んだ足をくみかえること。『普勧坐禅儀』に足を組みかえる等の記述はない。○五十世　摩訶迦葉から数えて、如浄はまさしく第五十世となる。

〈現代語訳〉

堂頭和尚は、次のように示誨された。

「坐禅のとき、舌は上の顎につけよ。あるいは正面の前歯の裏に止めるのもよい。もし四、五十年このかた坐禅に慣れ、頭を垂れて居眠りをまったくしないでいられる者は、目を閉じて坐禅してもよい。初心者で、まだ坐禅に慣れていない者は、目を開いて坐るべきである。もし、坐禅が長くなって疲労したら、左右の足の組みかたを改めてもさしつかえない。これは釈迦牟尼仏から直下に数えて、私までわずかに五十世だが、正伝されて実証されてきた事実なのである」。

〈解説〉

坐禅のときの調身法の示誨である。しかし、ここで示誨されたことが必ずしもそのまま後の道元の坐禅儀類に見られるわけではない。すなわち「舌を当門の板歯にとどめること」「目を閉じての坐禅」の示誨のうち、「舌を当門の板歯にとどめること」については表現に差違を見いだすが、その状態はほぼ同じである。が、「閉眼の坐禅」についての記述は見られず、むしろ禁忌して示されている。『普勧坐禅儀』には、

舌《した》、上《うえ》の顎《あぎと》にかけて、唇歯《しんし》相《あ》ひつけ、目《め》は須《すべから》く常《つね》に開《ひら》くべし。

と示され、『正法眼蔵』「坐禅儀」巻にも、

舌《した》はかみの顎《あぎと》にかくべし。息《いき》は鼻《はな》より通《つう》ずべし。唇歯《しんし》あひつくべし。目《め》は開《かい》すべし。不《ふ》張不微《ちょうふび》なるべし。

とあり、『永平清規』「弁道法」にも、

切《せつ》に眼《め》を閉《と》じるを忌《い》む。眼《め》を閉《と》じれば昏生《こんしょう》ず。頻々《ひんぴん》に眼《め》を開《ひら》くべし。微風《びふう》眼《め》に入《い》れば困《こん》容易《ようい》に醒《さ》む。応《まさ》に無常迅速《むじょうじんそく》を念《ねん》ずべし。（『曹洞宗全書』宗源・上）

さらに、

舌《した》、上腭《じょうがく》に掛《か》け、唇歯《しんし》相《あ》い著《つ》くべし。目《め》は須《すべから》く正《ただ》しく開《ひら》くべし。張《は》らず微《ゆる》めず。瞼《まぶた》をもって瞳《ひとみ》を掩《おお》うこと莫《なか》れ。（同・六〇三頁）

と示している。如浄は、その膝下にある久参の参学者には、あえて「閉眼の坐禅」を許したものであろうか。四、五十年坐禅してきた人が、果たして閉眼して坐禅をするであろうか。道元の撰書には見ることができない。ちなみに、「閉眼の坐禅」については『摩訶止観』『天台小止観』『円覚経道場修証義』などに見られるが、『勅修百丈清規』、さらに栄西の『興禅護国論』には「目は須く微かに開くべし」と見られる。ただ、疲労時の足の組み替えについては、道元の示誨には見出せないが、現今では通常的に認められているようである。

36　拝問　坐禅を難ずることへの対処について

拝問《はいもん》す。

「日本国《にほんこく》、並《なら》びに本朝《ほんちょう》の疑者《ぎしゃ》云《いわ》く、『今《いま》の禅院《ぜんいん》の禅師《ぜんじ》の弘通《ぐずう》する所《ところ》の坐禅《ざぜん》は、頗《すこぶ》る小《しょう》乗《じょう》声聞《しょうもん》の法《ほう》なり』と。此《こ》の難《なん》、云何《いか》んが遮《しゃ》せんや」。

堂頭和尚慈誨《どうちょうおしょうじげ》して云《いわ》く。

「大宋《だいそう》・日本《にほん》の疑者《ぎしゃ》の難《なん》ずる所《ところ》は、実《じつ》に未《いま》だ仏法《ぶっぽう》を暁了《ぎょうりょう》せざればなり。元子《げんす》、須《すべから》く知《し》るべし。如来《にょらい》の正法《しょうぼう》は、大小両乗《だいしょうりょうじょう》の表《ほか》に出過《しゅっか》す。然《しか》りと雖《いえど》も、古仏《こぶつ》は慈悲《じひ》落《らく》草《そう》して、遂《つい》に大乗小乗《だいじょうしょうじょう》の授手方便《じゅしゅほうべん》を施《ほどこ》すなり。元子《げんす》、須《すべから》く知《し》るべし。大乗《だいじょう》は七枚《まい》の菜餅《さいびょう》なり、小乗《しょうじょう》は三枚《まい》の糊餅《こびょう》なり。況《いわ》んや復《ま》た、仏祖《ぶっそ》は本《もと》より空拳《くうけん》をもて、小児《しょうに》を誑《たぶら》かすこと無《な》きなり。黄葉黄金《こうようおうごん》も宜《よろ》しきに随《したが》って随授《ずいじゅ》し、授記《じゅき》弄篦《ろうひ》、空《むな》しく光陰《こういん》を度《わた》ること無《な》きなり」。

〈語義〉

○**落草**　字義どおりでは草に落ちることだが、転じて、草むらに迷いこみ苦しんでいる衆生を救うためにそのなかに分け入ること。禅門では、自身が凡愚の衆生の世界に入って、汚濁の現実に即して教化する意ももつ。○**大乗は七枚の菜餅……**　菜餅は刻んだ野菜が入っている餅、糊餅は米粉の餅のこと。大乗は大きいために、菜餅七枚で満腹し、小乗は小さいために糊餅三枚で満腹するということ。数の多少、味の違いはあっても、どちらも人の命を支えるものであるように、仏法には大小の区別のないことをいう。○**空拳をもて、小児を誑かす**　手に何物も持たないのにその手に何かあるようにして子供が泣くのを止めさせるように、諸仏は種々さまざまな手段を用いて教化する。『大智度論』巻一九に「諸法の所有なきは、空拳をもって小児を誑かすが如しと信ず」（『大正蔵』巻二五、二〇四頁b）とある。○**黄葉黄金**　泣く子に黄色の葉を銭だといって騙しなだめるように、諸仏は種々さまざまな手段を用いて教化すること。『涅槃経』「嬰児行品」に「彼の嬰児啼哭の時、父母即ち楊樹の黄葉を以て之に語りて言《い》わく、啼くこと莫《な》かれ啼くこと莫れ、我、汝に金を与えん、と言うに、嬰児見已《お》わって真金の想いを生じ、便ち止めて啼かざるが如し」（『大正蔵』巻一二、七二九頁a）とある。「止啼銭」の謂われである。また、禅門には「空拳黄葉」なる言葉がある。空拳は、何もないのに在るように見せかけること、黄葉は黄色くなった葉で、それを銭だといって子供を欺くような手段をいう。○授記　記は記別・予言のこと。仏が衆生に対して、未来における成仏の証明を授けること。○弄篦　医者が病に応じて薬を調合して与えること。匙加減のこと。仏の対機説法をいう。

〈現代語訳〉

次のように拝問した。

「日本、ならびに宋国の仏法を真摯に参学せず疑う者は、『現今の禅院の禅師たちが広めている坐禅は、まるで小乗・声聞の法ではないか』と批難していますが、この批難にどのように対応したらよろしいでしょうか」。

堂頭和尚は次のように慈誨された。

「大宋、および日本国の仏法を真摯に参学せず疑う者が批難するところは、実はまだ仏法を明らかにしていないからなのである。道元よ、君は必ず心得ておかねばならぬ。如来の正法は、大・小二乗などをはるかに超えたものであるということを。そうであるからこそ、古仏は、慈悲心をもってみずからを汚濁にもがく衆生のなかに投じ、ついには、如何なる手段、大乗や小乗の教えによってさえも、救いの方便を施されるのである。道元よ、君は必ず心得ておかねばならぬ。たとえば、大乗は七枚の菜餅で腹が膨れ、小乗は三枚の糊餅で満腹するようなものである。ましてやまた、仏祖は、本来何も持っていない握り拳で子供を欺して泣き止ませるようなことはけっしてしない。黄葉を与えるのがよいときには黄葉を与え、黄金を与えるのがよいときには黄金を与えられる。仏が成仏の証明を授ける場合にも、相手の気根に応じて匙加減されて、空しく時を過ごさせることはないのである」。

〈解説〉

正伝の仏法の坐禅は、けっして大乗や小乗に捉われたり左右されたりするものではなく、それをはるかに超絶したものであることの慈誨である。が、それは、道元の拝問にあるように、日本や当時の宋国における坐禅の現状が、正伝の仏法の坐禅とはほど遠いものであったことをいみじくも露呈している。

日本では、仏教が伝えられてより、十三世紀初頭の道元の時代までの、およそ七百年の間に種々の仏教の宗旨が伝えられた。が、純一正真の禅の宗旨は伝えられていない。古くは最澄《さいちょう》（七六七〜八二二）が禅を伝えたというが、それは天台真言戒律混合の禅であった。弘仁年中（八一〇〜八二三）に馬祖門下の塩官斉安《えんかんさいあん》（?〜八四二）の門人義空《ぎくう》が日本最初の禅僧として請されたが、上堂も入室もなかったとされる。平安末から鎌倉初期にかけて無師独悟した大日房能忍《だいにちぼうのうにん》（生没年不詳）の日本達磨宗《にほんだるましゅう》が勃興するが、それも安貞《あんてい》元年（一二二七）から二年、興福寺の衆徒によって災禍を受け門下は四散し、その多くはやがて道元会下に帰投し、有力な門下となる。十二世紀末ごろには道元が師事した栄西（一一四一～一二一五）が臨済系の禅を伝えはしたが、それも他の教学、とくに密教との兼修の禅であって純粋な禅とはいえない。そこに正確な坐禅の威儀作法（儀則）が存在するはずがない。そのような状況下で「坐禅は声聞・縁覚の法ではないか」との疑義が生ずるのは当然であろう。

そうした時代背景のなかで、道元は仏祖正伝の仏法を求めて中国に渡る。が、当時の中国禅宗もまた、宋末五代の乱世の中で貴族化・官僚化が著しく、形式的な看話《かんな》禅《ぜん》が席巻していた。したがって、坐禅を標榜する禅宗の僧侶たちも、「坐禅儀」や「坐禅箴」はあるものの、それらは坐禅を単伝しないものの書いたものであったので、みな坐禅の本質を見失った状態であったことは先の拝問などによっても知ることができる。要するに、当時の中国の禅宗は、教義上では儒教・道教・仏教の三教一致説などもはびこり、その多くは公案によって悟りを待ついわゆる待悟禅であり、その影響を色濃く受ける日本の禅も公案のみを重視して参究工夫する看話禅を中心とした教学兼修の禅であったのである。そのような状態を見抜き、正伝の仏法を死守し、厳として実証したのが古仏天童如浄であり、その嗣子となったのが道元であったのである。つまり、正伝の仏法の坐禅の展開は、道元が正師古仏天童如浄と邂逅し、『宝慶記』に見られる種々の疑義を決定した上で、「一大事の因縁を了畢《りょうひつ》」し、日本へ帰国後の『普勧坐禅儀』の完成まで待たねばならなかったのである。

37　慈誨　坐禅は頭燃《ずねん》を救《はら》って弁道すべし

堂頭和尚慈誨《どうちょうおしょうじげ》して云《いわ》く。

「吾《われ》、汝《なんじ》の僧堂《そうどう》の被位《ひい》に在《あ》るを見《み》るに、昼夜眠《ちゅうやねむ》らず坐禅《ざぜん》す。甚《はなは》だ好《よ》きことを得《え》たり。爾《なんじ》、向後《こうご》、必《かなら》ず美妙《びみょう》の香気《こうき》の世間《せけん》に比《たぐい》無《な》きものを聞《き》くなり。此《こ》れ乃《すなわ》ち吉瑞《きちずい》なり。或《ある》いは面前《めんぜん》に当《あた》って、滴油《てきゆ》の地《ち》に落《お》ちる如《ごと》きものも吉瑞《きちずい》なり。若《も》しくは種々《しゅじゅ》の触《しょく》を発《はっ》するも、亦《ま》た、乃《すなわ》ち吉瑞《きちずい》なり。直《じき》に須《すべから》く頭燃《ずねん》を救《はら》って坐禅弁道《ざぜんべんどう》すべし」。

〈語義〉

○被位　修行僧が僧堂内において坐禅する場所。また坐禅し起臥する定められた場所のこと。被は臥息する場合に身体を覆うもの、掛け布団のこと。被を展《の》べる場所の意。○吉瑞　坐中に感見されるという吉祥の瑞兆。○頭燃を救って　頭に火の粉が降り注げば、誰もが否応なく即座に振り払うように、一刻も無駄にせず専心にありとあらゆることを払拭して坐禅に精進弁道すること。

〈現代語訳〉

堂頭和尚は次のように慈誨された。

「私の見るところ、君は僧堂内の坐位で、昼夜眠らずに坐禅している。たいへんすばらしく結構なことである。君は今後、必ず世間に比類のない美妙な香気をかぐであろう。これは吉瑞である。あるいは坐禅している面前に、油が地に滴り落ちるのも吉瑞である。あるいは、種々の触覚のおこるのも吉瑞である。だが、しかし、そのようなときには必ず、頭に降りかかる火の粉を払いのけるように只管打坐に徹せよ」。

〈解説〉

この慈誨は、あたかも坐禅時に付随する吉瑞の現出を期待するかのような感を懐《いだ》かしめかねないが、けっしてそのような慈誨ではない。

道元のまさに如浄禅師の会下にあっての「たとえ発病して死ぬべくとも、なおただ是れを修すべし。病まずして修せずんば、この身労して何の用ぞ。病して死なば本意なり。（中略）修行せずして、身を久しく持っても、詮なきなり」（『正法眼蔵随聞記』巻二）との真に堅固な不眠不休、不惜身命《ふしゃくしんみょう》の坐禅弁道に接しての、如浄の慈誨である。つまり、坐禅時の吉瑞も頭燃を即座に払いのけて、そのような吉瑞にも把《とら》われずに只管打坐せよ、との慈誨である。

道元の坐禅は、その仏法を貫徹する身心脱落の坐禅であり、言うまでもなく本師古仏天童如浄直伝の「参禅は身心脱落なり。焼香・礼拝・念仏・修懺・看経を用いず、只管に打坐するのみ」とする只管打坐の坐禅である。その古仏の坐禅に、吉瑞としての現象的な霊験的功徳が少しでもあるとするならば、その仏法は似非《えせ》であり、道元がそれを嗣続するはずがない。それは、後の道元の『学道用心集』の「有所得心を用《つか》って仏法を修すべからざる事」(『曹洞宗全書』宗源・上)に、

行者自身《ぎょうじゃじしん》のために仏法《ぶっぽう》を修《しゅ》すと念《おも》うべからず。名利《みょうり》のために仏法《ぶっぽう》を修《しゅ》すべからず。果報《かほう》を得《え》んがために仏法《ぶっぽう》を修《しゅ》すべからず。霊験《れいけん》を得《え》んがために仏法《ぶっぽう》を修《しゅ》すべからず。ただ仏《ぶっ》法《ぽう》のために仏法《ぶっぽう》を修《しゅ》する乃《すなわ》ちこれ道《どう》なり。

と示されているところに証するを得る。道元の後の撰述には坐禅時の霊験的事象はまったく説かれていない。したがって、この吉瑞の慈誨は、如浄が、道元の啐啄《そったく》の迅機、破殼の時節到来を感知しての、方便的慈誨なのである。

もちろん、道元の生涯に奇瑞がまったくなかったわけではない。『永平寺三箇霊瑞記』には、寛元《かんげん》五年(一二四七)正月十五日、布薩説戒のとき、五色の彩雲が方丈に現じたこと。翌宝治《ほうじ》二年(一二四八)四月より十一月中旬にかけて殊勝微妙な異香が坐禅堂内外に薫漂したこと。建長《けんちょう》三年(一二五一)正月五日の子の刻、道元と花山院宰相入道と霊山院の庵室で

法談をしたとき、この二人にのみ、つき鐘二百ばかりが聞こえたこと。『十六羅漢現瑞記』に、宝治三年（一二四九）正月一日の羅漢供養のとき、十六の木像・画像から瑞花放光のあったことなどが記されている。が、それらは坐禅時の瑞祥事象ではないのである。

38　示誨　坐禅は帰家穏坐、今年六十五歳

堂頭《どうちょう》和尚《おしょう》示《しめ》して曰《いわ》く。

「世尊《せそん》言《のたま》はく、『聞思《もんし》は、猶《なお》、門外《もんげ》に処《しょ》するが如《ごと》し、坐禅《ざぜん》は直《じき》に乃《すなわ》ち帰家穏坐《きかおんざ》するなり』。所以《ゆえ》に坐禅《ざぜん》すること、乃至《ないし》、一須臾《しゅゆ》、一刹那《せつな》なりとも、功徳無量《くどくむりょう》なり。我《わ》れは三十余年《よねん》、時《とき》と与《とも》に功夫弁道《くふうべんどう》して、未《いま》だ曽《かつ》て退《たい》を生《しょう》ぜず。今年《ことし》六十五歳《さい》、老《ろう》に至《いた》って弥《いよいよ》堅《かた》し。儞《なんじ》も還《また》、是《かく》の如《ごと》く弁道功夫《べんどうくふう》せよ」。

宛《さなが》ら是《こ》れ仏祖《ぶっそ》金口《こんく》の記《き》なり。

〈語義〉

○聞思　仏法の教えを聞いて、みずから心で考えること。聞法と思惟。○帰家穏坐　帰家は家に帰ること。穏坐は流浪していたものが家に帰り安穏に落ち着くこと。転じて、自分が

本来居るべきところに戻り、確として坐る（本来の家郷に安住する）こと。煩悩欲望に駆られた迷妄の生涯から離れて仏道修行に邁進し、自己の本来の真の姿に立ち返り、みずからの心証に安息すること。○一須臾、一刹那　須臾も刹那も短い時間の単位。須臾は一昼夜の三十分の一の時間。刹那はもっとも短い時間を示す単位で、一回指を鳴らす間（一弾指）に六十五刹那が生滅するという。一刹那は一秒の七十五分の一とされ、この一刹那を百二十倍したのが怛刹那で、怛刹那の千八百倍を一須臾という。○今年六十五歳　如浄が示寂する一年前（宝慶二年〈一二二六〉のこと〈解説〉参照）。○仏祖金口の記　金口は仏の口から直接説かれた言説の意で、仏説の尊いことを黄金に喩えた語。記は記別・授記の略で仏が弟子などに与える予言。また、記得で脳裏に深く刻み忘れない意もある。

〈現代語訳〉

堂頭和尚は次のように示誨された。

「世尊は『仏法を聞いて、心で考えるのは、まだ家に入らず門の外で佇んでいるようなものである。だが、坐禅は帰家穏坐、わが家に帰って安住して安穏にくつろいでいるようなものである』と仰せられた。ゆえに、坐禅することが、ほんの短い時間、一瞬の間ではあっても、その功徳は計り知れない。私は三十余年、時とともに坐禅弁道してきたが、いまだに休もうと思ったことはない。今年、六十五歳、年老いてその志はますます堅い。儞《きみ》もまたこのように弁道功夫せよ」。

　この言葉こそは、まさに仏祖の説かれた極上の金口である。

〈解説〉

　この示誨は、釈尊の「聞思は門外に処するもの、坐禅は帰家穏坐」の言を引き、如浄自身の坐禅弁道の強固な行実を述懐し、道元に「儞《なんじ》も還《また》、是《かく》の如《ごと》く弁道功夫《べんどうくふう》せよ」と教示し、道元も、その言を「仏祖金口の記」と、感動と感激をもってまさに脳裏に刻み肝に銘じた慈誨である。

「帰家穏坐」すなわち、本来の自分自身の真の姿を見きわめる、そこに安住することこそが坐禅の奥底であることを、道元は、後にその撰述に詳細に展開し示衆する。が、道元の「帰家穏坐」は、坐禅が字づらだけのものではなく、仏法が諸法実相となってあるがままに展開しているその真実体を包含して無尽に示衆されているものである。

　ところで「帰家穏坐」という熟語は、道元の撰述中には見いだせない。「帰家」という語句が、『正法眼蔵』「神通」巻、『永平広録』巻四―335上堂、巻七―484上堂、巻十偈頌22に見えるのみである。ちなみに、この真髄が伝承し「帰家穏坐」と表現されて同趣旨をもって展開されているのは、瑩山《けいざん》の『坐禅用心記』(『曹洞宗全書』宗源・下)である。そこには、

　仏言《ほとけのたまわ》く、聞思《もんし》は猶《なお》門外《もんげ》に処《しょ》するが如《ごと》く、坐禅《ざぜん》は正《まさ》に帰家穏坐《きかおんざ》。誠《まこと》なるかな。その聞《もん》

思《し》の如《ごと》きは、諸見未《しょけんいま》だ休《きゅう》せず、心地尚《しんちなお》滞《とどこお》る。故《ゆえ》に門外《もんげ》に処《しょ》するが如《ごと》し。只箇《ただこ》の坐禅《ざぜん》は一切休歇《いっさいきゅうかつ》し、処《しょ》として通《つう》ぜずということ無《な》し。故《ゆえ》に帰家穏坐《きかおんざ》に似《に》たり。

とある。

さて、この示誨には「今年六十五歳」とあるが、如浄は、道元帰国後の宝慶三年（一二二七）七月十七日に六十六歳で示寂したので、この示誨は、宝慶二年つまり道元帰国の年の七月上旬以前のことになる。また、如浄は、その師雪竇智鑑《せっちょうちかん》（一一〇五～一一九二）に嗣いで以後三十余年、坐禅弁道に懈怠《けたい》したことはない、という。その坐禅弁道の凄まじいまでの行実は、道元が『正法眼蔵』「行持」巻下に、まず「まのあたり先師をみる、これ人にあふなり。先師は十九歳より、離郷尋師、弁道功夫すること、六十五載にいたりてなほ不退不転なり」と示し、如浄が補示したとして、その言を次のように活写している。

「私は十九歳のときから、一日一夜も坐禅をしない日はなかった。また、私は住持となる前から、故郷の人と話をしたことがない。参禅のための時間が惜しいからである。修行中は、自分の足を留めた僧堂から出たこともなく、老僧や役寮のところへまったく行ったことなどない。物見遊山をして修行のときを無駄に過ごしたこともない。禅堂やあるいは坐禅のできる静かな高い建物の上や物陰などを求めて一人で静かに坐禅した。いつも坐禅に用いる蒲団を持ち歩き、ときには岩の上でも坐禅した。そして、いつも思った。釈尊の極められた金剛座を坐り抜くのだ、と。ときには尻の肉が爛《ただ》れて破れることもあったが、そういうときには、なおさら坐禅に励んだ。私は今年六十五歳である」。

そのような普説を拝聴し、さらにこの示誨を拝聴した道元の感動と感慨はいかばかりであったのであろうか。まさに感涙袖を濡らすと同時に、道元はその不退転の志気をより強固なものにしたのではなかったかと拝察する。この示誨は、まさに道元の帰国の時期が迫っていたころであることは推測に難くない。

39　慈誨　坐禅は正身端坐すべし

堂頭《どうちょう》和尚《おしょう》慈誨《じげ》して云《いわ》く。

「坐禅《ざぜん》の時《とき》は、壁《かべ》及《およ》び屏風《びょうぶ》、禅椅《ぜんい》等《とう》に倚《よ》ること莫《なか》れ。若《も》し倚《よ》らば、人《ひと》をして病《やまい》を生《しょう》ぜしむるなり。直《じき》に須《すべから》く正身端坐《しょうしんたんざ》すること、坐禅儀《ざぜんぎ》の如《ごと》くして、慎《つつし》んで違背《いはい》すること莫《なか》れ」。


〈語義〉
○禅椅　師家や住職が、坐禅・相見・説法・普説等のときに用いる椅子のこと。　○坐禅儀　主として坐禅の作法や心構えについて述べたもの。

〈現代語訳〉

堂頭和尚は次のように慈誨された。

「坐禅のときは、壁や屏風や椅子などに寄りかかってはならない。もし、寄りかかると、病気になるからである。正身端坐すること『坐禅儀』のとおりにすべきである。心してその教えに違背してはならない」。

〈解説〉

坐禅時の姿勢、正身端坐の法は「坐禅儀」のとおりにせよとの慈誨である。この「坐禅儀」は、「坐禅儀」類のなかでももっとも有名な宋代の長蘆宗賾《ちょうろそうさく》の『禅苑清規《ぜんねんしんぎ》』（崇寧二年〈一一〇三〉序刊）中の「坐禅儀」である。が、後の道元禅師は、古来の坐禅儀・坐禅銘・坐禅箴は依用するに足らずとして、まず『普勧坐禅儀撰述由来』（『曹洞宗全書』宗源・下）において従来の所謂坐禅儀類を次のように否定する。

教外別伝の正法眼蔵は、わが国ではいまだかつて聞いたことがない。ましてや坐禅儀は伝わったことはない。嘉禄年中、私は宋から帰国し、参学者の要請により坐禅儀を書いた。昔、唐代の百丈懐海（七四九～八一四）が菩提達磨の仏法を伝えたとは言っても正伝の仏法とは言えない。参学するものは、この事実を知って混乱してはならない。宋代の長蘆宗賾が『禅苑清規』（十巻）を著し、そのなかに「坐禅儀」があり、百丈の古意に順《したが》ってはいるが、宗賾の私見も入っていて、それとて釈尊からの正伝の仏法という点では「多端のあやまり」や「埋没の失」がある。それでは参学者は言外の意義も分からず正伝の仏法の領域には達することはできない。そこで、私は宋土で見聞参究した真訣と如浄の膝下で学んだ坐禅の真髄をまとめたのである。

道元が看過しえない「多端のあやまり」や「埋没の失」としたのは、修《しゆぎよう》と証《さとり》を区別し、それを段階的に捉える長蘆宗賾の坐禅観を指すが、具体的には同時に同一の修証観に立つ旧来の坐禅儀・坐禅銘・坐禅箴を総括的に批判していることが、『正法眼蔵』「坐禅箴」巻に次のように示されている。

いま現在大宋国の諸山に甲刹《かつさつ》の主人とあるもの、坐禅をしらず、学せざるおほし、あきらめしれるありといへどもすくなし。諸寺にもとより坐禅の時節さだまれり。住持より諸僧、ともに坐禅するを本分の事とせり、学者を勧誘するにも坐禅をすすむ。しかあれどもしれる住持人はまれなり。このゆゑに古来より近代にいたるまで、坐禅銘を記せる老宿一両位あり。坐禅儀を撰せる老宿一両位あり。坐禅箴を記せる老宿一両位あるなかに、坐禅銘ともにとるべきところなし、坐禅儀いまだその行履《あんり》にくらし。坐禅をしらず、坐禅を単伝せざるともがらの記せるところなり。景徳伝灯録にある坐禅箴、および嘉泰普灯録にあるところの坐禅銘等なり。あはれむべし。

道元は、『禅苑清規』の「坐禅儀」すらその域にあるというのだが、しかし、道元の『普勧坐禅儀』もその坐法は『禅苑清規』のそれに倣い、『禅苑清規』の「坐禅儀」は天台の『小止観』に倣ったものにみえる。が、しかしそれは人間のする坐の形態として当然そのような姿勢に帰着するからである。道元は『小止観』と『禅苑清規』との坐禅観である息慮凝寂《そくりょぎょうじゃく》（二乗声聞の坐禅観法で無意識状態になる一種の坐禅のしかた）の坐禅とはまったく一線を画した坐禅の真髄を示すために『正法眼蔵』「坐禅箴」巻で、宏智正覚（一〇九一～一一五七）の「坐禅箴」を推奨し、「非思量の坐禅」「焼香・礼拝・念仏・修懺・看経ではない只管打坐」「身心脱落としての坐禅」を標榜し、『普勧坐禅儀』において「非思量、これすなわち坐禅の要術なり」と坐禅の教義をより確実に深化させたのである。つまり、中国の坐禅の規矩は、百丈懐海によって定められ、『禅苑清規』等へと展開するが、日本で正式に坐禅の規矩を正確に定め真実の正伝の仏法の「非思量の坐禅」を実践したのは道元を嚆矢《こうし》とするのである。つまり、それこそが日本的坐禅の展開であり、進展なのである。

40　示誨　坐禅時の経行《きんひん》の方法について

堂頭《どうちよう》　和尚《おしよう》示《しめ》して云《いわ》く。

「坐禅《ざぜん》より起《た》って経行《きんひん》せんと欲《ほっ》せば、遶歩《にようほ》することを得《え》ざれ。直《じき》に須《すべから》く直歩《じきほ》すべし。若《も》し二三十許《ばか》り歩《ほ》して廻《かえ》らんと欲《ほっ》せば、必《かなら》ず右《みぎ》に廻《まわ》り、左《ひだり》に廻《まわ》ること莫《なか》れ。歩《ほ》を移《うつ》さんと欲《ほっ》せば、先《ま》ず右《みぎ》の足《あし》を移《うつ》す。左《ひだり》の足《あし》は乃《すなわ》ち次《つ》ぐ」。

〈語義〉

○経行　坐より立って緩歩すること。経は布のたて糸のことで、経行はまっすぐ進み、まっすぐ帰ってくる意。「経行」（緩歩）については、示誨12・慈誨24にも出る（〈解説〉参照）。

○遶歩　遶はめぐること、まわり歩くこと。禅門には、法要の際に経を誦しながら堂中をめぐり歩む法式（遶行《にようぎよう》・行道《ぎようどう》）がある。

〈現代語訳〉

堂頭和尚は次のように示された。

「坐禅から起ち経行しようとするときは遶歩（めぐり歩くこと）してはならない。必ず真っすぐに歩み、もし二、三十歩ばかり歩み、廻ろうとするときは、必ず右に廻り、左に廻ってはならない。歩を運ぶときは、まず右足を出し、次に左足を出すのである」。

〈解説〉

経行について、如浄は先に「近日、緩歩（経行）を知るのは、老僧（自身）一人である」とし、「緩歩（経行）というのは、一呼吸の間に歩を運ぶのである。そのときは、下を向いて脚跟《あしもと》を見てはならない。そして、前屈みになったり、身体をそらしたりせず、歩を運ぶのである。傍《かたわ》らから見てみると一ヵ所に動かないで立っているように見える。肩や胸などを動揺《うごか》し振《ふ》ってはならない」と、自身が大光明蔵を東に西に経行してその実際を道元禅師に示した（示誨12 九〇頁参照）。また、「坐禅から立って歩くときは、かならず一息半趺の法を行ずべきである。歩を移すときの歩幅は足の甲の半分で、その歩を進めるのは一呼吸の間である」と、いわゆる「一息半趺」の経行の法を示された（慈誨24 一四七頁参照）。そして今回は、それに加えて直歩の実際を、さらに次の慈誨41（二三六頁）では、経行は聖跡を履践することであると慈誨している。

古来の経行について概観してみると、古法では「遅からず疾からざるべし」（『十誦律』第五十七）とされ、その場所については「経行に五事あり」として、①閑処②戸前③講堂前④塔下⑤閣下が説かれている（『大比丘三千威儀経』上）。また、比丘たちが露地で経行し患が多かったために経行堂が作られた（『四分律』第五十）ことも見える。なお山中経行（『景徳伝灯録』巻二十七「天台豊干禅師章」）も在り、露地経行については『正法眼蔵』「行持」巻に、

古往《こおう》の聖人《しょうにん》、おほく樹下《じゅげ》露地《ろじ》に経行《きんひん》す、古来《こらい》の勝躅《しょうちょく》なり

とある。また、経行宴坐・住立思惟のことも、

日《ひ》も足《た》らずとして経行《きんひん》し宴坐《えんざ》し、住立《じゅうりゅう》し思惟《しゆい》せり。

と示衆され、さらに『永平広録』にも、釈尊の「観樹経行」が、

観樹経行三七日、明星出現して雲漢を照らす、等閑に坐破す金剛座、誰か測《し》る吾が家に壁観あることを（『永平広録』巻四上堂268）

と上堂され、また『林間録』に菩提達磨が嵩山下で経行したことも引かれている。

では、なぜ、経行が行われたのであろうか。それは「経行に五事の好あり、遠行に堪え、能く思惟し、病少なく、食飲を消し、定久住を得る」（『四分律』第五十九）とあるように、身体を健全に保つため、とくに長時間の坐禅が身体に病を引き起こさないための、おそらくは今日でいう血行障害にならないための経験則による一種の予防的な運動、さらには住立思惟のためとも思考される。古来、その法が道俗ともに行われ、それは真っ直ぐに行き真っ直ぐに帰ってくる法であったことが「五天の地、道俗多く経行を作す。直に去き直に来たり、唯一路を遵《たつと》ぶ」（『南海寄帰伝』巻三「二三章　経行少病」）と記されているところに知られる。後世に至ってその法に多少の異動を生じ、経行の歩数について「宜しく平坦に地に依り、二十歩より以来、四十五歩以上の中に於いて経行すべし」（『修禅要訣』）と示されてはいる。が、如浄が詳細に慈誨した一息半歩の法が当時の文献上に判然と見えないのはなぜ

か。それは、道元入宋時代の禅宗の実状が惨憺たる状態であり、その法が如浄一人にかろうじて面授嗣続され保持されていたからにほかならない。その法こそは、『宝慶記』の示誨12、慈誨24、示誨40、慈誨41等を勘案し統合してみると、場所は牀間《しょうかん》（坐禅する処・禅床の間）か経行廊下で、距離は二十、三十歩ばかりを往復し、その歩行法は、直歩でまず右足から踏みだし、一息半趺（『経行軌』によれば「歩量斉趺」）を原則とし、その姿勢は、直立して脚跟を見ず、躬《くぐ》まらず仰がず、肩胸を動振せず、叉手当胸《しゃしゅとうきょう》し、視線は面前一尋（約一八〇センチメートル）ばかりに落とし、緩緩而歩、閑静為妙な状態であったことが知られる。まさに、如浄一人に相承された一息半歩の経行の法こそが、その嗣子たる道元に確実に面授相続されたのである。

　後に道元は、この経行の「一息半趺」の法を『永平大清規』（『日域曹洞初祖道元禅師清規』［『曹洞宗全書』宗源・上］）の「弁道法」の早晨坐禅の法に「当に身足同じく運ぶべし。直に面前一尋許の地を観て行く。歩量は趺に斉し。緩々として歩み、閑静を妙とす。なお住立して歩を運ばざるに似たり」と示している。また、瑩山の『坐禅用心記』には「経行の法は一息恒《つね》に半歩なり。行けどもまた行かざるが如く寂静として動ぜず」と示されている。しかしながら、江戸時代には、その坐禅時経行の法が混乱したものか、宗学の泰斗である面山瑞方《めんざんずいほう》（一六八三〜一七六九）には、当時乱れていた経行法を仏説や祖訓に基づき、経行の正しいありようや功徳を述べて励行させようとした『経行軌《きんひんき》』一巻（『曹洞宗全書』注解四）がある。それには、侍者の慧中が聞解した提唱注記ともいうべき『空印面山和尚経行軌』一巻（元文四年［一七三九］序刊）があり、そこでは、「一息半趺」を「一息は一呼一吸、半趺の歩量は趺に斉し、趺は足の背のこと」とし、「一息半趺は面授なければ、知らぬ」と注しているのだが、それが面授の法であったことを補完しているといえるし、その法が口伝となって伝えられていたことを示している。曹洞禅には理論では解決できないことを体験と口訣《くけつ》によって師家が参学者に身をもって示すことを口伝という伝灯がある。

今日の曹洞宗の経行は、坐禅時に僧堂内の牀間を徐行緩歩することには相違はないが、その経行の一息半趺の法には、おおむね次の三つがある。

まず、第一の経行法は一息半歩の原則に従って、まず両足を肩幅にそろえ、①右足を半歩進め、②左足を半歩進め（このとき、右足と左足は横一線に揃う）、③右足を半歩進め、④左足を半歩進め（このとき、右足と左足は横一線にそろう）、以下同じ要領で、つねに右足が半歩先行し、つねに左足がその右足の次に半歩進める方法である。

第二の経行法は、まず両足を肩幅にそろえ、①右足を半歩進め、②左足を一趺進め、③右足を一趺進め、④次に左足、⑤次に右足、と進めていく。この法によると、②のときから一息半歩ではなく一息一趺となることになる。

第三の経行法は、「経行もやはり一つの歩行である限り、歩行の常識としては前後交互に運ぶべきが自然に即したことだと一応は云いうる（中略）右足を先に出しても、また左足を先に出しても、一息に半歩半趺が限量と定める時は交互に運歩はできない」（宮崎奕保著『経行口伝考』参照）として、まず両足を肩幅にそろえ、①右足を半歩進め、②左足を半歩進め、③左足を半歩進め、④右足を半歩進め、⑤右足を半歩進め、⑥左足を半歩進めるという方法である。

以上、三つの経行法を図式化すると、次のようになる。

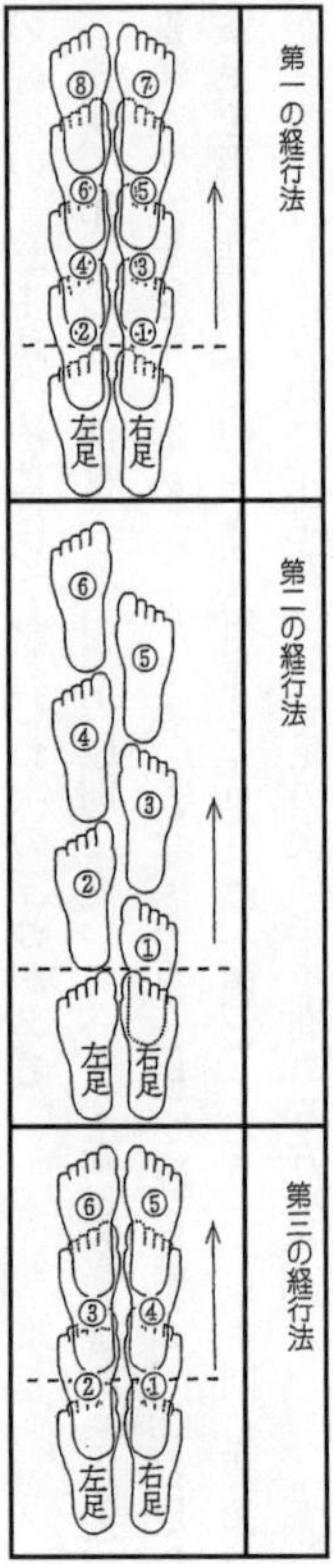

41　慈誨　坐禅時の経行は釈尊の聖跡を敬い行うべし

堂頭《どうちよう》和尚《おしよう》慈誨《じげ》して云《いわ》く。

「如来《によらい》の坐禅《ざぜん》より起《た》ち経行《きんひん》せし跡《あと》、今《いま》、西天竺《さいてんじくう》鄔蕘那国《じようなこく》に現在《げんざい》す。浄名居士《じようみようこじ》の室《しつ》も、猶《なお》、今《いま》に現在《げんざい》す。祇薗精舎《ぎおんしょうじゃ》の礎石《そせき》も未《いま》だ淹《えん》せず。是《かく》の如《ごと》きの聖跡《しょうせき》も、若《も》し人《ひと》此《ここ》に到《いた》って度量《たくりょう》する時《とき》は、或《ある》いは脩《なが》く、或《ある》いは短《みじか》く、或《ある》いは延《の》び、或《ある》いは促《つづ》まり、未《いま》だ其《そ》の定《さだ》まり有《あ》らざるは、乃《すなわ》ち仏祖《ぶっそ》の鬧聒々《にょうかつかつ》なればなり。須《すべから》く知《し》るべし、今日東漸《こんにちとうぜん》の鉢盂《はつう》、袈裟《けさ》、拳頭《けんとう》、鼻孔《びくう》も亦《また》、乃《すなわ》ち人《ひと》の測度《しきたく》すべからざる者《もの》なればなり」。

道元《どうげん》、坐《ざ》より起《た》ちて速礼《そくれい》して地《ち》に叩頭《こうとう》し、歓喜落涙《かんぎらくるい》せり。

〈語義〉

○如来の坐禅より起ち経行せし跡　釈尊が経行された聖跡（〈解説〉参照）。○鄔萇那国　古代インドのウディヤーナ国でガンダーラの北方にあった。ここに仏足石があることは『法顕伝』『大唐西域記』が伝えている。○浄名居士　維摩《ゆいま》居士のこと。中央インド毘舎離《びしゃり》国の人。『維摩経』の中心人物で、在家のままよく菩薩行を行じた。唐の顕慶《けんぎょう》年中（六五六～六六〇）に王玄策という僧が、維摩の居室の土台を笏《しゃく》（約一尺）で計ると十笏（一丈）であったので方丈の室と名づけたという。○祇薗精舎　祇園精舎とも。古代インドの拘薩羅《コーサラ》国の首都舎衛城にあった精舎。須達《しゅだつ》長者が祇陀《ぎだ》太子所有の樹林を譲り受け、釈尊とその教団のために精舎を建立したゆえに、祇樹給孤独園《ぎじゅぎっこどくおん》、略して祇園精舎という。祇園精舎は釈尊在世中最大の寺院で、釈尊はその生涯の後半二十余年間の雨期をここで過ごした。○鬧聒々　鬧は騒々しいこと。聒々は人の声や鳥がかしましい形容。ざわめきにぎやかなこと。転じて、仏法についてあれこれ言うこと。また、仏法が不断に語られている意味をももつ。○鉢盂　応量器のこと。袈裟とともに仏々祖々伝来するものとしてもっとも尊重するもの。○速礼　触礼、即礼とも。坐具を四つ折りにして下に置き、額を坐具につける略式の拝。

〈現代語訳〉

堂頭和尚は次のように慈誨された。

「釈迦如来が坐禅から起って経行された遺跡は、いま、西インドの鄔萇那国（ウディヤーナ国）に現存している。維摩居士の住房も、いまもなお残っている。祇園精舎の礎石も、いまだに埋もれてはいない。このような釈尊などの聖跡も、もし人がそこへ行き計測すると、長かったり短かったり、あるいは前の計測値に比べて伸びたり縮んだりして、いまだに一定の数値を得ないのは、仏祖が現に生き生きと働いているからである。必ず心得ておかねばならないことがある。それは、今日、インドから中国に伝わっている応量器や袈裟、説法時の拳頭、そして鼻孔も、仏法のはたらきそのもの、真実を示しているので、それを人が物差しで推し量ってもその実体の答えの出るようなものではない」。

道元《わたくし》は、座を立ち速礼し頭を地につけたが、心は歓喜に満ちあふれ落涙した。

〈解説〉

経行のありようは「床を下りて足を安んぜば、当に衆生、聖迹を履践して、解脱を動ぜざらんを願うべし」（『華厳経』）とする、釈尊を敬いその聖跡の足跡を履み歩むという、仏行の真実体そのものの実践であることの慈誨である。

釈尊の経行の聖跡が保存されていることは『法苑珠林《ほうおんじゆりん》』が述べ、また、「鹿苑王城の内、及び余の聖跡に皆世尊経行の基あり」（『南海寄帰伝』巻三の「二三章　経行少病」）、さらに「菩提樹の北に仏経行の処あり、如来正覚を成じ已《おわ》りて坐を起たず、七日寂定す。其の起つや、菩提樹の北に至りて七日経行し、東西往来行くこと十余歩異華迹《あと》に随《したが》いて、十有八文あり。後人此に於いて壘甎《るいせん》基を為し、高さ三尺に余る」（『大唐西域記』第八）と記されている。つまり、そのように生きている真実の仏法が、いま、事実、厳として現前し、あるがままに展開しているとの慈誨なのである。

後に、道元は「衲僧の修行は、山頂や海底を窮めるように、宇宙の広大さ、大海の深浅を知らねば徹底することはできぬ、それこそがわが永平の打坐である」と上堂するが、その結語を『永平広録』では（巻四、268上堂）、

観樹経行《かんじゆきんひん》三七日、明星出現《みようじようしゆつげん》し雲漢《うんかん》を照《て》らす、等閑《とうかん》に坐破《ざは》す金剛座《こんごうざ》、誰《たれ》か測《はか》らん吾《わ》が家《いえ》に壁観《へきがん》することを。（釈尊は菩提樹下に坐し経行すること二十一日、暁の明星が天空に輝いたとき、はからずも金剛座を坐破して大悟した、それこそがわが家に伝わる壁観の坐禅である）

と偈頌で結んでいる。

42　慈誨　坐禅時、心を左の掌に置くのが仏祖正伝の法である

堂頭和尚慈誨《どうちようおしようじげ》して云《いわ》く。

「坐禅時《ざぜんじ》、心《こころ》を諸処《しよしよ》に安《お》くに、皆定《みなさだ》まれる処有《ところあ》り。又《また》、坐禅時《ざぜんじ》、心《こころ》を左《ひだり》の掌《たなごころ》の上《うえ》に安《お》くは、乃《すなわ》ち仏祖正伝《ぶつそしようでん》の法《ほう》なり」。

〈語義〉

○心を諸処に　坐禅時に心をおくところには種々の処がある（〈解説〉参照）。

〈現代語訳〉

堂頭和尚は次のように慈誨された。

「坐禅のとき、心をいろいろな処に置くが、それぞれに定まった処がある。だが、坐禅のとき、心を左の掌の上におくこそ、まさに仏祖正伝の法である」。

〈解説〉

坐禅のとき、心をどこにおき安定させるかについての慈誨である。坐禅時の散乱する心のおきどころについては、古来、種々に思考され、さまざまに伝承されている。たとえば、頂上（頭の上）・額上・眉間・鼻端（鼻の先）・臍間《せいかん》・臍下《せいか》丹田《たんでん》・地輪（足のこと）等とするのがそれである。が、如浄は、心を左の掌に安《お》くことこそが、仏祖正伝の法だと慈誨したのである。

洞門において法界定印の印相の形を厳しく守持させるのは、心を法界に収めるため、如浄から道元へと正伝された仏法の伝灯なのである。

43　慈誨　正伝の仏法を託するのは、まさに爾である

堂頭和尚《どうちょうおしょう》慈誨《じげ》して云《いわ》く。

「薬山《やくさん》の高沙弥《こうしゃみ》は比丘《びく》の具足戒《ぐそくかい》を受《う》けざるも、也《また》、仏祖正伝《ぶっそしょうでん》の仏戒《ぶっかい》を受《う》けざるには非《あら》ざるなり。然《しか》して、僧伽梨衣《そうぎゃりえ》を搭《か》け、鉢多羅器《はったらき》を持《じ》す、是《こ》れ菩薩沙弥《ぼさつしゃみ》なり。排列《はいれつ》の時《とき》は、菩薩戒《ぼさつかい》の臘《ろう》に依《よ》り、沙弥戒《しゃみかい》の臘《ろう》に依《よ》らざるなり。此《こ》れ乃《すなわ》ち正伝《しょうでん》の稟受《ぼんじゅ》な

り。儞《なんじ》求法《ぐほう》の志操《しそう》有るは、吾《わ》が懽喜《かんぎ》する所《ところ》なり。洞宗《とうしゅう》の託《たく》する所《ところ》は、儞《なんじ》、乃《すなわ》ち是《こ》れなり」。

〈語義〉

○**薬山の高沙弥**　薬山は湖南省岳州府にある山の名。古来、芍薬《しゃくやく》が多かったことから芍薬山とも呼ばれた。青原行思（?～七四〇）、石頭希遷（七〇〇～七九〇）、薬山惟儼（七四五～八二八）と次第する。高沙弥は薬山禅師の法嗣で『正法眼蔵』「受戒」巻にみられる。〈解説〉参照。　○**具足戒**　比丘・比丘尼の受持する大戒で、『四分律』では、比丘には二百五十戒、比丘尼には三百四十八戒ある。　○**仏祖正伝の仏戒**　仏祖正伝菩薩戒のこと。大乗の菩薩の受持すべき戒律のこと。『梵網経』に説く十重禁戒・四十八軽戒等があたる。洞門の所伝は三帰・三聚浄・十重禁の十六戒をもって菩薩戒とする。　○**僧伽梨衣**　法衣の一種。慈誨26の〈語義〉参照（一五一頁）。　○**鉢多羅器**　応量器。慈誨41の〈語義〉「鉢盂」参照（二三八頁）。　○**臘**　戒を受けてからの年数のこと。インド・中国では具足戒を受けてからの年数とし、日本天台等では菩薩戒を受けてからの年数とする。如浄禅師は仏祖正伝では菩薩戒を受けてからの臘によるとする（〈解説〉参照）。　○**稟受**　正伝の仏法を師から相承すること。相伝。　○**洞宗の託する所**　洞宗とは如浄自身の正伝した仏法のことで、如浄が道元に、その仏法を託したことがここに明白に示されている。

〈現代語訳〉

堂頭和尚は次のように慈誨された。

「薬山の高沙弥は、比丘の具足戒（二百五十戒）は受けなかったが、仏祖正伝の仏戒（仏祖正伝菩薩戒）を受けなかったのではない。が、比丘が着ける大衣を搭《か》け、応量器を所持したので菩薩沙弥である。僧の列位を定めるときは、菩薩戒を受けてからの年数により、沙弥戒を受けてからの年数にはよらない。これこそが仏祖正伝の相承である。汝が求法の堅固な志を持っているのは、私のもっとも喜びとするところである。正伝の仏法を託すのは、まさに汝である」。

〈解説〉

正伝の仏法の命脈を託するのは、求法の志操堅固な汝（道元）である、との如浄のまさに慈愛にあふれた慈誨である。

では、なぜ、ここで薬山と高沙弥の戒についての故事をとりあげたのか。沙弥は、具足戒を受けていないもので、その沙弥が菩薩戒を受けても、それは菩薩沙弥である。高沙弥は具足戒を受けなかったが、仏祖正伝の菩薩戒を受けた、つまり真の戒・仏法を受けた。その故事を『景徳伝灯録』巻一四「高沙弥章」は次のように伝える。

高沙弥が薬山に参じたところ、薬山が「どこから来てどこへ行くのか」と問うと、高沙弥は「南岳から来て江陵に戒を受けに行く」と答えた。薬山が「なぜ受戒するのか」と問うと、高沙弥は「生死を免れるため」と答えた。薬山が「受戒しないが生死を免れている人がいる」と応答すると、高沙弥が「では仏戒は何のためにあるのか」と問うてきた。すると、薬山は維那《いの》を呼び「この僧は理屈に頼っていて僧務に任《た》えない。しばらく後庵に住まわせよ」と言い、その後、順次説得して理屈のみで受戒を望む高沙弥の一切の迷妄を払拭せしめたという。

つまり、高沙弥は、形式的な単なる具足戒・二百五十戒は受けなかったが、薬山によって仏祖正伝の仏戒、戒そのものの真実本質を相承したのである。如浄は、この故事によって、仏祖相続の本質を慈誨されたのである。ちなみに、道元はこの受戒について、『正法眼蔵』「受戒」巻で、三帰戒、三聚浄戒、十重禁戒を仏祖正伝の菩薩戒として、これを授ける儀式を述べた後に、

> この受戒《じゆかい》の儀《ぎ》、かならず仏祖正伝《ぶつそしようでん》せり。丹霞天然《たんかてんねん》、薬山《やくさん》の高沙弥《こうしやみ》等《とう》、おなじく受持《じゆじ》しきたれり。比丘戒《びくかい》をうけざる祖師《そし》あれども、此仏祖正伝菩薩《このぶつそしようでんぼさつ》戒をうけざる祖師《そし》、いまだあらず、かならず受持《じゆじ》するなり。

と示衆している。

44　拝問　初心後心の得道も仏祖正伝の宗旨である

道元拝問《どうげんはいもん》す。

「参学《さんがく》は古今仏祖《ここんぶつそ》の勝躅《しようちよく》なり。初心発明《しよしんほつみよう》の時《とき》、道有《どうあ》るに似《に》たりと雖《いえど》も、衆《しゆ》を集《あつ》めて法《ほう》を開《ひら》く時《とき》は、仏法無《ぶつぽうな》きが如《ごと》し。又《また》、初発心《しよほつしん》の時《とき》は、所悟無《しよごな》きに似《に》たりと雖《いえど》も、法《ほう》を開《ひら》き道《みち》を演《の》べる時《とき》は、頗《すこぶ》る古《いにしえ》を超《こ》える志気《しいき》あり。然《しか》れば則《すなわ》ち、初心《しよしん》を用《も》って得《とく》道《どう》と為《な》さんや、後心《こうしん》を用《も》って得道《とくどう》と為《な》さんや」。

堂頭和尚慈誨《どうちようおしようじげ》して云《いわ》く。

「儞《なんじ》の問《と》う所《ところ》は、是《こ》れ世尊《せそん》の在世《ざいせ》に、菩薩声聞《ぼさつしようもん》の、世尊《せそん》に問《と》いし問《と》いなり。又《また》、西《さい》天東地《てんとうち》、古今正伝《ここんしようでん》の指示《しじ》これ有《あ》り。謂《い》う所《ところ》の『若《も》し法《ほう》、不増不減《ふぞうふげん》ならば、云何《いかん》が菩《ぼ》提《だい》を得《え》ん。唯仏《ただほとけ》のみ能《よ》く爾《しか》り、何《なん》ぞ菩薩《ぼさつ》に関《かかわ》らんや』と。仏々祖々正伝《ぶつぶつそそしようでん》に云《いわ》く、『但《ただ》、初心《しよしん》なるのみにはあらず、初心《しよしん》を離《はな》るるにもあらず』と。甚《なん》と為《し》てか恁麼《いんも》なる。若《も》し、但《ただ》、初心《しよしん》のみにて得道《とくどう》せば、菩薩《ぼさつ》は初発心《しよほつしん》に便《すなわ》ち応《まさ》に是《こ》れ仏《ほとけ》なるべし。

是《こ》れ乃《すなわ》ち不可《ふか》なり。若《も》し、初心無《しょしんな》くんば、云何《いか》にしてか第《だい》二・第《だい》三の心《しん》、第《だい》二・第《だい》三の法有《ほうあ》ることを得《え》ん。然《しか》れば則《すなわ》ち、後《ご》は初《はじ》めを以《もっ》て本《もと》と為《な》し、初《はじ》めは後《ご》を以《もっ》て期と為《な》す。今《いま》、現喩《げんゆ》を以《もっ》て此《こ》の初後《しょご》を喩《たと》えん。譬《たと》えば、炷《とうしん》を焦《こが》すは、初《はじ》めにも非《あら》ず、初《はじ》めを離《はな》るるにもあらず、後《のち》にも非《あら》ず、後《のち》を離《はな》るるにもあらず、不退不転《ふたいふてん》にして、新《しん》にも非《あら》ず、古《こ》にも非《あら》ず、自《じ》にも非《あら》ず、他《た》にも非《あら》ざるが如《ごと》きなり。灯《ともしび》を菩薩《ぼさつ》の道《みち》に喩《たと》え、炷《とうしん》を無明《むみょう》に喩《たと》う。焰《ほのお》は初心《しょしん》と相応《そうおう》する智慧《ちえ》の如《ごと》し。仏祖《ぶっそ》は一行三昧《いちぎょうざんまい》と相応《そうおう》する智慧《ちえ》を修習《しゅじゅう》して、無明惑《むみょうわく》を焦《こが》すに、初《はじ》めにも非《あら》ず、後《のち》にも非《あら》ず、初後《しょご》を離《はな》るるにもあらず。乃《すなわ》ち仏祖正伝《ぶっそしょうでん》の宗旨《しゅうし》なり」。

〈語義〉

○参学　参禅学道のこと。参禅して仏祖正伝の仏道を学び実参実究すること。○勝躅　仏祖が実践し残された勝れた道行の跡。○初心発明　初心は初発心のこと。新たに菩提心を発して仏道に入ること。菩提心を発すのを発菩提心、発心という。〈解説〉参照。○現喩　目の前に展開する現実を喩《たと》えに用いること。この焦炷《しょうしゅ》の喩え（灯と灯芯のたとえ）は『大品般若経』巻一七「深奥品」、『大智度論』巻七五「釈灯喩品 第五十七」（『大正蔵』巻二五、五八五頁b〜c）、『摩訶止観輔行伝弘決』（『大正蔵』巻四六、一七八頁c）にも見える

（〈解説〉参照）。○一行三昧 心を一境に専修して修する行。禅宗では、坐禅を仏祖正伝の禅、如来清浄の禅などとし三昧の具体的な相としてみる。この場合は只管打坐のこと。なお、『六祖壇経』には、「一行三昧とは、あらゆる処、行住坐臥、常に一真心を行ずる」とある。また、天台で説く四種三昧では、常坐三昧の内容とする。

〈現代語訳〉

私は次のように拝問した。

「参禅学道については、古今の仏祖方が実践され残された勝れた行跡があります。それによりますと、初発心したときには、仏道にかなうようにみえても、修行者を集めて法を開演するときになると、仏法がないようにみえることがあります。また、初発心のときには、悟りに至ることなどないようにみえても、仏法を開演し仏道を開示するときには、大いに古人を超えるような志気があるようにみえる場合があります。そうしますと、初発心のときに仏道を得たとするのか。それとも、発心し修行した後に得道するのでしょうか」。

堂頭和尚はつぎのように慈誨された。

「汝《きみ》の問うところは、釈尊の在世中に、菩薩や声聞が釈尊に質問したのと同じ問いかけである。この問題については、インドでも中国でも、古今にわたり正伝の指示がある。それは『もし、法が増しもせず減ることもないというならば、どのようにして菩提《さとり》を得るのか、ということである。ただ仏だけがそれを得るのであれば、菩薩《しゅぎょうしゃ》にはかかわりがないではないか』と、いうことである〈この前半部は問いであり、後半部は疑いでもある〉。それについて、仏々祖々は『得道するのは、ただ初心のみではない、初心を離れるのでもない』と正伝している。なぜかといえば、もし初心のみで得道するならば、菩薩は初発心のときにそのまま仏であるであろう。しかし、そのようなことはあり得ない。もし、初発心がなければ、どうして第二、第三の心や、第二、第三の法があり得ようか。であるから、後心は初心を基本とし、初心は後心を期するのである。

いま、目前の現実的なことで、この初心と後心とを喩えてみよう。それは、たとえば、灯《ともしび》の芯に火をつけてみる。いま、目の前で燃えつづけている灯火は、最初に火をつけたときの灯火ではないが、最初に火をつけたときの灯火と別の灯火でもない。灯の芯は絶えず燃えつづけているが、その灯の灯火の明るさは衰えずに、同じ明るさで始めも終わりもない。いま、目の前の灯火は新しいものでも、古い灯火がそのまま燃えつづけているのでもない。ゆえに、最初につけた灯火は、それ自身ということもできないし、それ自身ではない別の灯火ということもできない、と。この喩えは、灯の灯火を菩薩の修行にたとえ、灯芯を無明に喩えているのだ。灯芯の明るい焔は初心にともなう智慧のようなものである。仏祖は、只管打坐の坐禅三昧にひとしい智慧を身に修めて、無明の惑いを燃やすのだが、それは、初心でもなく後心でもなく、初心と後心と離れた別のものでもない。これこそが、まさに仏祖正伝の宗旨なのである」。

〈解説〉

如浄は道元の初心後心の得道の拝問を「釈尊在世のときに菩薩声聞が問うたところ」と、その拝問を待っていたかのように喜び、それには「西天東地、古今正伝の指示」があるとして「仏祖は一行三昧と相応する智慧を修習して、無明惑を焦すに、初めにも非ず、後にも非ず、初後を離るるにも非ず」とし、「これこそが仏祖正伝の宗旨」であると慈誨する。

道元の「初心を用って得道と為さんや、後心を用って得道と為さんや」という拝問と如浄禅師の現喩に基づく慈誨は、『大品般若経』に「須菩提、仏に白して云く、世尊、菩薩摩訶薩は初心を用て阿耨多羅三藐三菩提《あのくたらさんみゃくさんぼだい》を得るや、後心を用て阿耨多羅三藐三菩提を得るや。（中略）仏、須菩提に告ぐ、我、当に汝のために譬喩《ひゆ》を説かん。智者は譬喩を得ば則ち義において解し易し。須菩提、譬えば灯を然《もや》すが如き、初焔《しょえん》を用て炷《しゅ》（灯芯）を燋すとせんや、後焔《ごえん》を用て炷を燋すとせんや」として、それ以後に初心後心の得道について焦炷《しょうしゅ》の譬えを巧みにつかい論じていることに基づくものである。また『大智度論』はその該当部分を「灯は菩提道に譬え、炷は無明等の煩悩に譬え、焔は初地相応の智慧、乃至金剛三昧相応の智慧が無明等の煩悩の炷を燋すが如し、また初心の智焔に非ず、また後心の智焔に非ずして、しかも無明等の煩悩の炷は燋尽せられて無上道を成ずることを得る」と解釈し、さらに『摩訶止観輔行伝弘訣』は『大智度論』の該当部分を三分の一に縮小したものであることが知られている。

道元の拝問の趣旨は、如浄の慈誨にあるように、釈尊の時代からの基本的な問題意識で、おそらくそれは仏道に志す者誰しもが懐《いだ》く問題であったのではなかったか。つまり、この拝問と慈誨は、道元と如浄がともに、その問題の深奥を充分に承知した上で、仏典に基づいてどのように理解するかを確認しあっているのである。ちなみに、初心・後心の得道について、後に道元は「弁道話」巻において、「初心の弁道、本証の全体なり」と明確に示している。つまり、道元の嗣続した正伝の仏法は、修証一如（修行と証は一つ）であり、本来証《さと》っているものがさらに修行する（本証妙修《ほんしょうみょうしゅ》）のであるから、初心で行う修行そのものがそのまま本来成仏ということの全体なのである。さらに「仏法のなかに真実をねがわん人、初心後心をえらばず、凡人聖人を論ぜず、仏祖のおしえにより、宗匠の道をおって、坐禅弁道すべしとすすむ」（同）とも示される。そしてその宗旨は「仏祖の大道、かならず無上の行持あり、道環して断絶せず、発心・修行・菩提・涅槃、しばらくの間隙あらず、行持道環なり」（『正法眼蔵』「行持」巻）と示されているように、仏道は初発心時から、環が始めなく終わりなく連続するように少しの隙もなく連続するもの、との明確な示衆へと展開している。その背景には「坐禅弁道は、これ初心晩学の要機なり」（『正法眼蔵』「坐禅箴」巻）とする当時の宋朝禅の坐禅を宗としながら、坐禅を知らず学せず、曲解しその真実を究明しようともしない徒輩に対する批判がある。それは「なにかこれ初心、いずれか初心にあらざる、初心いずれのところにかおく、しるべし学道のさだまれる参究には坐禅弁道するなり。その榜様の宗旨は、作仏《さぶつ》をもとめざる行仏あり」（同）と言明されているところに知るを得る。

また、如浄の引いた現喩《たとえ》は、灯と灯芯、つまり火のついた灯芯は絶えず明るく燃えつづけるが、その灯明は始めも終わりもない、前後もなく新も古もないところから、その灯明を菩提道に、灯芯を無明の焔に比したものである。後に、道元は「現成公案」巻において、「たき木、はいとなる、さらにかえりてたき木となるべきにあらず」として、いま、ここに在るということは、灰は灰として、薪は薪としてなにものにも代えられない絶対として存在するが、同時に無常のなかにあって一瞬もとどまることがない、時の推移に独立して、いま、ここに在る瞬間は、仏法の現成の瞬間であり、そこには過去現在未来がすべて含まれるという説示を彷彿とさせるものでもある。

如浄は、仏法は一つとして、教家を怨家の如く忌み嫌う立場をとらず、仏法に禅家とか教家はないとする正伝の仏法を確信していたのである。したがって、慈誨のなかの譬喩が経論に見られたとしても、一仏法の立場からすれば、教家の仏典であろうとも、従うべき教説であり、正伝の仏法の範疇に違いはなかったのである。その主義主張は道元に正確に信受され、道元は「仏教」巻に「知識は必ず経巻を通利す、通利すというは経巻を国土とし（中略）経巻を坐臥経行とす」とあるように宗旨上に展開しているのである。つまり、この拝問と慈誨が『大品般若経』『大智度論』『摩訶止観輔行伝弘訣』に見られるからと言って、それは教家の論、天台教義に基づいて、それを鵜呑みにして踏襲しているものではけっしてない。帰国後の道元の『正法眼蔵』の各巻あるいは『永平広録』に、教家の、とくに天台の語句が見えるからといって、それらは教家の主旨そのままではない。それらは正伝の仏法の正眼において濾過された仏法が展開していることを銘記しなければならない。この道元の拝問と如浄の慈誨が『宝慶記』の最後を飾るという事実は、日本に帰国して以後、道元が展開する仏法の端緒を思わせるきわめて意義深いものである。

懐奘禅師奥書

建長《けんちょう》五年　癸丑《みずのとうし》十二月十日、越宇《えつう》吉祥山永平寺方丈《きちじょうさんえいへいじほうじょう》に在《あ》ってこれを書写《しょしゃ》す。右《みぎ》は先《せん》師古仏御遺書《しこぶつごゆいしょ》の中《なか》にこれ在《あ》り。これを草《そう》し始《はじ》むるに、猶《な》お余残《よざん》在《あ》るか。恨《うら》むらくは功《こう》を終《お》えざりしことを。悲涙千万端《ひるいせんばんたん》。

懐奘《えじょう》

〈語義〉

○建長五年　建長五年（一二五三）の八月二十八日、道元禅師は京都で示寂した。懐奘禅師は師のお骨を抱いて永平寺に帰山し、涅槃の儀式や示寂後の諸事を行い、十二月十日、道元禅師の書き遺されたもののなかからこの書（『宝慶記』）を発見して書写した。○懐奘　道元の唯一の法嗣。永平寺第二世孤雲懐奘（一一九八〜一二八〇）のこと。京都に生まれ、幼年にして比叡山で出家し、天台や他宗の教学を学ぶ。ついで、日本達磨宗をついだ仏地覚晏に参禅する。安貞二年（一二二八）、三十一歳の時、中国から帰国し建仁寺に寄寓していた道元に相見し、その力量に打たれ、文暦元年（一二三四）、興聖寺にて正式に門下となる。以後、道元の示寂までの二十年近く、徹底して随侍した。

〈現代語訳〉

建長五年（一二五三）癸丑十二月十日、越州吉祥山永平寺の方丈に在ってこれを書写した。この書は、先師古仏道元禅師が書き遺されたもののなかにあった。これを書き写しはじめたのであるが、なおこのほかにも拝問され、また慈誨された残りがあったであろうか。完全に書き写し終えていないとしたら何とも残念なことである。悲しみの涙は止めどなく流れる。

懐奘

〈解説〉

この奥書は二つの解釈ができよう。その一は、道元が、これを記録しはじめたのであるが、なお外にも拝問したいことがあったのではないか、そのことを思うときわめて残念だ、というもの、その二は、懐奘が、この遺書を書き写しはじめたのだが、道元がほかにも書き残したものがあったのではないか、それらすべてを書き写すことができないのはきわめて残念である、との解釈である。筆者は後者の立場に立ち、懐奘が書き写しはじめた時点には、おそらく書き写した部分しか残っていなかったのであり、懐奘は、道元が疑問に思った事項が、さらには如浄が慈誨したことがもっとあったはずであり、それらすべてが書き写せなかったのはきわめて残念だ、との感慨をもったのではなかったか、と拝察するばかりである。

義雲禅師奥書

正安元年《しょうあんがんねん》己亥《つちのとい》十一月廿三日《にじゅうさん》冬至《とうじ》の明日《あくるひ》。越州大野宝慶寺《えっしゅうおおのほうきょうじ》に於《おい》て初《はじ》めて拝見《はいけん》す。開山存日《かいさんそんぴ》にこれを許《ゆる》さると雖《いえど》も、今《いま》に延遅《えんち》せり。今正《いままさ》に是《こ》れ時《とき》なり。而今《いま》、聖《しょう》王髻中《おうけいちゅう》の明珠《みょうじゅ》を得《え》たり。大幸《だいこう》の中《なか》の大幸《だいこう》なり。懽喜《かんぎ》千万《せんばん》、感涙襟《かんるいえり》を湿《うる》おすのみなり。

義雲《ぎうん》

癸丑《みずのとうし》と己亥《つちのとい》の間《あいだ》、四十七年なり。

〈語義〉

○正安元年己亥十一月二十三日　懐奘が書写した『宝慶記』は宝慶寺開山寂円（一二〇七～一二九九）より、その弟子義雲（一二五三～一三三三）に伝えられた。ちなみに、寂円は道元を慕って日本に来た中国僧であり、道元亡き後は、宝慶寺を建立しそこに独坐し、道元の宗風を挙揚し、望郷の念に駆られながらも九十三歳の天寿を全うした。寂円は正安元年（一二九九）の九月十三日に示寂したので、この日はそれから七十日目にあたる。**○聖王髻中の明珠**　『法華経』「安楽行品」に、「王の髻《もとどり》の明珠を解いて之を与ふるが如し。此の経は尊くして衆経の中の上たり。我常に守護して妄《みだ》りに開示せざりしも今正に是れ時なり」とあるように、貴い真理を今まさに与えるというたとえ。○義雲　永平寺五世義雲（一二五三～一三三三）のこと。二十四歳にして宝慶寺の寂円に侍すること二十年。永仁三年（一二九五）入室《にっしつ》得法。正安元年（一二九九）師入滅後、その後席を嗣ぐ。正和三年（一三一四）永平寺四世義演（?～一三一四）示寂後、永平五世に晋住し、規矩の荒廃を復興し永平の中興とされる。

〈現代語訳〉

正安元年（一二九九）己亥、十一月二十三日、冬至の翌日、越州大野の宝慶寺において初めてこの書を拝見した。開山寂円が御存命の時、拝見を許されていたが、拝見することが今日に至るまで延びてしまっていた。今、まさに時が熟したのである。これを拝見した今は、まさに転輪聖王の髻の中にある明珠を得たような大幸の中の大幸である。喜びはこの上なく、感激の涙は襟を濡らすばかりである。　義雲

懐奘禅師が書写されてから、すでに四十七年が経過している。

〈解説〉

この奥書によって、義雲がこの『宝慶記』を拝覧したのは、寂円の示寂から七十日目で

あったことが知られる。と同時に、最後に別人と思われる人の書きこみで、「癸丑と己亥の間、四十七年なり」とあるが、これは「建長五年（一二五三）と正安元年（一二九九）の間、四十七年」のことで、義雲がこの書を拝覧したのは、道元が示寂して四十七年目のことであったことが知られる。

先の、道元の遺書類のなかにこの書（『宝慶記』）を発見し、それを最初に写した懐奘の奥書の最後に記された「悲涙千万端」、また寂円が示寂する正安元年に至る四十七年の間この書が秘蔵され、義雲がそれを拝覧した時の「聖王髻中の明珠」という表現に加えての「懽喜《かんぎ》千万《せんばん》、感涙襟《かんるいえり》を湿《うる》おすのみなり」とされる、そうした感涙せざるを得ない言葉に接すると、この書に見られる、如浄と道元が磁鉄の如く引き合い、正伝の仏法が人と人と、師資の間に見事に展開された真実と同時に、道元によって開花された正伝の仏法の宗旨のきわめて貴重な原点なる面授の場面を直に拝覧しえた後世の者の感動が胸に迫ってくる。

宝慶記《ほうきようき》を彫《ちよう》するの序《じよ》

積年《せきねん》の闇室《あんしつ》も、孤灯《ことう》を点《てん》ずるときは則《すなわ》ち朗《あきら》かに、遍界《へんがい》の疑関《ぎかん》も、寸棙撥《すんれいはつ》すれば忽《たちま》ち闢《ひら》く。黄面《おうめん》の月氏《げつし》に利見《りけん》し、碧眼《へきがん》の赤県《せきけん》に来蘇《らいそ》する所以《ゆえん》なり。熊耳《ゆうじ》隻履《せきり》の後《のち》、歳《さい》月《げつ》七百、人澆《ひとうす》く法衰《ほうおとろ》う。而《こ》の時《とき》に当《あた》って、天童浄祖《てんどうじょうそ》あって出現《しゅつげん》し、光前絶後《こうぜんぜつご》、瑞烏《ずいう》跋《ばつ》に媿《あ》う。我《われ》が承 陽《じょうよう》遠《とお》く其《そ》の堂《どう》に升《のぼ》る。実《じつ》に磁《じ》と鉄《てつ》との真契《しんけつ》なり。大法《だいほう》を面授《めんじゅ》して、火《ひ》と火《ひ》との如《ごと》し。且《か》つ親聞《しんもん》の繾綣《けんけん》、手録《しゅろく》して以《もっ》て児孫《じそん》に遺《のこ》し、之《これ》に籤《せん》して宝慶《ほうきょう》記《き》と云《い》う。乃《すなわ》ち彼時《かのとき》の歴号《れきごう》を采《と》れるなり。一一の疑問《ぎもん》、条 条《じょうじょう》の開拓《かいたく》、闇《やみ》を十方《じっぽう》に朗《あきら》かにし、疑《ぎ》を千歳《せんざい》に闢《ひら》かざる莫《な》し。余《よ》十有《ゆう》六歳《さい》、親教師前永平遼 雲峯和尚《しんきょうしぜんえいへいりょううんぽうおしょう》、手書《しゅしょ》する所《ところ》の本《ほん》を以《もっ》て之《これ》を賜《たま》い、且《か》つ告《つ》げて謂《いわ》く「此《これ》は是《こ》れ、広福大智《こうふくだいち》禅師《ぜんじ》の手沢《しゅたく》を謄《とう》せるなり。我《われ》、今《いま》、汝《なんじ》に授《さず》く、之《これ》を帯《お》びて永《なが》く学道《がくどう》の標 準《ひょうじゅん》と為《な》せ」と。而《しか》してより以来《このかた》、行脚《あんぎゃ》に嚢蔵《のうぞう》し、住山《じゅうざん》に篋秘《きょうひ》し、今《いま》に到《いた》って半《はん》百余年《よねん》、侍者《じしゃ》と雖《いえども》、亦許《またゆる》して視《み》せしめず。間《まま》、他《た》の類本《るいほん》を持《じ》するを看《み》るに、倒写亥豕《とうしゃがいし》、脱字《だつじ》も一《いっ》ならず、或《ある》いは時《とき》に眉《まゆ》を皺《しわ》む。因《よ》って憶《おも》う、者箇《しゃこ》は実《じつ》に仏祖《ぶっそ》の慧命《えみょう》の係《かか》る所《ところ》なり。秘《ひ》して益無《えきな》し、冀《こいねがわ》 くは天下《てんか》の雲仍《うんじょう》と之《これ》を共《とも》にし、以《もっ》て滅後《めつご》五百年《ねん》の法乳《ほうにゅう》に酬《むく》いたてまつらん、と。乃《すなわ》ち薦福義《せんぷくぎ》雲和尚《うんおしょう》の本《ほん》と考讎《こうしゅう》し、以《もっ》て木王《もくおう》に鏤《きざ》む。蓋《けだ》し物《もの》は多《おお》きときは則《すなわ》ち棄《す》たれ易《やす》く、少《すく》なきときは則《すなわ》ち周《あま》ねからず。是《こ》の故《ゆえ》に都計《とけい》一万巻《かん》を印《しる》して、而《しか》して板《ばん》を破《やぶ》らしむ。冀《こいねが》 う所《ところ》は、多《おお》きときは則《すなわ》ち棄《す》たれ易《やす》きの罪《つみ》を免《まぬが》れんことを。伏《ふ》して惟《おもん》みれば、承陽《じょうよう》の傑雲英仍《けつうんえいじょう》、之《これ》を肘後《ちゅうご》の符《ふ》に充《み》つるときは、則《すなわ》ち暗《あん》を行《ゆ》くに本《もと》より炬《きょ》を執《と》るの勇《ゆう》を得《え》、関《かん》に臨《のぞ》んで必《かなら》ず闥《たつ》を排《はい》するの勢《せい》あらん。

寛延第《かんえんだい》三の仲《ちゅう》 春五日《しゅんいつか》

遠孫第《おんそんだい》二十九葉《よう》、若州《じゃくしゅう》 永福庵主面山《えいふくあんじゅめんざん》

焚盥《ぼんかん》九拝《はい》して謹《つつし》んで題《だい》す。

此記《このき》は、元若州《もとじゃくしゅう》 永福《えいふく》の蔵版《ぞうはん》なり。惟恨《ただうら》むらくは、地《ち》少《すこ》し幽僻《ゆうへき》なるを以《もっ》ての故《ゆえ》に、或《あるい》は流通《りゅうつう》に便《べん》ならず。予《よ》、是《こ》れより先《さき》、永福老人《えいふくろうじん》に京師《けいし》に侍《じ》せし日《ひ》、之《これ》を老人《ろうじん》に請《こ》いて、親《した》しく此《こ》の版《はん》を承《う》けたり。而《しか》して後《のち》、或《あるい》は東《ひがし》し或《あるい》は西《にし》して復京《またきょう》に留《とど》まらず。是《これ》に於《おい》て、遂《つい》に版《はん》を三条《さんじょう》 高倉街島田《たかくらまちしまだ》氏《し》の家《いえ》に属《しょく》し、而《しか》して此《こ》の事《じ》を幹《かん》せしむ。蓋《けだ》し京《きょう》は天下《てんか》の大《だい》都《と》にして、其《それ》をして方国《ほうこく》の求《もと》めに応《おう》じ易《やす》からしむればなり。伏《ふ》して請《い》う、作家《さっけ》怪《あや》しむこと莫《なか》れ。是《こ》れ義璞《ぎはく》なり。

明和《めいわ》八年《ねん》歳《とし》辛卯《かのとう》（一七七一）に舎《やど》る八月二十八日

奥州《おうしゅう》の遠孫朴衒不肖義璞《おんそんぼくげんふしょうぎはく》謹《つつし》んで識《しる》す

〈語義〉

○遍界　偏法界のこと、全世界ありとあらゆる世界のこと。○疑関　疑問の関門。○寸棙　関棙（自身を自在に向上させる関鍵・機関）と同義か、関の鍵の意。○黄面の月氏　黄面は黄金色に輝く顔、釈尊のこと。月氏は天竺（インド）のこと。○碧眼　眼の碧い人。中国人が異国僧を形容した語、菩提達磨のこと。○赤県　漢土の異称、中国のこと。○来蘇　仁者が来て人民がその徳に頼り再生の思いをすること。周の文王が殷の紂王《ちゅうおう》を討つためにやって来たときに、民衆が「后《きみ》来たらばそれ蘇せん」と歌ったと伝えられる故事による。○熊耳隻履　熊耳は菩提達磨大師を葬った山名。隻履は片方の草履。達磨大師は後魏孝文帝の太和十九年（四九五）十月五日に百五十歳で寂し、十二月二十八日熊耳山に葬られたという。が、東魏使宋雲はインドからの帰途葱嶺《そうれい》で隻履を携え西に向かう達磨大師に逢い、帰国後棺を暴いたところ空棺に一隻の草履のみが遺されていた。そこで勅して遺隻履を少林寺に供養したという。後世、宋雲の邂逅したこの異僧を「隻履の達磨」として文人墨客が賛頌《さんしょう》するところとなった。○光前絶後　前代未聞の意。○烏跋　優曇華《うどんげ》のこと。三千年に一度花が咲くという。○媲う　配する。○縺綣　丁寧に反復して厭わないこと。如浄と道元が互いに丁寧に反復して問答をなしたことをいう。○簽　書物の表題のこと。○親教師前永平遼雲峯和尚　面山瑞方の得度した師匠。○広福大智禅師　大智（一二九〇〜一三六六）のこと。七歳で大慈寺の寒巌義尹のもとで剃髪。瑩山紹瑾《けいざんじょうきん》に師事、入元後明峰素哲の法嗣となり肥後（熊本）聖護寺に居し、また広福寺を創す。○手沢　書き写し本、手書きした書のこと。○篋秘　篋は箱のこと。箱のなかに秘蔵すること。○倒写亥豕　書き写すときに、亥を豕と書き、豕を亥と書くなど誤写すること。○雲仍　遠い子孫。子の子を孫、孫の子を曽孫、曽孫の子を玄孫、玄孫の子を来孫、来孫の子を昆孫、昆孫の子を仍孫、仍孫の子を雲孫という。○滅後五百年　道元が建長五年（一二五三）に滅して五百年の意。○薦福　寂円禅師草創の宝慶寺の山号。○考讎　校訂すること。○木王　梓の木のこと。現代においても出版することを上梓という。○都計　合わせて、合計の意。○承陽の傑雲英仍　道元禅師の傑出した門流。○肘後の符　守り札、護符のこと。○寛延第三の仲春五日　寛延三年（一七五〇）二月五日のこと。○二十九葉　道元から数えて二十九代目の意。○永福庵主面山　面山瑞方（一六八三〜一七六九）師は、十六歳で出家、卍山道白《まんざんどうはく》・損翁宗益《そんのうしゅうえき》・徳《とく》翁良高《おうりょうこう》の諸師につき、損翁師の法嗣となり、諸寺に歴住、寛保《かんぽう》元年（一七四一）永福庵に隠棲。以後、諸方の招請に応じ仏教祖録を講じ祖風の宣揚に努め、江戸期の宗学の泰斗とされる。○焚盥　香を焚いて手をすすぐこと。

〈現代語訳〉

　永いあいだ暗かった部屋も、一本の灯火を点ずればたちまちに明るくなるように、堅固な関所に鎖《とざ》されているようなあらゆる世界の疑問も、その鍵を開ければたちまちに解くことができる。釈尊は仏法をもってインドに利益《りやく》をもたらし、菩提達磨が中国にその仏法をもたらしたのもそうした理由による。ところが、菩提達磨が亡くなって以来、歳月は七百年を数え、その仏法を嗣ぐものも少なく衰えた。

その時代にあって、天童如浄禅師が出現されたのは、空前絶後のことで、三千年に一度だけ咲くという優曇華《うどんげ》の花が開いたようなものである。わが承陽大師（道元）が遠い日本から訪れてその堂奥に登られたのは、まさに磁と鉄とが呼び合い、そこで正伝の仏法・大法が面授されたのは、火と火とが一体となったようなものである。その際、道元禅師は親しく拝問されたことと如浄禅師の慈誨の一つひとつの事項を手録し、その時代の歴号にちなみ『宝慶記』と題されて児孫に遺された。その一つひとつの疑問、そのすべての疑問を闡明《せんめい》し、あらゆる方面の闇を照らし、疑問を千歳に残していない。

私は、十六歳のとき、わが師である前永平遼雲峰和尚が手書きした写本を賜わったのだが、そのとき師は「この書は、広福大智禅師の手沢本を写したものである。私はいま、汝に授ける。これを学道の標準とせよ」と仰せられた。それより以後は、この書を行脚のときは嚢中に収め、住山時には箱中に秘匿し、いま、五十年になるが、侍者といえどもそれを見せたことはない。

その間、他の類本を見たが誤写や脱字が多く、ときには眉をひそめるものもあった。そこで、私はこの書は実に仏祖の慧命に関わる重大事であり、秘蔵していても何の益もない、冀わくは天下の法孫たちとこれを共有し、もって道元禅師滅後五百年の法乳に酬い奉らん、と思ったしだいである。そこで、薦福義雲和尚の本と校訂して、梓の木に刻ましめたのである。けだし、物は多いときは廃れやすく、少ないときはすべてに行き渡らないゆえに、合計一万部を印刻して絶版にしようと思う。どうか、印刻数が多いときは廃れやすいという罪を犯すことは避けさせていただきたい。伏して惟んみれば、道元禅師の傑出した法孫たちは、この書を護符とするときは、暗闇を行くのに松明を持つ勇気を得、関所においては、その関をやすやすと通り抜ける勢いを得るであろう。

寛延三年（一七五〇）仲春五日

遠孫第二十九代　若州永福庵主面山

焚盥九拝して謹んで題す。

（以下略）

〈解説〉

面山瑞方（一六八三〜一七六九）師の『宝慶記』開版に至る経緯が懇切に記された「開版序文」である。それによると、面山は元禄十一年（一六九八）、十六歳で肥後（熊本市壺川）の流長院の遼雲古峰（一六五二〜一七〇五）に受業し、そのときに、遼雲みずからが広福寺に伝わる大智の手沢本を書写した『宝慶記』を授与した。が、以来、面山はそれを五十余年の間、誰にも見せずに秘蔵し自身の「学道の標準」としていた。その間、類本を見る機会もあったが、その多くは眉をひそめるほどに誤字脱字等が酷いものもあった。そこで、道元滅後五百年にならんとする時期に当たりその法乳の恩に報いんと、自分の所持していた『宝慶記』と、薦福山宝慶寺に伝わる『義雲和尚本・宝慶記』とを校訂し、『若州永福庵蔵版・宝慶記』として、一万部に限って印行、その後は絶版とする計画であったことが知られる。

この開版は、それによると寛延三年（一七五〇）のことであり、二年後の宝暦二年（一七五二）、道元の五百回の大遠忌《だいおんき》を迎えるが、七十歳であった面山は、但州（兵庫県）の大用寺等の結制で『宝慶記』を提唱している。面山には、本書の開版と同時期の著述に、『宝慶記』の参究の結果をまとめた『宝慶記事林』（別名『宝慶記渉典録』）『宝慶記聞解』『宝慶記摘葉集』などがある。

ところで、面山は一万部の開版後絶版を示唆しているが、「彫宝慶記序」を記した時点で一万巻の印行が為されたか否かは不明である。だが、面山の随身であった義璞朴衒（霊雲院九世とも）の跋によれば、義璞が京都で面山から親しくこの版を承けて、初版印行から二十一年後、面山が没して二年後の明和八年（一七七一）に京都三条の島田氏に印行させたことが知られる。したがって、義璞師の印行時には、いまだ一万部に達せず、それは面山師の素志の継続事業であったと見るのが妥当で、この『明和本・宝慶記』をもって面山印行のものとするのが先学諸師の主張でもある。

また、今日の時点からすると、面山は自身所持の大智の手沢本と義雲の写本とをもって対校是正したとしているので、『宝慶記』は面山によって初めてその内容が整備されたといえる。が、たしかに『明和本・宝慶記』は、公刊するものとして明らかに面山の編輯方針によって意識的に添削的変化を加えて整えられたのではないかと思われる部分もある。また面山は、『宝慶記』は記録して児孫に遺す趣意のあったことを述べるが、必ずしもそうではないとする意見もあり（主に宇井伯寿『宝慶記』岩波本一〇七～一一二頁参照）、筆者も『宝慶記』は後人に遺す意図はなかったものと確信しているが（「あとがき」三一〇頁参照）、書誌学的には多くの問題を残す。

が、しかし、当時は『宝慶記』が伝写を重ねるうちに酷い状態にあったことも事実であろうし、今日、われわれが『宝慶記』として目にするその基盤はこの『明和本・宝慶記』であり、これこそが以後二百五十年近く『宝慶記』の底本として読まれつづけてきた歴史がある。おそらくは面山の報恩の行としての強き開版の発願がなければ、『宝慶記』は「ご開山の秘本」として特別に秘蔵秘匿され、その縁者以外は容易に目に触れることなく埋没していたかもしれないことを勘案し、面山並びに義璞の労苦を偲び、『宝慶記』を拝読しうる勝縁に感謝し、その法恩に報いんために、あえてここに収録したしだいである。

あとがき――『宝慶記』の周辺にて

道元（一二〇〇〜一二五三）は、嘉定《かてい》十六年（一二二三）四月ごろ、先師明全《みようぜん》（一一八四〜一二二五）らと入宋《にっそう》し、七月ごろには天童山景徳寺《てんどうさんけいとくじ》に掛錫《かしやく》した。時の住職無際了派《むさいりようは》（一一四九〜一二二四）が示寂《じじやく》すると、その秋ごろには尋師訪道し、宝慶《ほうきよう》元年（一二二五）五月一日、本師天童如浄《てんどうにょじょう》（一一六二〜一二二七）に相見《しようけん》し、その膝下《しつか》で只管打坐《しかんたざ》に徹し身心脱落《しんじんだつらく》し、帰国後『正法眼蔵《しようぼうげんぞう》』「弁道話」巻に「つひに大白峰の浄禅師に参じて一生参学の大事ここにをはりぬ」と記している。では、道元の大事了畢《だいじりようひつ》に到るまでの参学（仏祖嫡伝の正しい仏法を実参実究すること）とは、いったいどのようなものであったのであろうか。

道元の高度な外典《げてん》（仏教経典以外の書）への教養は、『正法眼蔵随聞記』に、

> 外典等の美言案ぜられ、文選《もんぜん》等も見らるる（『正法眼蔵随聞記』三―六）。
>
> 我れ幼少の昔、紀伝等を好み学して、それが今も、入宋伝法するまでも、内外《ないげ》の書籍《しよじやく》をひらき、方言を通ずるまでも、大切の用事、また世間のためにも尋常なり（『正法眼蔵随聞記』三―九）

と見られるように、その天賦の才と相まって、幼少時の外典つまり儒教を学問的に修学し、さらに仏典の習学から参学へ、そして入宋しての方言（中国語、この場合はとくに南方方

言）にも通じたことを述懐していることからもうかがえる。そうした大部分は、本書『宝慶記』の道元の「拝問」あるいは如浄の「示誨」「慈誨」の各条の「語義」「解説」で詳述したので、重要な点を除いて重述を避けるが、今ここでは、道元の入宋以前の修学と入宋以後の参学に分け、

一、道元入宋以前の修学
二、道元入宋以後の参学
三、『宝慶記』各項の内容概略
四、『宝慶記』の発見と伝承

とし、道元の身心脱落にいたるその行履《あんり》・行実と修学・参学の軌跡を中心にして、その周辺をも点検しながら概略的にたどっておきたい。それは、『宝慶記』の根底、つまり道元仏法の基礎を、そしてその全体像を理解するには不可欠の要件だからである。

一　道元入宋以前の修学

父母の死より仏道へ

道元は、鎌倉幕府が樹立されてまもない正治二年（一二〇〇）正月二日、内大臣久我《こが》通親《みちちか》（五十二歳）を父に、前摂政関白・藤原基房《ふじわらのもとふさ》（松殿《まつどの》）の娘・伊子《いし》（三十二歳）を母として、京都の松殿の別邸で誕生した。久我家と藤原家は、当時の有数な公卿で、宮廷政治に携わる

ともに当時の高度な文人たちでもあった。通親は、宮廷政治の上での権謀術数に長《た》けているばかりではなく、和歌は六条季経《ろくじょうすえつね》に師事し、『千載集《せんざいしゅう》』にも、また『新古今和歌集《しんこきんわかしゅう》』には六首も載せられている歌人でもあった。通親の第二子で、道元の異母兄にあたり、後に道元の育父《いくふ》となる通具《みちとも》は、藤原定家と並び称せられた歌人でもある。『新古今和歌集』五人の選者の一人で、当時の最高の文人政治家であった。道元は、そうした宮廷文化のなかで育った。

道元は、四歳で『李嶠雑詠《りきょうざつえい》』を祖母の膝上で読み、七歳で『左伝《さでん》』『毛詩《もうし》』を読破し、その秋には周詩一篇を慈父の閣下に献ずるほどであった。その才は、幼名文殊丸そのままで、まさに「利なること文殊の如し」と称されるほどの天稟《てんぴん》に恵まれていたと伝えられる。そうした公卿家のうちにあって、その将来を嘱望された幼き道元の人生は、建仁二年（一二〇二）の父通親の突然の死、さらに承元元年（一二〇七）冬、母伊子の死によって一変する。父通親の死後は、異母兄の通具が育父となり、母方の伯父・松殿師家《もろいえ》が、儒教の書を通して公卿政治家としての教養を身につけさせた。師家は、才能豊かな道元の姿に、非凡な知的才能を見抜き、いずれは近衛家や九条家に圧倒されていた松殿家の再興者に推そうとしていた。しかし、相次ぐ両親の死、とりわけ母伊子の死によって、道元の心には無常観が芽生えていた。その心情を、『建撕記《けんぜいき》』は「悲母の喪にあひて、香火の煙を観じて、密かに世間の無常を悟りて、深く求法の大願を起こしたまふ」と、『伝光録《でんこうろく》』（瑩山紹瑾《けいざんじょうきん》［一二六八〜一三二五］が正安二年［一三〇〇］に講述、インド二十八祖、中国二十三祖、日本の道元、懐奘《えじょう》まで、一仏五十二祖を五十三章として、祖師たちの開悟の機縁を提唱し宗旨の命脈を開示した書）は「八歳の時、悲母の喪に逢て、哀歎尤《もっと》も深し。即ち高雄寺にて香煙の上るを見て、生滅無常を悟り、其より発心す。九歳の春、始て世親の倶舎論《くしゃろん》を読む」と記している。母の臨終は、幼いころよりきわめて鋭敏であった道元に強烈な感慨を与え、仏門への帰投という母の遺誡を、わが命のありかたとして銘ずるに到らせたのである。この無常観は、うつろでやるせない寂寥《せきりょう》感、あるいは孤独感として悲観的な人生観を構築するが、道元は後に「我れ始めてまさに無常によりて聊《いささ》か道心を発し」（『随聞記』巻四）、「志のいたらざることは無常を思はざるなり」（『随聞記』巻六）と語っている。すなわち、この無常観こそが道元の出家の動機であり、それは後の凄まじいまでの求道の精神、そして宗教的解脱の憧憬の基本的な背景となり、それは生涯にわたって持ちつづけるのである。

　母の死を契機に、道元は九歳にして『倶舎論』を読む。同書は、中国でよく研究され、奈良時代に倶舎宗の論として重要視され、その後は当時の仏教教理の基礎学として学ばれていた、いわば仏教の入門書であった。道元はしだいに仏門の世界へ身を投じる決意を固め、ついに、周囲の説得も聞かぬまま、建暦二年（一二一二）の春、松殿の山荘を抜け出し、師家の弟で、母伊子の弟でもある天台僧の良観法印《りょうかんほういん》を訪ねて比叡山の門を叩く。時に十三歳のことである。

　この「仏門への帰投」の背後には、公家政治から武家政治へと怒濤のように移りゆく時代の流れのなかで、公家勢力の興亡、権勢構造の交替にともなう人生の無常、公家政治に携わった通親の権謀術数の虚しさ、そのようなことを、摂政の娘として数奇な運命を味わい尽くした道元の母の、わが子を汚濁に塗《まみ》れる公家政治の世界におかない、という激しい慈愛の念がある。

比叡山での修学

当時の日本では、天台教学こそが仏教の主流であり、比叡山で天台仏教の基本をじっくり学ぶのが道元にとって最良のものであった。道元は建保元年（一二一三）四月、天台座主《てんだいざす》公円《こうえん》のもとで剃髪・得度し、延暦寺の戒壇で大乗律による菩薩戒を受け、十四歳にして天台僧としての第一歩を踏み出す。

比叡山での道元の修学は、多くの伝記資料が「天台の宗風、南天の秘教、大乗小乗の義理、顕密の奥旨」（『永平寺三祖行業記《さんそぎょうごうき》』『建撕記』）をあげ、『伝光録』には「然しより山家の止観を学し、南天の秘教を習ふ。十八歳より、内に一切経を披閲すること一遍」等と伝えるように、当時の天台の宗風、つまり止観業《しかんごう》（禅定《ぜんじょう》）、遮那業《しゃなごう》（密教）を主とし、それに加えて南インドから伝わったとされる真言密教を習学せざるものはなかったと伝は伝える。

だが、かつての天台教学は、密教はその教理を組織的に解釈する「教相」の面と現実的に修法（加持祈禱）する「事相」の面に分離されていたが、当時の天台の実際は、教理の「教相門」と実践的な「止観門」、さらに真言密教に達磨禅、それに大乗戒を加えた、つまり顕密を融合した台密教学の経論聖教といわれるものの精読が中心であった。そのうえ当時は、とくに教団の派閥争いが激化し、真摯な学問研究修行が希薄となり、当時の僧たちは仏教を隠れ蓑に、加持祈禱によって天下に名を上げ名聞利達に走るものが多かった。

そうした時流のなかで道元みずからも「迷ひて邪念を起こし」（『随聞記』）あるいは「徒らに名相の懐幖に滞ほる」（拝問1　二四頁参照）と述懐しているように、精緻な学問仏教としての天台教学はもちろん学んだのであろうが、時流のなかで、加持祈禱の煩瑣な密教儀式の事相の面を中心に修学したようである。しかし、諸仏典を渉猟し精読することにより、大陸の仏教、とくに高僧・仏法者のありようを知るようになると、仏法の修学は名利のためではないことをあらためて自覚し、大陸の仏法に大いなる憧憬を抱くと同時に教相面で懐疑の念に駆られるようになる。それを諸伝が次のように伝えている。

「顕密二教《けんみつにきょう》ともに談ず、本来本法性天然自性身《ほんらいほんぽっしょうてんねんじしょうしん》、と。もしかくのごとくならば、三世の諸仏なにによりてかさらに発心して菩提を求むるや」（『永平寺三祖行業記』『建撕記』）

（伝教大師最澄［七六七〜八二二］が中国で習い日本に伝えたという天台の基本となる顕密二教［顕教は釈尊が人びとの性質や機根に応じて説いた教えを言語文字の上で明らかに説いた経典、密教は顕教の対でその教えの真実・究極の教えは秘密に説かれ、文章上の表面からは計り知れないものとする秘術］は、ともに本来本法性天然自性身、つまり、すべて人びと、存在は本来そのまま仏である、と説く。しかし、もしそうであるならば、もともと悟っている者がなぜ修行をするのか。生まれながらに完成された人格［仏性］を持っているなら、なぜ、過去・現在・未来の諸仏・諸祖は発心［悟りを求める心をおこすこと」までして苦しんで修行をするのか。もともと悟っているのに、なぜ悟りを求めて発心修行しなければならないのか。その修行とはいったい何か）

きわめて根本的な疑問である。天台教学を学ぶ単なる少年僧の疑問どころか、当時の日本仏教が内包する大きな問題でもあったといえる。これについては、「如浄禅師に随時参問を懇願する」の解説でも述べた（拝問1　三〇頁参照）。

この背景には、『大般涅槃経《だいはつねはんぎょう》』の「獅子吼菩薩品《ししくぼさつぼん》」にある「一切衆生《いっさいしゅじょう》悉有仏性《しつうぶっしょう》、如来常《にょらいじょう》住無有変易《じゅうむうへんやく》」という語句がある。一般的には、「一切の衆生は悉《ことごと》く仏性有《あ》り。如来は常住にして変易あることなし」と読まれ、すべての生きとし生けるものはすべて生まれながらに仏性をもつので悟りを開き仏陀（覚者）になれる、とする強固な仏教理論が天台はじめ諸宗においても存在していた。とくに、当時の日本天台は、中古以来の恵檀二流《えだんにりゅう》（恵心院源信《えしんいんげんしん》［九四二～一〇一七］と檀那院覚運《だんないんかくうん》［九五三～一〇〇七］の系統）が中心となって本覚法門が主流となり、多くの異論を生むが、この思潮は鎌倉新仏教に多大な影響を与えた。ともあれ、当時の密教に盛られた不二《ふに》（有無・真俗の相対的な差別を超えた絶対平等の教え）・本覚（人間の本性はもともと悟りの本性を具備しているという考えかた。これに対して煩悩や迷いを修行し破って仏になるとするのを始覚という）の法門が叡山天台で発展し、凡仏不二、つまり凡夫こそは現実に生きる仏であるとして凡夫本仏論さえ説かれ、日常の生活行為のほかには取り立てて修行など必要なしとまでされていた現実があったのである。

迷いの凡夫までも肯定するのは、仏教の基本線を逸脱するが、ここには、おそらくは天然自然災害が日常的に起こる日本の国土と、それがつくりあげた日本人の天変地異への畏敬の念、精神があるのだろう。

現実の事態そのものを容認する寛容さが、何物にも神を宿らせることを許容し、なんとなく仏教的雰囲気を醸し出す「草木国土悉皆成仏《そうもくこくどしつかいじようぶつ》」という言葉を作り出したのではないか。ちなみにこの言葉は、昔、筆者の大学院ゼミの学生がその出典に疑問を抱き、いろいろ探したが諸仏典にないところから、先の「一切衆生悉有仏性」という言葉で表現される思潮に基づいての日本人による造語ではないかと推論したことを思い出す。

それはともかく、「本来、仏である」ということと、「修行して仏になる」ということは、理論仏教の分析的思考などを持ち出すまでもなく、根本的に矛盾する極にあるといってよい。道元は早くもこの問題に気づき、それを解決することが彼の求道の精神の重大な背景としての意義をもつと同時に、それ自体が彼の仏法を特色づけることになる。それは、如浄の膝下での只管打坐の世界で身心脱落し、「修証一如」の仏法として展開する。

しかし、平安仏教の流れに属する天台は加持祈禱が中心となり、僧侶の多くは、物《もの》の怪《け》退治の専門家として収益をあげ、寺領の寄進とその確保のために多くの僧兵を抱え、諸大寺との闘争をくりかえすのが現状であった。衆徒も名利を好み、妻帯をするなど、もはや学問・修行を積むという、本来あるべき寺院の姿があまりに形骸化していたのである。道元の抱いたこの疑問は、周辺の学僧たちにとっては出家以前のきわめて幼稚な質問にしか映らなかったであろう。彼らにとっては、迷いの凡夫までも肯定して、人間は最初から悟った存在であるというのが当然の通念であり、それに疑問を差し挟むなど論外であったのである。

道元の疑問は日に日に大きくなり、ついに建保二年（一二一四）、近江《おうみ》の三井寺《みいでら》（園城寺《おんじょうじ》）の座主《ざす》、公胤《こういん》を訪ねる。公胤は道元と同じ村上源氏出身の外戚で、当時有名な学僧であった。道元は、みずから抱いていた疑問を投げかける。しかし、公胤は「吾宗の至極、今汝が疑処なり。伝教慈覚より累代口訣し来る所なり。此疑をして晴さしむべきに非ず」（『伝光録』）と答え、さらに「この問たやすく答ふべからず、宗義ありといへども恐らくは理を尽くさず、須らく建仁寺栄西に参ずべし」（『建撕記』）と示した。つまり、「汝が疑いを懐いているところこそが、わが天台の極意であって、それは伝教大師（最澄）、慈覚大師（円仁）より代々口伝してきたところで、それをもってもその疑いを晴らすことはできない」と示し、当時大陸（宋）で盛んであった禅宗の存在を教え、それを伝える建仁寺の栄西（一一四一～一二一五）に会うことを勧めたのである。

栄西と明全

道元は公胤の勧めに従い、建仁寺の門を叩き、栄西との相見を果たす。このとき栄西はすでに七十四歳、道元は十五歳であった。

栄西自身も道元同様に十代のはじめに出家し、比叡山で学んだ経験を持っていたためか、道元が抱いている疑問や、さらに禅を学びたいという心情もよく理解できた。栄西は道元の疑問に対し、「三世の諸仏有ることを知らず、狸奴《りぬ》白牯《びゃっこ》却って有るを知る」（三世の諸仏は、悟りだの仏法だのをとっくに超越しているのだ。悟りだの仏法だのといっているのは、文字や言葉をもたない猫や牛に等しい凡夫が論じているのにすぎない）と、南泉普願（七四八〜八三四）の語をもって答えた（『訂補建撕記図会』）。南泉は馬《ば》祖《そ》道一《どういつ》（七〇九〜七八八）の法嗣で、「南泉斬猫」「南泉水牯牛」「南泉石仏」などの公案で知られ、それらは参禅者の指標となった。栄西は、仏道は高邁な仏教理論や経典聖教の分別智の世界では把握しきれないことを南泉の語を借りて教示したのである。道元は、この激しい叱咤により仏法は理論だけではなく、体験的な世界において把握しなければならないことを痛感した。これこそが、本書『宝慶記』の「参問の懇願」冒頭の「後に千光禅師の室に入り、初めて臨済の宗風を聞く」ということなのである。（拝問1　三一頁参照）。分別智に基づく精緻な理論仏教で構築された道元に、異次元ともいえる禅的公案の反語的世界をもって接したのである。道元は、仏法は理論だけではなく、行的、体験的な世界において把握しなければならないことを直感したのである。

　道元の心の揺らぎを見抜いた栄西は、自分の高弟であった明全《みょうぜん》を紹介した。明全は、道元と同じく比叡山で天台を学び、諸方を遊学した後、栄西の弟子となっていた。栄西は臨済《りんざい》宗《しゅう》黄龍派《おうりゅうは》の流れを汲む禅僧であったが、その禅風は純粋禅ではなく、当時の比叡山を意識して顕密禅戒の諸宗を混淆したものであった。明全は、栄西門下のなかで、とくに戒律を重んじた僧であったが、入宋の希望を強く持っていた。

　建仁寺において明全を紹介されたということは、道元がこの上もない入宋の可能性を与えられたということである。何故なら、建仁寺こそ、道元が入宋の夢を果たす上で、絶好の修行の地だったからである。開山《かいさん》である栄西は二度の入宋を果たしている。さらに、建仁寺の創立は源頼家であるため、鎌倉幕府とのつながりを有している。大陸からの新鮮な情報収集にも有益であったのである。

栄西は、道元との出会いから一年も経たない建保三年（一二一五）に七十五歳の生涯を閉じる。道元は栄西の死に深い悲しみを受けながらも、入宋の夢は徐々に膨らんでゆくのである。建保五年（一二一七）、『大蔵経《だいぞうきょう》』を二度読破したのを機会に、正式に比叡山を下りた道元は、改めて建仁寺の明全を訪ねる。明全の下で、顕密禅戒の四宗兼学の薫陶を受け、道元は天台教学に加え栄西直伝の臨済禅の宗風をも身につける。そして、承久三年（一二二一）九月、明全から師資相承の印可を受けた道元は、この明全を先師と尊称し、終生尊崇の念を抱きつづけるのである。

承久の乱

道元が入宋の志を抱き、時機到来を待ちながら明全について仏教の修学や禅の修行に励んでいるとき、世を震撼させる事件が起こる。世にいう「承久の乱」である。

もともと、公家と武家の間にはさまざまな確執があったが、それまでは双方、決起するには到らなかった。それがここに来て顕在化し、激突することとなったのである。公家も武家に劣らないほどの勢いで死力を尽くしたようであるが、やはり武家の力は圧倒的であり、公家側はわずか一ヵ月足らずで脆くも敗北する。武家によるその後の処理はすばやく、後鳥羽《ごとば》上皇《じょうこう》を隠岐《おき》、順徳《じゅんとく》上皇を佐渡《さど》へ流し、土御門《つちみかど》上皇を土佐《とさ》へ流した後、阿波《あわ》へ移したのである。その他、討幕を企図した公卿は処罰の対象となり、主立った者は抹殺されるなど、その内容は峻烈きわまりないものであった。道元の父方の家系である村上源氏も、多く謹慎などの厳罰に処せられた。建仁寺で修行中の道元の耳にも、激戦の様子や朝廷軍の敗北、それに続く凄惨な処理の模様などはおのずと聞こえてきた。親族の痛ましい運命を思うと、知らずに血の騒ぎを覚えたが、それは瞬時に母の面影に重なって遺誡に凍りつき、かえって入宋の決意をより強固なものとしたのである。その反面、この「承久の乱」の親族に対する殺伐たる処理は、後の道元にきわめて深い影を落とすことになる。

承久の乱の沈静化に伴い、それまで遅延していた受戒や出航手続きなど、入宋への準備が具体的に進められた。そして、貞応二年（一二二三）二月二十一日、ついに院宣《いんぜん》と下知状《げちじょう》が下り、ここに道元と明全の入宋渡海が正式に決定したのである。

二　道元入宋以後の参学

二人の典座

道元たち一行は、博多港から鎌倉幕府の貿易船に便乗し、嘉定十六年（一二二三）四月、明州《みんしゅう》（現在の寧波《ニンポー》）の港に到着する。ところが、せっかく明州の港に到着した道元であったが、なかなか上陸の許可が下りない。しばらく船内に止まることになった。そこに、ある一人の老僧がやってきた。聞けば、その老僧は名刹・阿育王山《あいくおうざん》の典座《てんぞ》（食事を司《つかさど》る役職）であり、寺で修行僧たちにふるまう麵汁の食材、日本の茸を買いに来たという。

大陸の禅に関する実状を知りたかった道元は、老僧を引き留め、しばしの間休息するよう勧めるが、老典座は修行僧の食事の支度があるため、すぐに帰山しなければならないと断り、わずかの会話の後、茸を求めるとすぐに帰路に就いた。

老典座とのやりとりは非常に短いものであったが、道元は老典座に、「外国の若い方よ、あなたはいまだ弁道の何たるかを心得ていない。文字すら知らないようだ」といわれ、たいへんな衝撃を受ける。それまで、道元にとって修行といえば、経典や祖録を精読すること以外、他になかったからである。しかし、その名もなき老典座は、「自分に任された炊事を司る典座という役、それに専念することも修行の根本とは別のものではなく、日常生活の一つひとつが修行である」と道元に教えたのである。その後、天童山での修行中に船上で出会ったこの老典座が、「私は修行を終わって帰る」といって訪ねてきた。そのとき、道元は「この前おっしゃっていた弁道とは、文字とは何ですか」と再度尋ねると、老典座は「遍界曽《へんかいかつ》て蔵《かく》さず」と答えたという。

この言葉は、仏法の真実はありのまま、あらゆるところに現れているということである。文字には限界がある。老典座は、道元が文字に執着をして知識ばかりを追い求め、文字によって培われた知識だけですべてを解決しようとする誤りを突いたのである。「そんなことでは、仏の本当の姿は見えてこない」と示し、文字であらわされた教義や経典だけを理解しても、仏の真実は伝わらない事実を説いたのである。

また、後日、道元は、弁道の実際を目のあたりにすることになる。天童山での修行中、道元は、炎天下で笠もかぶらず懸命に茸を乾している別の老典座に出会う。道元が見かねて「そのようなことは、若い僧にさせればよろしいでしょう」と声をかけると、老典座は「他人は自分ではない」と答えた。「では、こんなに暑いときではなく、涼しくなってから行えばよろしいでしょう」というと、老典座は「いまやらずに、いつやるというのだ」と答える。道元は、言葉に窮して立ち去らざるをえなかった。自分の修行を他人にさせてどうするのだ。いま、目の前にある修行を放り出して、いつ行うのだ。いまだからこそ、行わねばならぬのだ。中国では、名もなき老典座すら、仏道修行の何たるかを確かに自覚し、それを当然のこととして行じている。その姿に、道元は禅修行の行実の実際を見たのである。

道元は、後にこの二人の老典座との出会いに感謝し、『典座教訓《てんぞきょうくん》』の中で「聊《いささ》か文字を知り弁道を了ずるは即ちかの典座の大恩なり」と述べ、讃仰してやまないのである。

天童山にて

明全は、入宋の翌年の嘉定十七年（一二二四）七月五日、天童山で「栄西忌」を営む際に、各寮舎に「楮券千緡《ちょきんせんびん》」（楮券は紙幣のこと、一緡は銅銭千枚で、その金額は当時の中流役人の年俸に当たるという）を寄進し、大斎会《だいさいえ》を設け、山内の大衆に供し、栄西の師恩に報いている。天童山は、栄西が二度目の入宋の際に門下となった天台山万年寺の虚庵懐敞《こあんえしよう》が住持した寺院である。栄西は、師に随侍して天童山に参学し、紹熙《しようき》二年（一一九一）にはここで臨済宗黄龍派の印可証明を得ている。つまり、明全にとっては、師である栄西が修行し、深い仏恩を受けた寺院なのである。

栄西は帰国後に、虚庵懐敞の「千仏閣」重建のための良材を日本から送り、その重修に貢献した。そのため、山内には「日本国千光法師祠堂」が建てられている。そのような縁で天童山は栄西門下の拠点ともいえ、明全もその弟子の道元も天童山に錫《しやく》を留めることになったのである。明全は、「千仏閣」を修復し、さらにその顚末を記した「千光法師祠堂記」なるものを虞樗《ぐちよ》という役人に依頼しているが、それを実行したのは、道元と思われる。いってみれば、天童山は、栄西→明全→道元という仏法の系譜を結ぶ出発点であり、帰着点でもあるのである。天童山が曹洞禅の祖庭と呼ばれる所以である。

入宋当時から正師を求めることを第一としていた道元は、嘉定十六年（一二二三）七月、まず最初に明州鄞《ぎん》県（現・寧波市鄞州区）の天童山景徳寺にて臨済宗楊岐派《りんざいしゆうようぎは》の流れを汲む無際了派の膝下で修行の第一歩を進める。

当時、天童山は、南宋の禅宗五山における第三位の寺格を有しており、僧数は千名を超えていた。山を背にした斜面に立地していたが、その条件をみごとに生かした大伽藍群を有しており、境内は階段状に展開していた。伽藍は、山門《さんもん》・仏殿《ぶつでん》・法堂《はつとう》・方丈《ほうじよう》を中軸に、山門と仏殿を横軸として、その線上に僧堂《そうどう》と庫院《くいん》を置き、その後方に後架《ごか》や衆寮《しゆりよう》を配置したみごとな構成であった。単に自然の地形に順応しているだけではなく、伽藍は中軸を中心に左右対称に配し、周囲の自然環境と調和していた。

天童山での修行中、道元は経典でしか学んだことのない仏道の事実が実際に行じられていることに感嘆し、それらを身につけてゆく。暁天の坐禅を終え、頭上に袈裟を戴いて「大哉《だいさい》解脱服《げだつぷく》、無相福田衣《むそうふくでんえ》、披奉如来教《ひぶにょらいきょう》、広度諸衆生《こうどしょしゅじょう》」（大いなるさとりのお袈裟よ、その大いなる釈尊の福徳のお袈裟を身にまとい、釈尊のみ教えをまなび、広く悩み苦しむ多くの人びとを救います）と唱えた後に袈裟を着ける。仏典の文字の上でしか見たことのない所作が、現実に目の前で行われているのを目のあたりにし、驚嘆して感涙袖を潤すほどであった。それまで道元は、『阿含経《あごんきょう》』を読み、儀則に従って袈裟を着けてはいたが、天童山における厳粛な威儀の実践に触れ、袈裟には煩悩を砕き、障碍を除き、解脱に導く功徳のあることを現実に体認したのである。叢林における規矩に則った生活を送り、さまざまな体験を経て、日常生活そのものに仏法が現れている、仏道に準じた現実の生活こそ修行の当体であると認識するようになるのである。

嗣書拝覧

そうしたなかでもさらに感涙するほどに感動したのが「嗣書」の拝覧である。嗣書は禅者であることの証明書といえるもので、端的にいえば、師から弟子へと伝わる悟りの証明である。道元は入宋して初めて文献の上ではなく、判然とした嗣書の存在とその真意義を知ることになる。

道元は貞応二年（一二二三、南宋の嘉定十六年）、二十四歳で入宋し、天童山の無際了派の会下《えげ》で修行していた折、嗣法の証明として師が弟子に授ける系譜、すなわち嗣書に深い関心を寄せ、嗣書拝覧のたびに強い感動を重ねて覚えたと、その喜びを後に『正法眼蔵』「嗣書」巻に記し伝えている。「嗣書」巻によれば、合計五回にわたる嗣書閲覧が記録されている。このような嗣書の閲覧の経緯は、道元のその後の仏道参学に大きな影響を及ぼし、後の道元に重大な影響を与えるので見ておこう。

①嘉定十六年（一二二三）の入宋した秋のころ、日本僧隆禅上座を介し、臨済宗楊岐派の仏眼清遠（一〇六七〜一一二〇）の遠孫伝蔵主の所持していた嗣書を閲覧する。この嗣書には、過去七仏から臨済義玄（?〜八六七）までの四十五祖が書き連ねられ、臨済以後の師は一円相のなかに僧名と書印を書きめぐらし、いちばん最後にこの嗣書を授けた名前が書かれていた。道元は過去七仏と新しく嗣法した僧の名前が記されていることに大きな衝撃を受ける。

②嘉定十六年の冬のころ、道元の掛搭《かた》していたとき新首座となった宗月長老の雲門下の嗣書を閲覧する。この嗣書には諸仏祖の名を書き連ねたいちばん最後に嗣書を得た僧名が記されていた。道元はそれを見て、それぞれの仏祖があたかも新嗣祖に法を授けているようだと感動する。

③嘉定十七年（一二二四）の一月二十一日、臨済宗大慧派の無際了派の嗣書を閲覧する。道

元は無際了派が師の仏照禅師より嗣書を与えられていたことを、天童山に掛搭して間もないころに都寺であった師広から知った。かねて嗣書の閲覧を念願していた道元の強い懇望は、僧智庚《ちこう》のはからいにより了然寮において秘かにかなえられた。この嗣書は、大慧宗杲《だいえそうこう》（一〇八九～一一六三）に嗣法した拙庵徳光《せったんとっこう》（仏照禅師。一一二〇～一二〇三）が無際了派に与えたもので、表紙は赤い錦、白絹の裏打ちがしてあるものに書かれ、軸は九寸ばかりの玉、闊《ひろ》さ七尺余のものであった。道元はこれを仏祖のお導きと感じ、焼香礼拝、感激して拝覧するが、その際、了派は道元に「これを見ることができるものは少ない。いま、そなたは知ることができた。便《すなわ》ち是《これ》学道の実帰である（この嗣書こそが学道の落ち着くところである）」といったという。

④道元が天童山を離れ、諸山を巡錫《じゅんしゃく》したとき、馬祖道一に嗣法した大梅法常《たいばいほうじょう》（七五二～八三九）の遠孫である元鼒《げんし》から平田の万年寺においてその嗣書を拝覧する。元鼒和尚は、めったに人に見せない嗣書を外国人である道元に見せるのは、大梅山の法常禅師が夢にあらわれ梅華一枝をかざし「もし、海を越えてくる真実の学人がいたなら、この華を与えよ」といったからであるとし、その夢から五日も経たぬうちに、道元が訪ねてきたのだと因縁話をする。そして嗣書を見せたあと、「もし、君が望むなら私の法を嗣がせよう」といったという。道元は感きわまり焼香礼拝するだけにとどめたが、仏祖の冥利の甚深なることに思いを馳せ、感涙に袖を濡らした。道元は大梅山の護聖寺に泊まったとき、大梅法常が夢にあらわれ梅華一枝を授けられている。このことは帰国してからも誰にも語ったことはないと、この

嗣書閲覧の経緯については因縁浅からぬ所以を感慨深く書き記している。
⑤諸山の巡錫を終わり、天童山に戻り、如浄のもとで修行していた折、惟《い》一西堂《いつさいどう》より法眼宗の嗣書を閲覧する。惟一西堂が所持していた嗣書には「初祖摩訶迦葉、悟於釈迦牟尼仏、釈迦牟尼仏、悟於迦葉仏」と書かれていた。道元はこの惟一西堂の嗣書については、いままでの嗣書閲覧にも増して強い感動を覚え、「私は、それを見て正しい師匠から正しい弟子に嗣法するということをはっきりと信ずることができた。いまだかつてない経験であった。仏祖のお導きが遠い仏弟子を護りたまうというもので、感激にたえなかった」と書き記している。

道元は「摩訶迦葉は釈迦牟尼仏によって悟り、釈迦牟尼仏は摩訶迦葉仏に悟る」と、これこそが正しい嗣法であると信受することができたと、仏祖の冥利に感動しているのである。

以上のように見てくると、道元がその修行のあいだに深い感銘を受け、関心をいだいたのは嗣法の証明としての嗣書の存在であることが瞥見される。道元は最終的には正師である如浄より嗣書を受けつぐが、それ以前の五回にわたる嗣書の閲覧こそが心中に深く刻み込まれており、自身の嗣法と嗣書の重要性を強く感知していたことがわかる。道元は、嗣書閲覧の都度、感動に感動を重ねていくが、そのたびに感じられた感動の実体はどのようなもので、真実何を学びえたのであろうか。道元は後にいみじくも「嗣書」巻の末尾に師の言葉を、「釈迦仏は迦葉仏に嗣法すると学び、迦葉仏は釈迦仏に嗣法したと学ぶ。このように学ぶとき、まさに諸仏・諸祖の嗣法ということになる」と記し、「このとき私は、師匠のことばを聞いてはじめて仏祖の嗣法のあることを了解したばかりではなく、それまでの旧窠《きゅうか》（古い穴。旧来の仏法理解の旧習）から抜け出ることができたのである」と告白している。その内容は「嗣書」の巻頭に、「仏はかならず仏に法を嗣ぎ、祖は必ず祖に法を嗣ぐ。これこそが、師と弟子の証しとするところであり単伝である。だからこそ最高の悟りなのである。仏でなければ仏のさとるところがわからない。仏の悟りを得なければ仏となることはない。仏でなくして、誰がそのことをもっとも尊いことと知り、最高のことと理解できよう。仏のさとりを得るとき、師なくしてさとり、自己なくしてさとるのである。そのゆえにこそ、仏と仏がさとりを相承し、祖と祖がさとりを得るというのである。この道理の深意は、仏と仏でなければわからないところである」と示されたところに本質的に同じである。

道元は曖昧模糊としたさとりの実態が、釈迦牟尼仏から嫡嫡相承して伝えられてきたという事実として、「嗣書」という実物のかたちにまで具現化されていることに感涙するほどに感動しているのである。道元は嗣書のなかに古今を通じて一貫して流れている仏祖の命脈を、自分自身が仏祖となって相承し、それを弟子に嗣ぐことこそが悟道のすがたであることを明確に学び、確信したのである。そうしたことの確信となり、信受に至ったのは、「迦葉尊者が金襴の袈裟を伝授されたのはいつか」との問い（拝問27　一五八頁参照）と慈誨からであろう。

天童山の住持であった無際了派は、そうした道元の真摯な求道の姿に感動し、自分の法を嗣がせてもよいと告げた。しかし、道元はそれを辞退する。嗣法は、仏道における正師と正嗣の証契によってかなうこと。道元は、無際了派に正師たるべきありようを見出すことができなかったのである。

正師に会う

道元は、無際了派が示寂すると天童山を下り、尋師訪道・求道の旅に出る。その旅路に、おそらく明全も同行したかったのであろうが、体調を崩していたため、一人で出立することになった。道元を尋師訪道の行動に旅立たせた強烈な原因は、嗣書を拝覧することによって生じた思い、すなわち、仏の悟りは同じ仏の境地を体得した人によって連綿と受け継がれてきたという事実、釈尊の真実の仏法を確実に嗣続している正師に出会わなければならないという信念であった。

しかし、諸方諸師を求める旅路は、道元に失望感を与えるばかりであった。嗣書を閲覧できた喜びとは裏腹に、入宋から二年が経過しても、いまだ真の善知識に相見できないことに大いなる挫折感を味わう。もはや日本に帰国すべきかと考えるようになっていた。

尋師訪道の旅に疲弊し、意気消沈して天童山に戻る途中、老璡《ろうしん》という僧から如浄《にょじょう》という禅僧の名を聞く。

如浄は、雪竇智鑑《せっちょうちかん》（一一〇五〜一一九二）の法を嗣ぎ、建康府《けんこうふ》清涼寺《せいりょうじ》・台州《たいしゅう》瑞巌寺《ずいがんじ》・臨安《りんあん》府《ふ》浄慈寺《じんずじ》に歴住した後、天童山に晋住した禅傑である。老璡は如浄を「明眼《めいげん》ノ宗匠《しゅうしょう》」と称賛し、道元にぜひ会うよう勧めたのである。その言葉に、道元は不思議な心の高なりを覚えた。

宝慶元年（一二二五）五月一日、世界が初夏の彩りを見せる頃、道元は天童山に帰着する。帰山の儀式を済ませ、方丈に入ると、無際了派の後を承けて住持となった長身の端正な長老が曲椂《きよくろく》に掛けていた。老璡がいっていた如浄その人である。方丈には、ただ静寂だけがあった。道元は、一目見て如浄に正伝の仏法を受け継ぐべき正師のありようを見出した。如浄もまた、目のあたりに道元の非凡さを見抜き、「希代、不思議の機縁」（『建撕記』）と穏やかにいった。面授とは、師と弟子とが直接相まみえ、仏祖正伝の仏法が伝えられることである。そして、「仏仏祖祖、面授の法門、現成せり」（同）と一言を添え、道元と出会えた喜びに満足したのである。

苦節二年、道元は、ようやく正師に巡り会えた。如浄は、この時六十四歳。余命二年という最晩年になって、はじめて自身の正法を託すべき正嗣を得たのである。道元は、「仏仏祖祖の面授が成った」という如浄の言葉に、その期待の大きさを実感し、かつて感じたこともない心の高揚を覚えた。二人は、ともに仏法に生かされ、育まれている己の存在そのものを確認したのである。

如浄と道元の邂逅は、霊鷲山《りようじゆせん》における釈尊と摩訶迦葉の「拈華微笑《ねんげみしよう》」、嵩山少林寺における菩提達磨と神光慧可（四八七～五九三）の「礼拝得髄」、黄梅山における大満弘忍（六〇一～六七四）と大鑑慧能（六三八～七一三）の「金襴衣の相伝」等、歴代仏祖の正法嗣承の瞬間に比すべき大因縁であった。釈尊以来の仏法が、西天二十八祖、東土六祖を経て、一器の水が一滴も余すことなく一器に伝えられて来た正法正伝の歴史そのものであった。道元が、一途に、そして果てもなく追い求めた正師が、厳として、確かに眼前に存在していたのである。

道元は、「正師を得ざれば、学ぶに如かず」とまでいい、強靱な精神で求法の旅路を乗り越えてきた。時には、目の前を進む先達の僧たちを乗り越え、親切に法を嗣がせようと示唆する老僧にも一切の妥協を許さなかったほどである。峻厳な姿勢で行履《あんり》を重ねてきたその先に相まみえたのが、正師如浄であった。道元は、後にその感激を、「まのあたり先師をみる、これ人にあふなり」(『正法眼蔵』「行持」巻)と述懐している。真に己の求める人に出会えた感動の言葉である。

如浄との邂逅により、道元は求道の志気がさらに激しく全身に漲《みなぎ》るのを感じた。この巡り会いこそが、仏道に対する道元の覚悟を決定的なものとしたのである。いままさに、入宋の目的が成ろうとしていた。しかし、道元が「一生参学の大事、ここにをはりぬ」(「弁道話」巻)という「身心脱落」の境界《きょうがい》に到るまでには、日本からの師である明全の死を乗り越え、さらに如浄膝下における濃密な実参実究を必要としたのである。

宏智の禅風

当時、南宋の禅林は、前時代の北宋を侵略した金の脅威に晒されていた。そのため、民族や国家意識の高揚を目的として、仏教に基づく宗教政策を整備し、径山興聖万寿寺《きんざんこうしょうまんじゅじ》・北山景《ほくさんけい》徳霊隠寺《とくれいいんじ》・太白山天童景徳寺《たいはくさんてんどうけいとくじ》・南山浄慈報恩光孝寺《なんざんじんずほうおんこうこうじ》・阿育王山鄮峰広利寺《あいくおうざんがほうこうりじ》の五山を皇帝による勅住寺院と定め、開堂・祝聖《しゅくしん》の際には祝寿を祈願する国家の祈禱道場として位置づけた。いわゆる禅宗五山制度である。

五山の住持は、皇帝の勅命によって任命される。そのため、そこには必然的に国家との濃密な関係が生じることになる。南宋の禅林や禅僧が国家行政との関連の上に展開したことは知られるとおりであるが、その背景には、こうした仏教統治を企図した国家の方策があったのである。

天童山は、当時、五山の第三位に位置づけられていたが、その格式を有するにあたり、大きな功績を残した禅匠の一人に宏智正覚《わんししょうがく》（一〇九一～一一五七）が挙げられる。如浄や道元に「古仏」と讃えられる宏智は、丹霞子淳《たんかしじゅん》（一〇六四～一一一七）の法嗣である。兄弟子の真歇清了《しんけつせいりょう》（一〇八八～一一五一）、弟弟子の慧照慶預《えしょうけいよ》（一〇七八～一一四〇）とともに芙蓉道楷《ふようどうかい》（一〇四三～一一一八）の「三賢孫」の一人に数えられ、芙蓉の禅風を大いに展開した。

宏智は当初、真歇の後を承けて長蘆山崇福禅院《ちょうろざんすうふくぜんいん》に住持していたが、靖康《せいこう》の変（一一二七）後の政情の不安定により、わずか二年で退堂している。当時、天童山の住持は、第十五代の普交《ふこう》以降、五年ほど住持不在の時期が続いていた。そうしたなか、第十六代住持として請われたのである。宏智三十九歳のことであった。その後、四十九歳の時には、一ヵ月ほど霊隠寺に晋住しているが、すぐ天童山に再住している。結果、六十七歳で示寂するまでのおよそ三十年を天童山の住持としてすごしたのであり、その間、僧堂の建立や山門の拡大等、伽藍整備に努め、天童山中興の祖として仰がれるようになった。宏智が初住した当初、二百人にも満たなかった修行僧は、最晩年には千二百人を超えるほどになっていたという。その宗風が、多くの仏道者を魅了する正伝の仏法であった証しである。

宏智の宗風を語る上で看過することができないのは、大慧宗杲との相克的な宗義の関係である。

当時の南宋禅林では、坐禅中の公案の思慮によって悟境に達するとのありかたが一世を風靡していた。大慧はその大成者である。「公案」とは公府の案牘《あんとく》にたとえられ、本来は公的な条文を指し、私情を入れず遵守すべき絶対性をいうが、禅門ではそれを仏祖が開示した仏法の道理真実とし、学人が参究悟了すべき語義へと転化した。それは唐代に始まり、宋代に至り盛行、一千七百則の公案などと称された。大慧はその時代の公案が文学的修辞や斬新な表現を用いた文字禅の風潮が強くなっていたのを批判し、公案本来の姿を取り戻すことを主張した。その隆盛は凄まじく、貴族官僚、士大夫たち、上流階級の参禅者を獲得するなどして、南宋禅の主流の位置を占めるまでになっていた。しかし宏智は、これに対し、「公案禅」は公案を見るだけの「看話禅《かんなぜん》」であると批判し、「黙照禅《もくしょうぜん》」を提唱する。すなわち、坐禅に公案を持ちこまず、坐禅の当体にさとりの実現を見出すことを標榜したのである。黙照の坐禅は、看話禅の側から「黙照邪禅」などと揶揄されることもあった。が、宏智はそうした非難を意に介さず、ひたすらに自身の禅風を貫いたのである。そうした宏智の真摯な姿勢は次第に世間に広まり、ついには看話禅と斉肩《せいけん》するほど勢力を増していった。宏智の黙照禅と大慧の看話禅は、双璧として並び称される南宋禅の二大潮流となったのである。

如浄の禅風

さて、諸山の長老たちはそのような潮流のなかで国政の指針に準じ、さらに南宋禅特有の儒教・道教・仏教は一致するとする三教一致説も取り入れ、貴族化・官僚化した怠惰な風流禅的な雰囲気のなかで各禅林を運営していたが、如浄は、当時にあっては数少ない、中国曹洞宗の古風な禅風を継承し、実践していた禅者である。

如浄は、幼くして仏道に志し、当初は教学的な参学を行っていたようである。如浄の語録である『如浄和尚語録』の「法語」は、「少年の頃、牛の背中に跨がって草笛を吹いていたとき、調べが転じた途端にわけもなく泣き咽《むせ》んだ。すると、草笛が破れ気を失い、天地がカラリと開けて、自分自身をも忘れてしまった。しばらくして我に返ると、わが心が天地の根源であると知ったのである」と少年期のようすを伝えている。それ以後、如浄は諸方遍歴へと旅立ち、十九歳のとき、それまでに学んできた教学のみの修学をやめ、禅門に帰投する。ほどなくして、雪竇智鑑の門下となり、智鑑の痛打下で「庭前の柏樹子」の話（趙州がある僧から「祖師西来意〔達磨がインドから中国に渡ってきた意味、仏法の根本真理〕」と尋ねられて、「庭前の柏樹子〔庭に植わっている柏の樹〕」と答えた。対象や人を脱落しているものが祖師西来の本意であると示した公案）で悟道し、その法を嗣ぎ、浄頭《じんじゅう》（禅門で厠を掃除し、洗浄水を汲む役職）として修業を重ねるが、三十一歳のとき、雪竇が示寂すると、江湖を遊歴し、さらに諸方参学を重ね、悟境を錬磨しつづけた。如浄が参じた師は、雪竇智鑑のほか、松源崇岳《しょうげんすうがく》（一一三二～一二〇二）、無用浄全《むようじょうぜん》（一一三七～一二〇七）などが確認されており、拙庵徳光や遯庵宗演《とんあんそうえん》（生没年不詳）等も知られている。なかでも、松源崇岳は只管《しかん》打坐《たざ》の坐禅を実践していたため、如浄の禅風に大きな影響を与えたともいわれる。これらの諸師の下で参学を重ねた如浄は、嘉定三年（一二一〇）、四十九歳のとき、宋朝三十五甲刹のひとつである清涼寺の住持となる。その後五十四歳のとき、瑞巌寺の住持となるが、半年ほど経た嘉定九年（一二一六）、五十五歳のとき、中国禅宗五山第四位の浄慈寺に晋住する。ここに、名実ともに具わった大禅師如浄が誕生するのである。以降、六十一歳のときには瑞巌寺に再住するが、わずかの間で退堂し、浄慈寺に再住することになる。そして、九ヵ月を経た嘉定十七年（一二二四）、明州天童景徳寺の前住無際了派の遺嘱によって天童山三十一世として勅住する。宏智以後絶えていた黙照禅の本流がここに蘇ったのである。如浄は、この地において宝慶二年（一二二六）、六十五歳で退堂するまでおおいに大衆を化導《けどう》した。退堂後は、南谷庵へ入庵し、ここで示寂を迎えたのである。

如浄の天童山住持期間はけっして長いものではない。道元が参じた期間も宝慶元年五月一日から同三年の七月上旬までの二年ほどである。しかし、その接化《せつけ》は如浄最晩年のものである。いわば、道元は、如浄の最も熟した正伝の仏法の悟境を嗣承したのである。

如浄の宗風やその人柄を伝える僧伝は少なく、その面影を伝えるのは、道元の『宝慶記』

を除けば、『正法眼蔵』にほぼ五十三ヵ所、『永平広録』にほぼ二十八ヵ所、懐奘の『正法眼蔵随聞記』にほぼ四ヵ所がある。では、そのありようは、いかなるものであったのか。それらのなかから、その一端を瞥見してみよう。

如浄は、当時の、貴族社会や官僚階級と結びついて俗化の傾向を強めていた臨済系統の看話禅の大慧派が全盛であった南宋末期の禅のなかにあって、『従容録《しょうようろく》』を著した万松行秀《ばんしょうぎょうしゅう》（一一六六〜一二四六）の法嗣で『虚堂集《きどうしゅう》』を著した虚堂智愚《きどうちぐ》（一一八五〜一二六九）や『無門関《むもんかん》』を著した無門慧開《むもんえかい》（一一八三〜一二六〇）らとともに古風禅を主張する革新派と目されてもいた。が、諸禅林の長老のなかでもっとも確実に正伝の仏法を保持し仏道に篤実な禅者の一人であった。

皇帝から下賜された恩賜の紫衣を拒否するなど、政治権力には極力かかわらない異色の存在であった。簡素を好み、参禅求道に徹し、名利を求めず、ひたすら仏祖の児孫たる歩みを進めていたのである。また、その禅風は、只管打坐に徹した峻厳なものであった。夜は遅く十一時ごろまで、朝は午前二時半より坐禅を行じていた。誰も、如浄が横になって寝ている姿を見たことはないほどであった。そうした如浄の姿勢は、終生変わらなかったという。道元は、一切を投げ捨て、その仏道に身を投じた。

道元は、如浄の述懐を、「私は十九歳のときから、一日一夜も坐禅しない日はなかった。また、私は住持となる前から、故郷の人と話をしたことがない。参禅のための時間が惜しいからである。修行中は、自分の足を留めた僧堂から出たこともなく、老僧や役僧たちの居所へもまったく行ったことがない。ましてや物見遊山をしたりして修行のときを無駄にしたこともない。禅堂や、あるいは坐禅のできる静かな高い建物の上や物陰などを求めて、一人で静かに坐禅した。いつも坐蒲《ざふ》を持ち歩き、ときには岩の上でさえ坐禅をした。そして、いつも思っていた。釈尊の極められた金剛坐《こんごうざ》を坐り抜くのだ、と。ときどき尻の肉が爛《ただ》れて破れることもあったが、そういうときには、なおさら坐禅に励んだものだ」(『正法眼蔵』「行持」巻)と伝えている。もし、坐禅中に居眠りでもするような僧があれば、拳骨や履いていた木靴をもってしたたかに打ち、蠟燭を煌々とつけて眠気を払ったという。如浄の日常は、修行僧とともに只管打坐に徹する坐禅の実践であったのである。

それは修行僧を真の仏道へ導く如浄なりの慈愛であった。あるとき、「私は、年老いた。そろそろ草庵を結んで老後の生活に入ってもいい。しかしこの寺の住職という責任ある地位にある以上、修行者諸君の迷いをさまさねばならない。諸君の仏道修行を助けるために、私は叱りつけたり、怒鳴ったり、拳をふるったり、竹篦《しっぺい》で君たちを打ちのめすこともあえてする。だが、こうしたことをするのは仏の子である修行者諸君に対してたいへんに申しわけなく、まことに恐れ多い。このようなことはしたくはない。しかし、これは私が仏に成り代わってすることである。それゆえに、修行者諸君、どうか慈悲をもって、慈悲をもって許したまえ」と慈誨したという。その時、堂中の修行僧は、その慈悲あふれる誠実さに感動し、如浄に打たれることを喜びとして享受したのである。

道元は、只管打坐を実践し、慈悲心をもって峻烈な化導を行う如浄の禅風に、真実の修行のありかた、そして如浄という人間の偉大さを直に感じ、不惜身命の覚悟で正伝の仏法である只管打坐の坐禅を現成《げんじょう》すべく決意するのである。道元は「我れ大宋天童先師の会下にしてこの道理（只管打坐の仏道）を聞いて後、昼夜に定坐して、極熱極寒には発病しつべしとて、諸僧、暫《しばら》く放下《ほうげ》しき。我れその時自ら思はく、直饒《たとい》発病して死すべくとも、猶ただ是れを修すべし。病まずして修せずんば、此の身いたはり用いて何の用ぞ。病して死なば本意なり。（中略）修行していまだ契《かな》はざらん先に死せば、好《よ》き結縁として生を仏家に受くべし。修行せずして身を久しく持《たも》ちても詮無きなり」（『随聞記』第一）と決定《けつじょう》し、「ただわが身をも、心をも、はなちわすれて、仏のいへになげいれ」（『正法眼蔵』「生死」巻）て、昼夜端坐を決意するのである。仏道の真実探求という共通の場での、艱苦《かんく》を超越した求道の喜悦と感激が心の底からわき出ることを、身をもって現実に体認していくのである。

明全の死と随時参問の請願

道元が如浄との初相見を果たしてまもなく、宝慶元年（一二二五）五月二十七日、明全が四十二歳で示寂する。入宋以来、天童山において三年、厳しい修行を続け、仏道が熟してきたころのことであった。

明全はみずからの最期を自覚してか、三日前の五月二十四日に『栄西僧正記文』を道元に与えている。この書は、栄西が、五十年後に禅宗が盛んになることを予言した「未来記」であり、建保二年（一二一四）正月二日に明全に与えたものである。それを道元に授けたのである。明全はその示寂に際して、衣装を整え姿勢を正し、端坐して入寂した。茶毘に付するとその舎利は四百数十箇になり、道元はそれを木箱に収め日本に持ち帰ることになる。

先師明全に師事した十年間、入宋時の秘話、その後の艱苦がともに思い出され、道元はきわめて深い無常観に苛まれた。と同時に、入宋した責任の重さが急激にのしかかってきた。道元は、如浄の下で参禅に励めば励むほど、さまざまな想いや疑問が去来し、それらの一つひとつを解決するためにはどうしても正師如浄に直に教示してもらうほかなかったのである。その想いは日増しに強くなっていった。そして、ついに書状をもって破格の指導を願い出たのである。

宝慶元年の、おそらくは明全の茶毘式が行われた五月二十九日の直後であろう、道元は一通の書簡をもって随時参問の許可を請願する。本来ならば、外国の若輩僧の書状など、受理され、受諾されるはずはない。が、如浄は、「道元よ、君は今から後、昼夜を問わずいつでもよい。お袈裟を着けようが着けまいが、方丈に来て仏道について質問してよい。私は父が子を許すようにして君を迎えよう」という慈慮をもって道元の願いを快諾したのである。それからというもの、道元は寸暇を惜しんで方丈を訪れ、いくつもの疑問を尋ねる。その内容は、「教外別伝《きょうげべつでん》」等、正法の大意はもとより、日常のすごしかた、坐禅の方法等、細部にまで及ぶ。道元は、明全の示寂の悲しみに沈むことなく、逆に志気を盛んにし、如浄と真摯に向き合い、寝る間も惜しんで弁道に励んだのである。

身心脱落

如浄下での弁道において、道元が最も感銘を受けたのが「身心脱落」の示誨である。如浄は、学人《がくにん》を接得する際、幾度も「身心脱落」の言葉を用いていたようであるが、道元はこれを如浄における仏法の真意と確信した。帰国の後、道元は自己の禅風を挙揚する上で「身心脱落」を根幹に据えた。だからこそ『正法眼蔵』や『永平広録』においてその行実が盛んに説示されるのである。

如浄は、道元に「坐禅そのものが、身心脱落なのだ。坐禅は、自分の身体と心のすべての束縛から解き放たれた状態を示しているのである。それゆえに、焼香《しょうこう》、礼拝《らいはい》、念仏《ねんぶつ》、修懺《しゅさん》、看経《かんきん》などとは違う。只管打坐が身心脱落なのである」と示し、徹底して坐禅は身心脱落であると強く慈訓した。

如浄は「身心脱落とは坐禅である。ひたすらに坐禅するとき、人間のもっている五つの欲望から離れ、五蓋が除かれる」と教示し、道元が「それでは、教家と同じではありませんか」と問うと、如浄は「それを除かなければ外道である」と示し、さらに後の「慈誨29」（一八三頁）では、只管打坐し功夫し、身心脱落するのが五蓋・五欲という人間の欲望を離れる妙術である。坐禅以外に別の方法などないと明言し、ただひたすらなる坐禅が身心脱落であることを強調しているのである。焼香・礼拝・念仏・修懺・看経は仏法の調度であり、それぞれに目的を持つゆえに、それに把《とら》われては只管打坐とはならないことは「示誨15」の解説（一一一頁参照）で詳述したので重説は避けるが、その肝心なところだけは重出し、いくぶん補足しておこう。なお、この「身心脱落」という言葉こそは道元仏法の根幹となるもので、これは本書『宝慶記』の「示誨15」がその初出となる。

「心塵」と「身心」

道元は「心塵脱落」ではなく「身心脱落」といわれたからこそ、「身心脱落とはどういうことか」と拝問したのである。人間の欲望や煩悩を心に積もる塵とし、それを修行によって洗い流し、清浄な心を得るのを「心塵脱落」というが、「只管打坐」が単に「心塵脱落」のようなことであるならば、道元があえてそれを質問するはずがない。只管打坐の真髄が「身心脱落」であると示されたので、その真意を拝問したのである（示誨15 一一二頁参照）。「心の塵の脱落」と「身と心の脱落」では雲泥の差があるので補足しておく。

まず、「心塵」と「身心」という言葉の表現を聞き違うはずがない。なるほど「心」と「身」は日本語による漢字の音読みでは同じ発音、つまり音通である。しかし、当時の発音と比較のしようはないにせよ、現在の寧波地方では「脱落」は tuoluo と同音だが、「心塵」は xinchen であり、「身心」は shenxin となる。つまり「心塵脱落」は xinchen - tuoluo、「身心脱落」は shenxin - tuoluo と発音され、その差はわれわれにとっては微妙ではあっても現地の人には聞き違いようはないとのことである。それは宋代でも同様であろうとは中国学者の意見である。

さらに、これは本文の解説中にも触れたが「如浄が『心塵脱落』といい、道元がそれを『身心脱落』ととらえたのであれば面授相承とはいえない。如浄がいまさらそれを蒸しかえすようでは如浄は道元の学仏道の本師たりえない」と断言されたのは、恩師のひとり榑林皓堂《くればやしこうどう》先生であった。私自身が先生の『正法眼蔵』講義のなかで何度も耳にした事実である。また「心塵の払拭、そして心塵脱落が仏法の真髄なら、道元禅師は叡山を下りる必要もなく、明全に師事する必要もなかったはずである」ともいわれていたが、まさに炯眼《けいがん》で、五欲や五蓋という煩悩を心に積もった塵とみなし、その塵を修行によって洗い流す程度の「心塵脱落」であるならば、当時の精緻な天台教学であれば誰しもが理路として教えてくれたはずである。道元はそこに仏法の真実を見いだしえなかったからこそ、叡山を下り、公胤、栄西、明全、そして中国に渡り如浄にたどり着き相見し、仏仏祖祖の面授の法門を如浄膝下の徹底した只管打坐の世界で「身心脱落」の境地に至るのである。つまり、仏法への参学の基本が「心塵」の払拭であってはならないことは、六百年前に五祖弘忍（六〇一～六七四）が後継者を決めるために会下に一偈を求めたところ、その会下で自他ともに第一人者と認め、後に北宗禅の祖とされる神秀（六〇六？～七〇六）が「身は是菩提樹　心は明鏡の台の如し　時々に勤めて払拭して　塵埃をして有らしむること莫かれ」（人びとの身は菩提樹のごとく、心は明鏡の台のように本来清浄で成仏得脱のものであるが、生死に迷い六道に輪廻するのは、煩悩の塵埃に汚染されるからである。それゆえに、常に修行してこの塵埃を払拭し、後に塵埃のために身心を汚すことのないようにしなければならない）と壁書したのに対し、後に六祖となる慧能《えのう》（六三八～七一三）が、そのときは書を能くしなかったので、書を能くする人に、「菩提本より樹に非ず　明鏡もまた台に非ず　本来無一物　何処《いずく》にか塵埃有らん」（菩提は本より樹ではない、明鏡もまた台ではない、本来無一物であるのに、いったいどこに塵埃がつくのか）の偈頌《げじゅ》を壁書させた。それを見た五祖弘忍が、神秀の偈頌より慧能のそれを認め、深夜に衣法を付し密かに慧能を逃がした時点ですでに解決済みなのである。つまり、ありとあらゆるものの真実のありかたにおいて、自我が執着すべきものは、本来何もない。塵埃などに染まる心も煩悩もないとして証明済みなのである。なお、この有名な「本来無一物」という語は、敦煌本『六祖壇教』の転句には、「仏性は常に清浄にして」とあるが、『祖堂集』で「本来無一物」と改められると、その後の『宗鏡録』『景徳伝灯録』『伝法正宗記』などがそれを踏襲し、定説となっている。

ところが、この「心塵」への把われは根強く、『如浄録』にも「心塵脱落」とあって混乱を招くが、この『如浄録』を編纂し、はるか日本の道元の元に送ってくれたのは、かつて道元と天童山で同参であり、如浄の法嗣であった無外義遠《むがいぎおん》（生没年不詳）である。義遠は道元没後、懐奘の法を嗣いだ寒巌義尹《かんがんぎいん》（一二一七～一三〇〇）が道元の『永平広録』（十巻）を携えて天童山に至ったとき、その十巻から自分の意に任せて抜粋校訂し一巻にする。が、義尹は、この書に、義遠の序と跋、当時、禅者として著名な退耕徳寧《たいこうとくねい》、虚堂智愚にも跋をもらい日本に持ち帰る。この書は、九十年後の延文《えんぶん》三年（一三五八）に永平寺六世の曇希《どんき》によって『永平元禅師語録』として開版される。これが世にいう『永平略録』（一巻）であり、それは、江戸時代になって卍山道白《まんざんどうはく》（一六三六～一七一五）が『永平広録』（十巻）を刊行するまでは道元の唯一の語録として流布していた看過しがたい事実がある。その『永平略録』の序に、義遠は「日本元公禅師、海南を截り来たって、直にその室に入り、心塵脱略の処に向かって、生涯を喪尽し、帰って故山に坐して、情を尽くして訐露《けつろ》す」（原漢文）と記している。つまり、義遠は、道元が如浄の下で「心塵脱略」したと記しているのである。この事実は、道元帰国後（如浄亡きあと）の天童山において、如浄の「身心脱落」の仏法が、従来の宋朝禅的「心塵脱略」へと堕落し、回帰した証左となることを示している。『永平略録』が『祖山本 永平広録』に比して、当時の南宋禅的臭みを持つと感じるのは筆者ばかりではあるまい。ちなみに『祖山本 永平広録』の「上堂」五百三十一項のうちの道元仏法の最高の宗旨が『永平略録』に七十五項として抜粋されたとは考えられず、『永平略録』の冒頭に採られた上堂語は『祖山本 永平広録』の第四十八番だが、そこには「眼横鼻直」なる語句はなく、「偈頌」に至っては換骨奪胎のごとき改変が見られ、それは『卍山本 永平広録』に受け継がれている事実がある。これについては稿を改める。が、ともかく、道元へと信受された正伝の仏法はあくまでも「身心脱落」なのである。さらにいえば、如浄は身心脱落を柔軟心《にゅうなんしん》（示誨31 一九一頁参照）と説き、帰家穏坐（示誨38 二二三頁参照）とまで説いている。これは只管打坐の、身心脱落の世界はそのまま悟りの世界であるからである。

豁然大悟

ともあれ、道元がその真義を得る瞬間は突如としてやってきた。

ある日の暁天（明け方の坐禅）中、道元の隣で坐禅していた僧が睡魔に襲われた。そのとき、如浄は、「坐禅は、一切の執着を捨てて行じなければならぬ。惰眠を貪るとはなにごとか！」と、堂中に響き渡る声で大喝した。如浄の一喝は道元の身体を突き抜けた。坐禅に没頭していた道元は、この一喝で豁然《かつぜん》として大悟し、自分自身が諸仏であり無窮の境界に入るのを体認したのである。

夜明けを待ち、道元は方丈を訪れ、恭しく焼香し、礼拝して、「身心脱落いたしました」と申し述べる。自分に絡みついていたあらゆる我執、束縛、煩悩などを脱し、とらわれのない境地へ到った心境を報告したのである。如浄はうなずきながら「身心脱落、脱落身心」といい、「坐禅の究極において、われわれの身と心は、身と心を離れ脱落する以外にはない」と示した。すなわち、道元の境地を認め、さらに身心が脱落したことすら忘れてしまえと示して、大悟を印証したのである。時に、宝慶元年七月、夏安居《げあんご》も終わりに近づいたある日、道元二十六歳のことであった。

十四歳にして仏教が内包する矛盾に目覚め、比叡山を離れて「実帰」を求め、新たな求法の道を歩みはじめた道元が、入宋して、如浄との千載一遇の出会いを得て到達した、「身心脱落」の境地。出家以来の求道の目的が、ようやくここに一応の結びを見せた。道元は、後にそれを「一生参学の大事ここにをはりぬ」（「弁道話」巻）と表現している。道元が抱いてきた疑問は、身心脱落という大悟を経た後、「修行とさとりは一つのものである」という「修証一等《しゆしよういつとう》」として展開する。その自覚こそ、正伝の仏道を貫く大きな鍵であったのである。

仏典が説くように、確かに人間には生まれながらにして豊かな仏性を具えている。しかし、仏性は修行しなければ現成（実現）することはない。さらに、たとえ仏性が現成したとしても、それを実証しなければ、わが身に正法を確信することはできない。その、さとりを現成する相《すがた》こそ坐禅なのである。只管打坐とは、さとりの実証そのものなのである。

堂々たる宣言

この「只管打坐」の「身心脱落」という、道元が求めつづけた仏法の実帰（大悟）の世界は、帰国後、『正法眼蔵』の各巻、『永平広録』の上堂などで、「証上の修」「修証一等」「本証妙修」の宗旨となって展開されることになる。

帰国後の道元は、まず安貞元年（一二二七）に『普勧坐禅儀』によって、坐禅は大安楽の法門であると人びとにその根本義を説いた。さらに寛喜三年（一二三一）八月十五日には深草で、「弁道話」巻（九十五巻本『正法眼蔵』では第一とする）を書くが、これは『普勧坐禅儀』に次ぐ、道元仏法の立宗宣言ともいえるもので、そこでは正伝の仏法の根幹である坐禅に対する十八の設問を設け、そのいちいちに真に丁寧に答えている。

この「弁道話」巻こそは、道元が天台教学の旧窠を脱落し、只管打坐の正伝の仏法の世界に転換し、飛翔している証明であり、さらにいうならば、日本達磨禅そして天台止観から只管打坐へと、どのように転換し移行するかという、対告衆指南書といっても過言ではなく、それ以後「身心脱落」に基づく道元仏法が『正法眼蔵』九十五巻、『永平広録』十巻に展開する根幹であり、その総論ともいえるものである。その冒頭に、

諸仏如来、ともに妙法を単伝して、阿耨《あのく》菩提を証するに、最上無為の妙術あり。これただ、ほとけ仏にさづけてよこしまなることなきは、すなはち自受用三昧その標準なり。

この三昧に遊化するに、端坐参禅を正門とせり。この法は、人人の分上にゆたかにそなはれりといへども、いまだ修せざるにはあらはれず、証せざるにはうることなし。はなてばてにみてり、一多のきはならんや。かたればくちにみつ、縦横きはまりなし。

と、堂々と宣言している。つまり、諸仏如来の教えには最高なる妙法があり、それは仏から仏へと伝えられてきた自受用三昧、坐禅になりきることで、なにものにも把われない境地で、この三昧の境地に入るのには端坐参禅することである。仏祖から直接的に伝えられたこの正法こそが、「この法は、人人の分上にゆたかにそなはれりといへども、いまだ修せざるにはあらはれず、証せざるにはうることなし」なのである。仏典が説くように、確かに人間は本来仏でありさとりの中にある。生まれながらにして豊かな仏性を具えているが、しかし、その仏性は修行しなければ現成（実現）することはない。実証しなければ我が身に正法を確信し、自分のものにならない。仏法の実帰は修行と身心脱落とによって可能なのである。そして、さとりを自覚しそれを透過し、顕現する相《すがた》こそ坐禅なのである。

終わりも始めもない

さらにまた、道元は、

それ修証はひとつにあらずとおもへる、すなはち外道の見なり。仏法には、修証これ一等なり。いまも証上の修なるゆゑに、初心の弁道すなはち本証の全体なり。かるがゆゑに、修行の用心をさづくるにも、修のほかに証をまつおもひなかれとをしふ。直指の本証なるがゆゑなるべし。すでに修の証なれば、証にきはなく、証の修なれば、修にはじめなし（『正法眼蔵』「弁道話」巻）。

と説いている。つまり、修行と悟りとは別のもので一つではないとするのは仏法の見地ではない。仏法は、修行と悟りを一つとする。今の修行も悟りの上の修行であるから、初心の弁道修行が、そのまま悟りのすべてなのだ。それゆえにこそ、修行の用心、心構えを教えるにも、修行のなかに、悟りを期待してはならない、と教えるのである。只管打坐、坐禅そのものが、本来のさとりなのであるから、悟りに終わりはなく、悟った上での修行であるから修行には始めもないのである。修行によってさとったものは、その後も修行に励むべきである。なぜなら、修行とさとりは仏祖の大道であり、円い輪のように道環して果てしなくめぐるものだからである。それゆえに、さとったら終わりなのではない。さとりが無窮である以上、修行もまた無窮であり、さとりと修行の連関は果てしなく続き、繰り返されるのである。

只管打坐とは、さとりの実証そのものなのである。坐禅は悟りへの単なる手段ではなく、坐禅そのものが悟りなのであるから「修証一等（一如）」であり、本来悟りを具えている人がさらに修行するのであるから、それは「本証妙修」であり「証上の修」である。それこそが道元が求め続けた、「本来、仏である」ということと、「修行して仏になる」という二元的な対立の葛藤、人は生まれながらに仏であるのになぜ修行するのかという問いに対する解答であり、仏法の最高の実帰の世界であった。

道元は自己の禅風を挙揚する上でこの「身心脱落」を根幹に据えた。それゆえにこそ『正法眼蔵』や『永平広録』においてその行実を盛んに説示するのである。

「悉有」の意味

さらにいえば、本来本法性天然自性身《ほんらいほんぽっしょうてんねんじしょうしん》に関連する「一切衆生悉有仏性、如来常住無有変易」については先述したが（二七二頁）、この語句は一般には「一切の衆生は悉く仏性有り。如来は常住にして変易あることなし」と読む。つまり、一切の生きとし生けるものは、生まれながらに仏性をもつから悟りをひらくことができる」と解釈し、それは「一切皆成仏」とも表現される。しかし、道元は『正法眼蔵』「仏性」巻の冒頭で、釈尊の「一切衆生悉有仏性　如来常住　無有変易」を挙げ、この語は、大師釈尊の師子吼の転法輪として、「一切諸仏一切祖師が大眼目として参学したること、すでに二千一百九十年（日本の仁治二年辛丑歳にあたる）、正嫡を数えれば五十代（先師天童如浄和尚にいたる）、西天で伝持すること二十八代、東地において二十三世、よく保持して今日にいたる」として、

世尊道の一切衆生悉有仏性は、その宗旨いかん、是什麼物恁麼来の道転法輪なり、ある

ひは衆生といひ、有情といひ、群生といひ、群類といふは、衆生なり、群有なり、すなはち悉有は仏性なり、悉有の一悉を衆生といふ、正当恁麼時は、衆生の内外、すなはち仏性の悉有なり、単伝する皮肉骨髄のみにあらず、汝得吾皮肉骨髄なるがゆゑに、しるべし、いま仏性に悉有せらるる有は、有無の有にあらず、悉有は仏語なり、仏舌なり、仏祖眼睛なり、衲僧鼻孔なり、悉有の言、さらに始有にあらず、本有にあらず。

と示衆している。つまり、道元は、「悉有」を「悉《ことごと》く有す」とは読まずに、ありとあらゆる存在を意味すると説いている。道元は、仏性の衆生との関係は、あるとかないとかの問題ではない。また衆生のもつ本性のある部分が仏性であるというのでもない。それゆえに悉有はすなわち衆生であり、悉有のありようが衆生である。衆生の内外悉くがすなわち仏性なのである。したがって「悉有」を「悉く有す」と読めば錯誤となるので、そのまま「悉有」と読むのである、と説いている。つまり道元は「悉有が仏性」と読んでいるのである。このように読めば、ありとあらゆるものが仏性そのものであり、全存在そのものが仏性となり、一切衆生そのものが仏性であり、すべてが仏性となって成立していることとなり、山河大地、牆壁《しょうへき》瓦礫《がれき》、その他のすべてが仏性の現前となり、その読み方によって世界が一大転換する。

　ところが、こうした解釈を誤読だとした人が江戸時代にいる。無着道忠《むじゃくどうちゅう》（一六五三～一七四四）は「永平（道元）古語を引きて、句読を誤る」（『正法眼蔵僭評』）として、誤読すれば意味も誤ると批判しているが、このような輩は、道元がよくいう「杜《ず》撰《さん》のやから」の一類であり、まさに知解分別にのみ頼る「算沙の輩」であり、この程度の理解では道元仏法を誤るどころか無道心のきわみであり嘲笑にも値しない。

帰国

如浄の膝下で修行に励んだ道元は、宝慶三年（一二二七）、嗣書を相承する。入宋以来、正師を求めてさまよい、天童如浄という古仏に巡り会い、その師からあれほど思慕した嗣書を、確かに拝受したのである。嗣書の上部には歴代の祖師の名が朱線の上に連なり、その最後、如浄の左隣に道元の名が墨痕鮮やかに記されていた。釈尊以来、仏祖から仏祖へと連綿と受け嗣がれてきた命脈が、確実に道元に単伝された。ここに、道元は釈尊から数えて五十二代の祖師となったのである。

その後、道元は三年半の在宋生活を終えるべく、帰国を決意する。その道元に対し、如浄は、「国に帰って化をしき、広く人天を利せよ。ただしその際、城邑・聚楽に住してはならない、国王大臣に近づいてもならない。ただ深山幽谷に居して一箇半箇を接得し、吾が宗を断絶させないように」と垂示した。如浄は、この短い訓戒のなかに自分の思いをすべて込め、正嗣に送る最後の言葉とした。別離のない邂逅はなく、邂逅の先には必ず別離がある。如浄と道元の別離は、今生の別離であった。

如浄は、正伝の仏法の一切を道元に伝えた安堵感からか、道元が自身の下を辞した直後に示寂している。日本の嘉禄三年（一二二七）秋、二十八歳にして帰国した道元は、建仁寺留錫《りゅうしゃく》の後、深草の安養院・興聖寺を経て越前に入る。如浄最期の慈誨を実践したのである。如浄は、どこまでも道元の正師であった。

三　『宝慶記』各項の内容概略

では、実際、『宝慶記』の内容はどのようなものか。その詳細は本書で四十四項に分けて記したとおりであるが、ここで全体を、見出しとそれぞれの「示誨」「慈誨」の内容を簡略化することで概括的にみてみよう。

『宝慶記』の各項の段落の区切りかたは、諸師諸本によって多様であり、いまここでそのすべてを網羅することはできないが、主要となる諸師の研究業績の中でも特徴的な見解とその分段のしかたを簡略に示すと次のようになる。

大久保道舟師は、『道元禅師全集 全』(春秋社、昭和十年四月)において、「『宝慶記』は、道元における一種の在宋日記であり、もと日記の断簡であったことが知られる」とし、全体を四十五項目に分けている。

宇井伯寿師は、『宝慶記』(岩波書店、昭和十三年十月)において、「『宝慶記』は、道元がメモの形でその都度記し置いたもので、後世に遺す意志はなかった」とし、全体を五十項目に分けている。

秋重義治師は、『道元禅の大系』(八千代出版、昭和五十八年八月)において、「『宝慶記』は、現存する以外にも道元の記録が残されていたと思われるが、現存する記録の分だけは一応纏まった形で発見された」とし、全体を五十一項目に分けている。

池田魯参師は、『宝慶記――道元の入宋求法ノート』（大東出版社、平成元年六月）において、「『宝慶記』は元来、それぞれの項目ごとに別々に記録されており、それら片々の記録文書がまとまって発見された」とし、全体を四十二項目に分けている。

鈴木格禅師は、『道元禅師全集』第七巻（春秋社、平成二年二月）の「解題」において、「『宝慶記』は、道元によって幾葉・幾十葉かの断簡に書筆されていた」とし、全体を四十四項目に分けている。

水野弥穂子師は、『現代語訳・註 道元禅師 宝慶記』（大法輪閣、平成二十四年一月）において、「『宝慶記』は、日記や手控えの断簡ではなく、道元によって整理されたもの」とし、全体を四十五項目に分けている。

本書では大久保師と同様、如浄への「拝問」と「示誨」「慈誨」とを、道元がその都度手控えとして記録した断簡が未整理のまま残されていたものとし、四十四の分段にした。いま、その「拝問」と「示誨」「慈誨」を簡略に記せば次のとおりである。

1　拝問《書簡》如浄禅師に随時参問を懇願する

道元　自身における修道の経緯と入宋の機縁を略述し、時候・威儀を問わず方丈に拝問することを請願する。

如浄　これを許可し、父の如く応ずることを確約する。

2　拝問　教外別伝の真意とは何か

道元　現在、諸方において教外別伝と称し、祖師西来の大意となすところを問う。
如浄　仏道は、祖師が東土に来って初めて正伝したと示す。

3　拝問　思慮分別を無視した払拳棒喝《ほっけんぼうかつ》は正しいか

道元　現在の諸方の長老は、仏化の始終を問うことなく、二生（今生と来生）の感果を想定していないと述べ、この是非を問う。
如浄　二生を弁《わきま》えないのは断見外道であり、これが無ければ善知識への参問も諸仏の出世もないと示し、信及・修証すべきを説く。

4　拝問　冷煖をみずから知ることは正覚《さとり》か

道元　古今の善知識が自知を以て菩提の悟りとするところ、並びに一切衆生は無始本有の如来であるとするところを難じ、その是非を問う。
如浄　道元禅師の見解を認め、一切衆生が本より仏であるというのは自然外道に同じであり、自知を正覚として仏に比するのは増上慢の見であると示す。

5　拝問　初心修行者の心得とは何か

道元　功夫弁道の時に必ず学ぶべき心意識・行住坐臥について問う。
如浄　初心の弁道功夫の要点として、長病・遠行しないこと、読誦・諫諍・営務を控えることと、五辛・肉を食さないこと等、三十二の要目を示す。

6　拝問　『楞厳経《りょうごんきょう》』と『円覚経《えんがくきょう》』は仏祖道か

道元　楞厳経と円覚経は「西来の祖道」といわれるが、両経は諸経に劣るところはあっても優れるところはないように思われると述べ、決定の是非を問う。
如浄　両経の説に対しては昔から疑う者がおり、先代祖師はこれを見ていないため、用いるべきではないと示す。

7　拝問　三障（煩悩障・異熟障・業障）は仏祖の説か

道元　煩悩障・異熟障・業障等の障は仏祖の説であるかどうかを問う。
如浄　種々にいわれるが、龍樹等の説は必ず保任しなければならないと述べ、業障に至っては、慇懃《おんごん》に修行する時、必ず転ずると説く。

8　拝問　因果の道理をどのように信ずべきか

道元　因果を必ず感ずべきかを問う。

如浄　永嘉玄覚（六七五～七一三）『証道歌』の「豁達空撥無因果……」を示し、撥無因果は仏法中の断善根とする。

9　拝問　長髪や長爪は僧侶の風儀か

道元　諸方の長老は髪や爪を伸ばして俗人のようであるが、いかがなものかと問う。

如浄　全く畜生の如くであり、仏法清浄海中の屍であると難ずる。

10　示誨　汝古貌あり、深山幽谷に居し、仏祖の聖胎を長養すべし

如浄　汝は、まだ若いが古聖の風貌がある。深山幽谷に居して仏祖の聖胎を長く養えば、必ず古徳の証した境地に到ると示す。

11　示誨　裙袴《ころも》の腰絛《こしひも》の結びかたについて

如浄　修行者の中で共に修行する時は、時間が経っても緩む煩いがないように腰紐をしっかり結ぶべきを説く。

12　示誨　緩歩《かんぽ》のしかたについて

如浄　緩歩こそ僧堂における功夫の最要であると述べ、その法を身を以て示し、詳説する。

13　拝問　ものの本質は三性（善性・悪性・無記性）に関わるか

道元　仏法は、三性（善性・悪性・無記性）のいずれを以て性とするのかを問う。
如浄　仏法は、その範疇に収まらず、三性を超越すると示す。

14　拝問　仏祖の大道をなぜ禅宗と呼ぶのか

道元　仏祖の大道は一隅に拘らないのに、なぜ禅宗と称するのかと問う。
如浄　昨今の禅宗という呼称は妄称であるから、仏祖の大道を禅宗と称すべきではないと示し、さらに単伝こそ仏祖の証しであると説き示す。

15　示誨　参禅は身心脱落である

如浄　参禅こそ身心脱落であると説き、只管打坐《しかんたざ》の要を説く。

16　拝問　三時業（順現報受業・順次生受業・順後次受業）の道理とは何か

道元　長沙景岑と皓月供奉における「業障本来空」の問答を取り上げ、長沙が「本来空」というところの是非を問う。
如浄　長沙の答えを「不是」とし、長沙は未だ三時業を明らかにしていないと示す。

17　拝問　『了義経』とはどのような経か

道元　古今の善知識は、了義経を読むべきであり不了義経を読むべきではないというが、了義経とはどのようなものかと問う。

如浄　道元の見解を否定し、釈尊の所説は広も略も、説も黙も道理を尽くしているため、須く了義経であり、漏れなく説き終わっているのを了義と示す。

道元　今まで聞いてきたところは、皆、未了義の上の了義であったと述べ、ここに初めて了義経の向上に了義経のあることを判然と知り得たと感謝する。

18　拝問　感応道交とはどのようなことか

道元　「能礼所礼性空寂、感応道交難思議」は教家もまた談ずるところであって、祖道に同ずる理があるのかと問う。

如浄　諸仏の出世も祖師の西来も、感応道交である道理を弁え、殊更に教家を怨家《おんけ》と見なすべきではないと、その見解を戒める。

19　拝問　仏祖の道と教家の談は別のものか

道元　阿育王山大光長老における、仏祖の道と教家の談とは水火の如く異質である、という見解について、その是非を問う。

如浄　大光長老のみの妄談ではないが、それは教家の是非を明らかにしておらず、祖師の堂奥を知らないものであると示す。

20　拝問　文殊と阿難の結集の違いは何か

道元　文殊は諸仏の師であるのに、なぜ摩訶迦葉のみを初祖となすのかと問う。

如浄　文殊が附法の嫡子たり得ないのは諸仏の師だからであり、阿難の結集は大小両乗を包括していると示す。

21　慈誨　椅子の上で韈子《べつす》を着ける方法について

如浄　夜話、椅子の上での著韈の作法を知っているかどうかを問い、知らぬことを聞いた如浄は、右袖で足の甲を覆って着けるべき旨を教示する。

22　慈誨　坐禅のとき、胡菰を食べてはならない

如浄　功夫弁道して坐禅する時の注意として、胡菰は熱を発するため、これを食してはならないと説く。

23　慈誨　坐禅は風の当たるところでしてはならない

如浄　風の当たるところで坐禅してはならないと示す。

24　慈誨　一息半趺の経行《きんひん》の方法について

如浄　坐禅より起って歩く時は、一息につき半趺の量を以て歩むべきであると示す。

25　慈誨　褊衫《へんざん》と直裰《じきとつ》について

如浄　近年は直裰を着けるものがいるが、これは末世の風潮にして非なることである。上古の家風を慕うならば褊衫を着けるべきであると説く。

26　慈誨　華美な袈裟を着けない理由について

如浄　私が華美な袈裟を着けないのは、釈尊一代の間、皆、麁布《そふ》の僧伽梨を着けていたことを重んじるからであると説く。

27　拝問　迦葉尊者が金襴の袈裟を伝授されたのはいつか

道元　釈尊が摩訶迦葉に金襴衣を授けた時節を問う。

如浄　摩訶迦葉は、釈尊にまみえた最初に仏衣と仏法を授かったと示す。

28　拝問　《書簡》禅院こそが正法を正伝していると思うが如何か

道元　世に禅・教・律・徒弟の四院がある。禅院こそ仏祖が伝えた寺儀に適う正統の様式である、と述べ、正否を問う。

如浄　西天二十八代、東土六代の仏法正伝を示し、禅院の寺儀こそ仏法の正統であり、他院と同じように論ずることはできないと道元の見解を認める。

如浄　29　慈誨　只管打坐こそが六蓋を除く

仏祖の児孫は、まず五蓋を除き、後に六蓋（無明蓋）を除くべきであり、これがかなわなければ仏祖の修証に到ることはないと説く。

道元　30　拝問　華美な法衣を着けないのはなぜか

如浄禅師が住院以来、法衣を着けていないゆえんを問う。

如浄　宏智正覚（一〇九一～一一五七）が行っていた少欲知足の実践であり、古来の仏弟子が糞掃衣・鉢盂のみを携えていたことによると示す。

如浄　31　示誨　仏祖の身心脱落は柔軟心である

仏祖の坐禅は、一切衆生に功徳を廻《めぐ》らす大悲の坐禅であり、それは心の柔軟なるを得ることによると説く。

如浄　32　慈誨　法堂《はっとう》の師子像と蓮花蓋について

法堂の法座の南階段の両側にある白い師子像の様相、並びに法座の上に懸かっている蓮花蓋（天蓋）の詳細を述べる。

33　慈誨「風鈴頌」について

道元　如浄の「風鈴頌」について、諸方の長老は三祇劫を経ても及ぶことはないであろうし、あらゆる灯史を繙いてもこれに斉肩するようなすばらしい頌はないと讃える。

如浄　これは、清涼寺住山の折に詠じたものであるが、そのように評論したものはいないと喜び、もし頌を作るときにはこのように作るとよいであろうと説く。

34　示誨　すべての衆生は諸仏の子

如浄　生死流転の衆生にして仏道を求める者は、すべて仏の子であると説く。

35　示誨　坐禅時の調身法について

如浄　坐禅のとき、長いあいだ坐禅を重ねた者は閉目してもよいが、未熟な者は開目すべきであると説く。

36　拝問　坐禅を難ずることへの対処について

道元　日本・宋において、坐禅を小乗声聞の法と難ずるものがいるが、どのように対処すべきかを問う。

如浄　それは仏法に昏《くら》いものの言葉であるといい、正法は大小両乗を貫いて表出しており、仏祖は懇切丁寧に、よろしきに従って法を伝授してきたと示す。

如浄　37　慈誨　坐禅は頭燃《ずねん》を救《はら》って弁道すべし
道元の坐禅を褒め、坐禅のときに現出するであろう美妙の香気や油が地に滴る等の吉瑞について、これにとらわれず坐禅弁道すべきと説く。

如浄　38　示誨　坐禅は帰家穏坐、今年六十五歳
端坐に励むこと三十余年、今年六十五歳を迎えても退を生ぜず、ますます弁道の決意は堅固なることを述べ、道元の弁道功夫を励ます。

如浄　39　慈誨　坐禅は正身端坐すべし
坐禅のときは、屏風や禅椅に寄りかからず、宏智の「坐禅儀」の如く正身端坐すべきであると示す。

如浄　40　示誨　坐禅時の経行《きんひん》の方法について
経行は、真っ直ぐ進み、廻る時は右に廻り、歩はまず右足から移すべきを身をもって示す。

41　慈誨　坐禅時の経行は釈尊の聖跡を敬い行うべし

如浄　経行は、釈尊も行じた西天以来の正法であり、人間の思慮分別を超越したものであると示す。

42　慈誨　坐禅時、心を左の掌に置くのが仏祖正伝の法である

如浄　坐禅のとき、左の掌に心を定めるのが仏祖正伝の作法であると示す。

43　慈誨　正伝の仏法を託するのは、まさに汝である

如浄　正伝の仏法を託するは、求法の志操堅固な汝であると明言する。

44　拝問　初心後心の得道も仏祖正伝の宗旨である

道元　初心・後心のいずれをもって道を得るとすべきかを問う。

如浄「焦灶《しょうしゅ》の現喩」をもってこれを示し、初のみでも、後のみでも、初めと後を離れるのでもない修証のありかたを、仏祖正伝の宗旨として教示する。

以上の四十四項にわたる「拝問」「示誨」「慈誨」は多岐にわたり、必ずしも以下のように分類しきれないが、ほぼ七種に分けられるであろう。

①正伝の仏法について
1 14 18 19 20 27 28
②修証の問題
3 4 15 29 31 34 44
③因果について
7 8 13 16
④仏教の問題
2 6 17 33
⑤坐禅・学道の用心
5 10 12 22 23 24 35 36 37 38 39 40 41 42
⑥風儀について
9 11 21 25 26 30 32
⑦印可について
43

以上のように分類してみると、その拝問と示誨・慈誨が多岐にわたっていることがわかるが、道元が求法の第一の課題としたのは、『宝慶記』の拝問願いの最初にいみじくも記した「未だ仏法僧の実帰を明らめず」という、仏法の「実帰」の問題である。「実帰」とはつまり、仏道者における最終的な落処をいう。すなわち、宗教的安心、大悟の世界のことである。それを、方向性を一にする師、正師如浄に求めたのである。

当時、南宋禅は先述したように三教一致思想の横行するさなかにあった。つまり、鼎《かなえ》の三脚のように、儒教・道教・仏教の一致が説かれ、これが一大思潮として一世を風靡していたのである。しかし、儒教・道教は仏教のように因果を想定しない。この点が、仏教と根本的に異なるのである。如浄はその点を熟知していた。諸山の長老が三教一致の立場を取るなか、如浄はそれに同ずることなく、一途に正伝の仏法を究めていたのである。道元は、そうした如浄に、まさに軌を一にする正師たるべき姿を見出し、追随したのである。

道元の入宋求法における第二の課題は、知的理解のみによる仏教の根本に対する疑念である。道元は、出家の後、最初に天台の教えを学ぶ。つまり、精緻な教理的な理論仏教より出発したのである。当時の日本においてはそれが通例であったが、道元はそうした知解だけの仏教に疑問を抱き、入宋までして単なる教理を超えた仏法の「実帰」を求めたのである。幸いなことに、如浄の堅実に伝持していた正伝の仏法は、天台の教理を確実に凌駕し、いわば知的理解のみの仏教とはまったく異なり、さらに当時の禅界の基底であった看話禅とも一線を画していた。さらに、三教一致思想でもない。道元はそのような師の膝下で、日本においても、南宋での尋師訪道の旅でも得られなかった境界に到るのである。

『宝慶記』全体をとおして見ると、前半部分は道元の仏法の確認であることがわかる。つまり、いままで参学してきた仏法の是非を如浄に確認しているのである。さまざまな道元の拝問に対し、如浄は、間違いのないところは是、謬見に対しては非、と明確に答えている。道元は、こうした如浄の教導によって仏法を練り上げてゆく。そして、「参禅は身心脱落なり」と真実を示されたことにより、それまでの単なる知的理解から実参実究をも透過した正伝の仏法へと転換するのである。

さらに、『了義経』の問題について、如浄より、釈尊の教えがすべて了義であると示され、一切のわだかまり、こだわりが氷解したことである。それは、道元が拝問17において「誠に和尚の慈誨の如く保任して、乃ち仏法祖道ならん」といい、これ以降、如浄の言葉のほとんどを、「示誨」ではなく「慈誨」、すなわち、慈しみの訓誨《くんかい》として表記し、信受奉行《ぶぎょう》しているところに明らかである。いわば、道元は、ここで如浄が具える仏法の真髄に触れたといっても過言ではないのである。

仏法を信受奉行し、知的理解の仏教より身心脱落の只管打坐へ。そして、只管打坐という正伝の仏法の展開へ。『宝慶記』は、道元が如浄に導かれ、仏法僧の真実を結する、「実帰」の書でもあるのである。

四　『宝慶記』の発見と伝承

懐奘による発見

建長五年（一二五三）十二月十日、道元が示寂（八月二十八日）してほぼ三ヵ月たった日のことである。永平寺第二世孤雲懐奘《こうんえじよう》（一一九八～一二八〇）は、永平寺の方丈で、先師の遺書を整理しているとき、いままで師からはまったく伝聞していない書の存在に気づく。『宝慶記』の発見である。しかし、この時、すでに『宝慶記』という名がつけられていたか否かは後述するように不明である。

道元に帰依した門人が多くいたなか、懐奘は唯一人その正伝の仏法の宗旨に参徹し、諸職を補しても必ず侍者を兼ね、道元に生涯を通して随身し、「他の多くの人が聞かないことがあっても、他の人が聞いたことで自分の聞かないことはない」（『伝光録』）とまで自負した祖師である。その懐奘が、まったく知らなかった若き日の道元の求道の記録、如浄に拝問し、そして慈誨されたことの手控えの書が忽然と姿を現した。如浄膝下における入宋求道の記録が手控え書として残されていたのである。先行研究には種々の異論があるが、これは、道元がその記録を後人のために、整理して残したものではけっしてないことを示している。

懐奘は種々さまざまな感慨が胸に去来するのを押し止めながら、未整理なものをおそらくはそのまま浄書した。日ごろ、道元が古仏として敬慕してやまぬ如浄の行履は、『正法眼蔵』の各巻や『永平広録』の上堂その他で示衆されたところから、きわめて厳格で峻烈であったことを知ってはいた。しかし、『宝慶記』に見られる如浄は慈父そのもので、若き道元の拝問を喜び、謬見には「汝が言、非なり」とその見処を否定している。が、そのような拝問にも慈愛をもって接し、その慈誨は、仏法の根本から、戒のありよう、椅子での韈子《べつす》の着けかた、坐禅・経行のしかた、その歩きかたを自身で歩いて示すなど、きわめて慈悲深く、詳細であったことが知られたのである。それは、若き道元の内に秘めた真摯な求法の叫び、何かに突き動かされたかのような激しい求道の志気に燃えたぎった、随時参問を願う奉呈の返書にある、「道元よ、君はいまから後、昼夜を問わずいつでも、お袈裟を着けていようがいまいが、私の方丈に来て仏道について質問してよろしい。私は父が子の無礼を許すように君を迎えよう」という言葉の実行であったのである。それはまさに、如浄にとっては正伝の仏法を嗣続せしめるにふさわしい真の求道者を得た喜びでもあったのであろう。

『正法眼蔵』や『永平広録』の出現まで、従来けっして語られることのなかった正伝の仏法たる身心脱落の真髄である只管打坐の仏法の原点が、稀有なる正師如浄と若き希代の求道者道元との間に真摯に交わされた拝問と慈誨となって、詳細に、道元自身がその都度記した手控えの書として未整理のまま残されていた。

如浄は、道元を「儞は是後生なりと雖も頗る古貌有り」と策励し、さらに、「風鈴頌」の論評には称賛を惜しまず、また道元の被位にあって昼夜不眠の坐禅の姿を認めて「吉瑞」を語り、それにとらわれず頭燃《ずねん》を救《はら》うが如くに只管打坐することを勧めた。道元は、ときにその破格の慈誨に落涙し、法悦に感動して「坐より起ちて速礼して地に叩頭し、歓喜落涙」している。そして、如浄が「儞求法の志操有るは、吾が懽喜する所なり。洞宗の託する所は儞乃ち是れなり」というように、道元の疑団は氷解したのであり、まさに「一大事の因縁を了畢」し、正伝の仏法を付嘱された。その全容が展開されていたのである。

四十四項目にわたる『宝慶記』の拝問と示誨・慈誨は、若き道元の大疑団から、その解決、「実帰」への道標であり、一大事の因縁を了畢した軌跡でもある。もし、その拝問と、とくに如浄の慈誨が口伝のままであったならば、それはいずれ消え去る運命にあったことであろう。

懐奘の胸に去来した感激・感動は如何ばかりであったか。入宋時代の如浄に随侍した在りし日の、真実の仏法を求めてやまぬ道元の拝問に、懐奘は自身の姿を重ねた。如浄に重なる先師道元の慈誨に接し、懐奘は自身がかつて道元に拝問し、慈誨されたことを思い出したに違いない。懐奘は、驚愕と感動に胸をうちふるわせながら、奥書に「これを草し始むるに、猶お余残在るか。恨むらくは功を終えざりしことを。悲涙千万端」と記した（二五三頁参照）。その奥底の思いは、懐奘にとっては実に深いように思う。

懐奘が「悲涙千万端」と記したものに、発見の時点で『宝慶記』という題名がついていたか否かは不明である。しかし、道元が如浄に随侍した宋代の宝慶年間（一二二五～一二二七）にちなむものであることは確かである。

古写本とその伝承

『宝慶記』の古写本の伝承について簡略に記すと次のとおりである。

『宝慶記』の古写本には全久院本・廣福寺本・宝慶寺本・天寧寺本・乾徳寺本などが知られる。なかでも現存する最古の筆写本は全久院本とされ、それは、懐奘の浄写本を寂円（一二〇七～一二九九）が継承し、宝慶寺に巻子一巻本として所蔵されていたものである。しかし、その後転々とし、現在は愛知県豊橋市の全久院に所蔵されている。

廣福寺本は、寒巌義尹（一二一七～一三〇〇）の所持した筆写本を、明峰素哲（一二七七～一三五〇）の法嗣である廣福寺開山の大智（一二九〇～一三六六）が書写したものと伝えられる。巻子一巻本であり、縦幅約一五・四センチメートル、横幅約四六・七センチメートルの紙をつなぎ合わせている。現在は、熊本県玉名市の廣福寺に所蔵されている。

宝慶寺本は、義雲（一二五三～一三三三）法系の人が筆写したと伝えられている和綴本である。現在は福井県大野市の宝慶寺に所蔵されているはずだが未見である。

伝写本は以上のような経緯を見せるが、『宝慶記』が一般に流布するのは、江戸時代、明和八年（一七七一年）に面山瑞方（一六八三～一七六九）が開版して以降である。

では、なぜ『宝慶記』は、道元の在世中には知られることもなく、懐奘の浄写以後に先のような伝写をくりかえし、面山の開版に到る五百年もの間、世に出ることがなかったのか。

今日、われわれが『正法眼蔵』や『永平広録』などによって知りうる如浄の正伝の仏法の説示の多くは、当時天童山に掛搭《かた》したものであれば、それを拝聴しえたに違いない。道元は、如浄の上堂、あるいはその慈誨のいくつかを『正法眼蔵』のなかに活写している。しかし、『宝慶記』に記載されている多くの事項は、そのすべてが如浄の方丈において、道元が個人的に拝問し、如浄に示誨・慈誨されたことを拝受したものである。

『宝慶記』は、初相見のときに「先師古仏、はじめて道元をみる。そのとき道元に指授面授するにいはく、仏々祖々、面授の法門現成せり」（『正法眼蔵』「面授」巻）と示されているように、すでに「面授の法門」が現成した如浄と道元の、室中における面授の記録である。禅門における伝法授受の相伝は、余人を交えず、師資が口訣をもって密かに行うこととされる。つまり、堂上室内における師資間の純密なやりとりは、他人の知りえない密事なのである。

それを拝覧しえたがため、懐奘は「悲涙千万端」と記し、義雲は「懽喜千万、感涙襟を湿《うる》おすのみ」と記したのである。それは道元と如浄の密授そのものを目のあたりにした感動であり、児孫の心底から思わず湧き出る畏敬の感動の言葉であったのである。こうした事情があり、面山に到るまで開版・流布することはなかったのである。

本書では、往時の先人たちの労苦と慈恩に感謝し、今日に伝わる最良の写本とされる全久院本の写真と翻刻を、慕古として巻末に収録した（ただし、全久院本『宝慶記』には道元の如浄への最初の拝問願「如浄禅師に随時参問を懇願する」の冒頭部分が欠損しているので、その箇所のみは廣福寺本を掲げている）。

付録　全久院本『宝慶記』

＊01のみは廣福寺本である

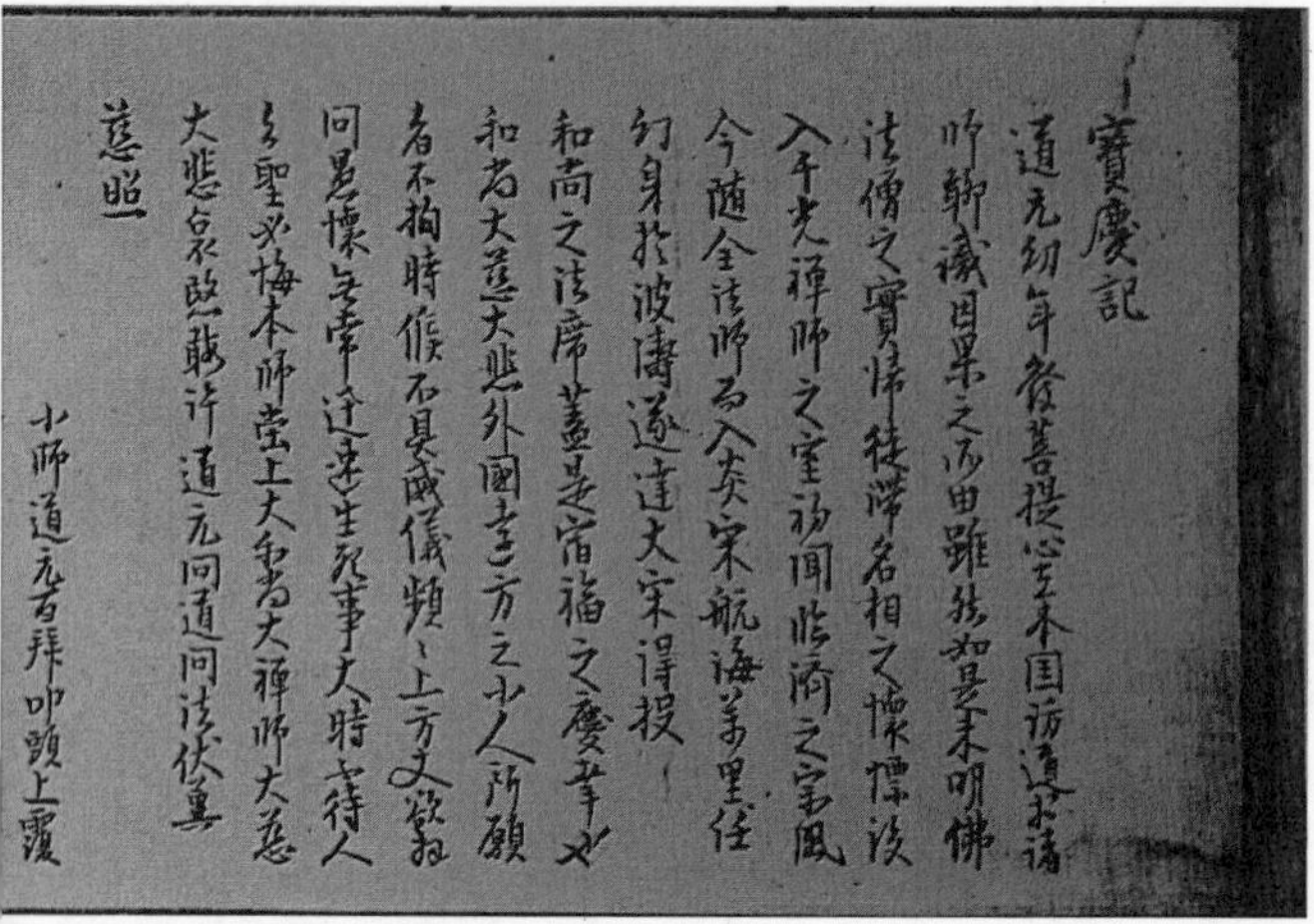

宝慶記

01 道元、幼年発菩提心、在本国訪道於諸師、聊識因果之所由。雖然如是、未明仏法僧之実帰、徒滞名相之懐幖。後入千光禅師之室、初聞臨済之宗風。今随全法師而入炎宋。航海万里、任幻身於波濤、遂達大宋、得投和尚之法席。蓋是宿福之慶幸也。

和尚、大慈大悲、外国遠方之小人所願者、不拘時候、不具威儀、頻々上方丈、欲拝問愚懐。無常迅速、生死事大。時不待人、去聖必悔。本師堂上大和尚大禅師、大慈大悲、哀愍、聴許道元問道問法。伏冀慈照。

小師道元百拝叩頭上覆。

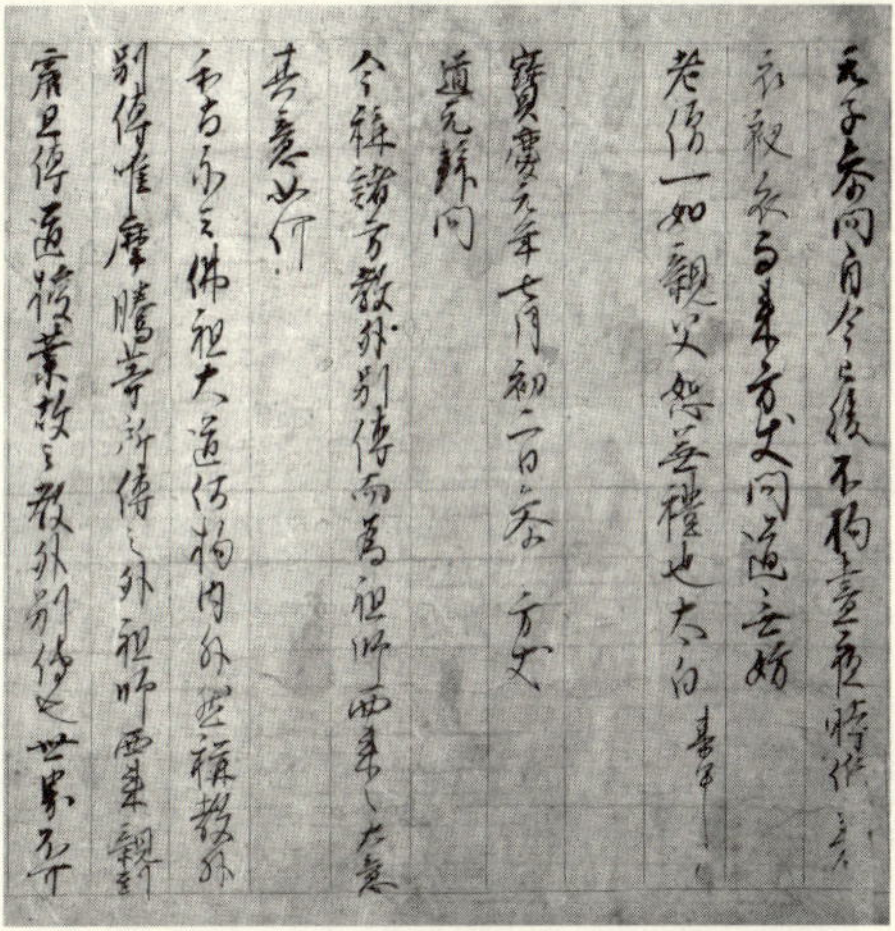
元子参問自今已後不拘晝夜時候著
衣衩衣而来方丈問道無妨
老僧一如親父恕無禮也　太白　某甲
寶慶元年七月初二日参　方丈
道元拜問
今稱諸方教外別傳而為祖師西来之大意
其意如何
和尚示云佛祖大道何拘内外然稱教外
別傳唯摩騰等所傳之外祖師西来親到
震旦傳道授業故云教外別傳也世界不可

元子参問、自今已後、不拘昼夜時候、著衣衩衣、而来方丈問道無妨。老僧一如親父恕無礼也。太白某甲

02 宝慶元年七月初二日、参　方丈。

道元拝問。

今称諸方教外別伝、而為祖師西来之大意、其意如何。

和尚示云。仏祖大道、何拘内外。然称教外別伝、唯摩騰等所伝之外、祖師西来、親到震旦、伝道授業。故云教外別伝也。世界不可

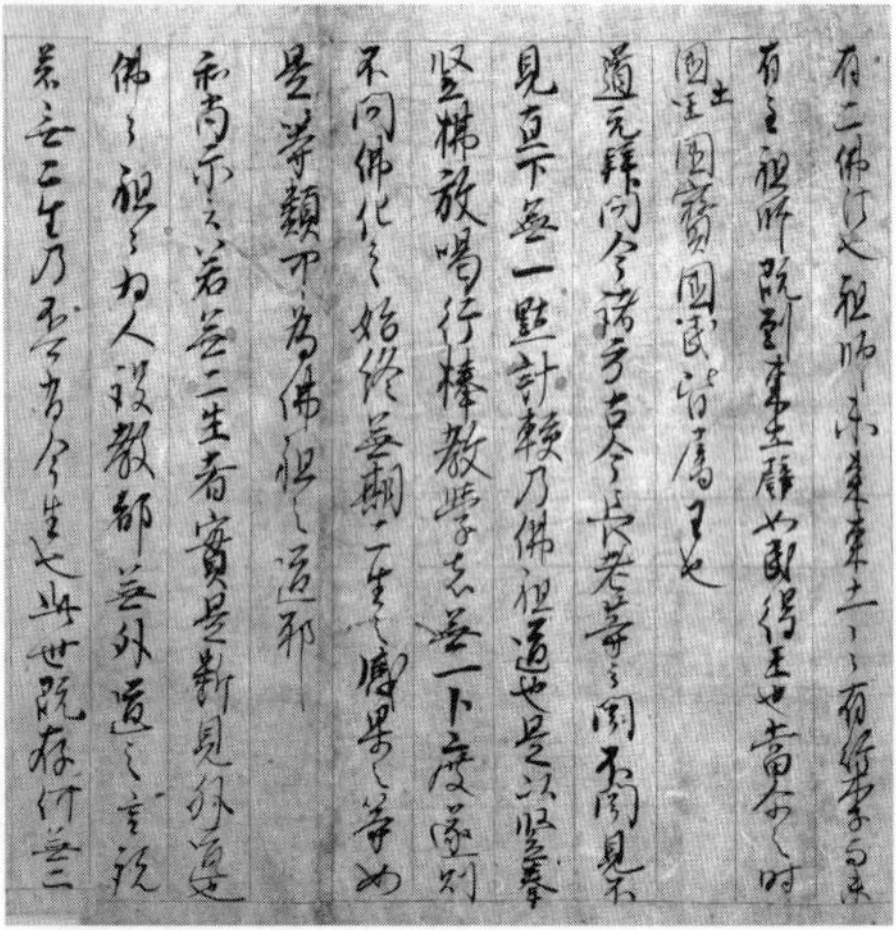

有二仏法也。祖師未来東土、ゝゝ有行李、而未
有主。祖師既到東土、譬如民得王也。當尓之時、
国土国宝国民皆属王也。

03 道元拝問。今諸方古今長老等云、聞不聞、見不
見、直下無一点計較、乃仏祖道也。是以竪拳
竪払、放喝行棒、教学者無一卜度、遂則
不問仏化之始終、無期二生之感果。之等如
是等類、可為仏祖之道耶。

和尚示云。若無二生者、実是断見外道也。
仏ゝ祖ゝ、為人設教、都無外道之言説。
若無二生、乃不可有今生也。此世既存、何無二

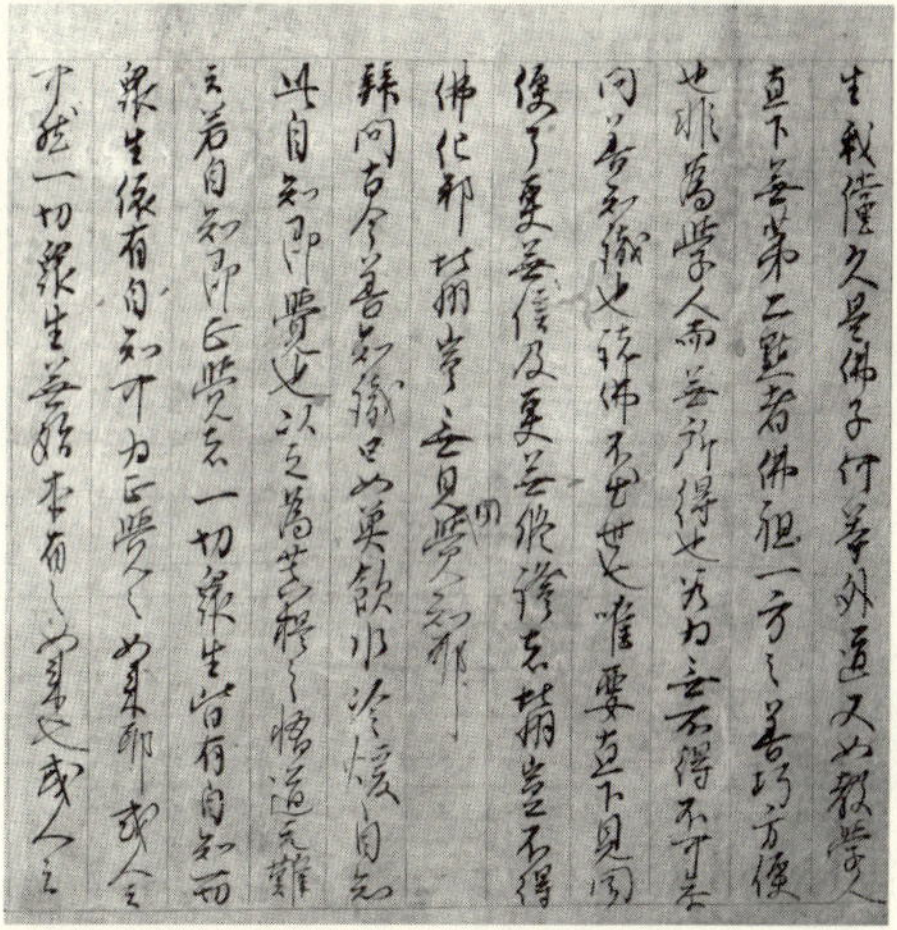

生。我儻久是仏子、何等外道。又、如教学人直下無第二点者、仏祖一方之善巧方便也。非為学人而無所得也。若為無所得、不可参問善知識也、諸仏不出世也。唯要直下見聞便了。更無信及、更無修証者、北州豈不得仏化耶、北州豈無見聞覚知耶。

04 拝問。古今善知識曰、如魚飲水冷煖自知、此自知即覚也。以之為菩提之悟。道元難云、若自知即正覚者、一切衆生皆有自知。一切衆生依有自知、可為正覚之如来耶。或人云、可然、一切衆生無始本有之如来也。或人云、

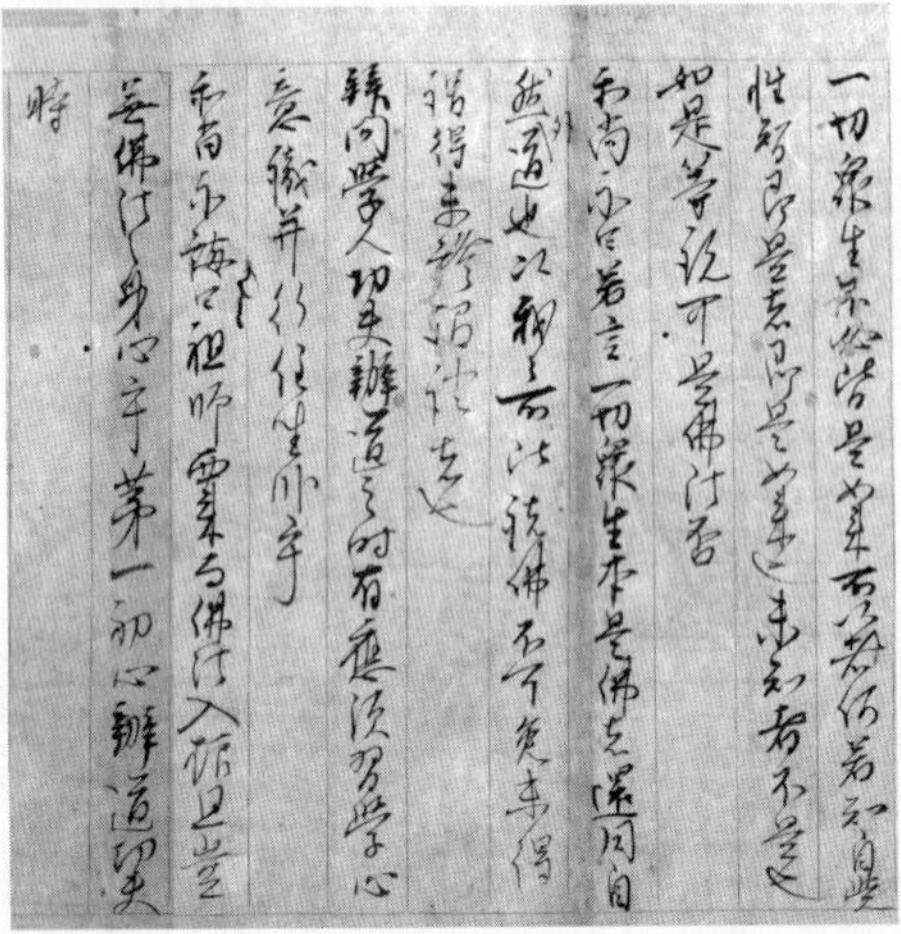

一切衆生不必皆是如来。所以者何、若知自覚性智即是者、即是如来也、未知者不是也。如是等説、可是仏法否。

和尚示曰。若言一切衆生本是仏者、還同自然外道也。以我〻所比諸仏、不可免未得謂得、未証謂証者也。

05 拝問。学人功夫弁道之時、有応須習学心意識、并行住坐臥乎。

和尚示誨曰。祖師西来、而仏法入振旦、豈無仏法之身心乎。第一初心弁道功夫時、

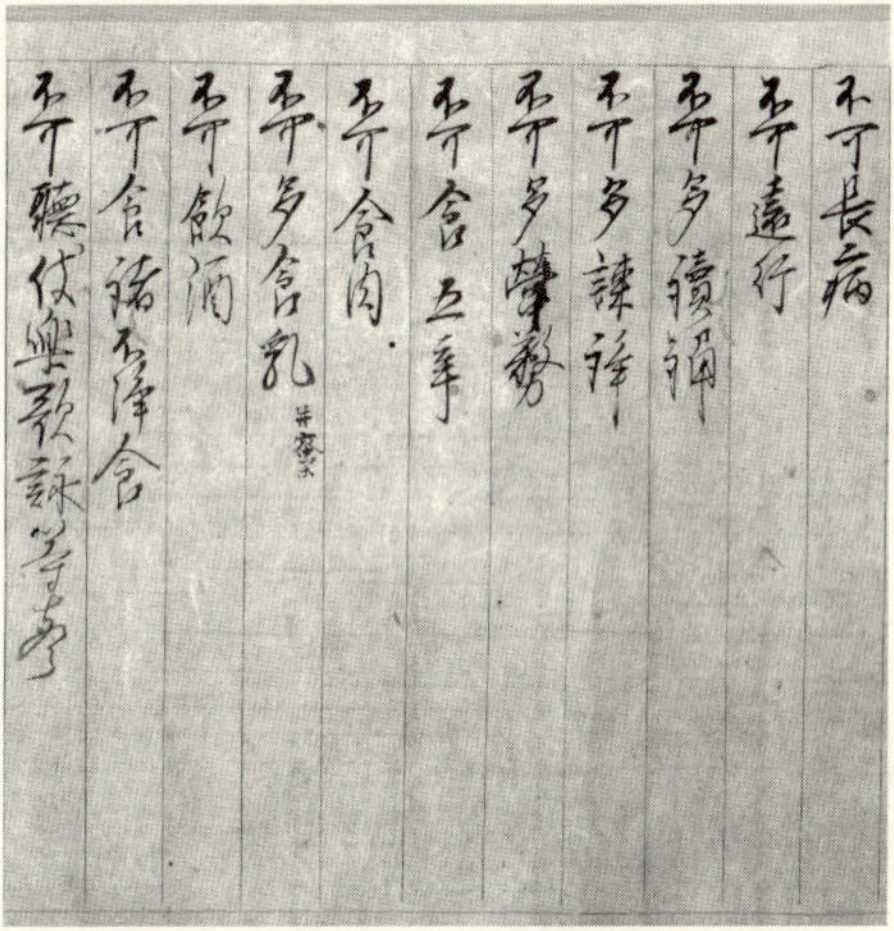

不可長病。
不可遠行。
不可多読誦。
不可多諌諍。
不可多営務。
不可食五辛。
不可食肉。
不可多食乳并蜜等。
不可飲酒。
不可食諸不浄食。
不可聴伎楽歌詠等声。

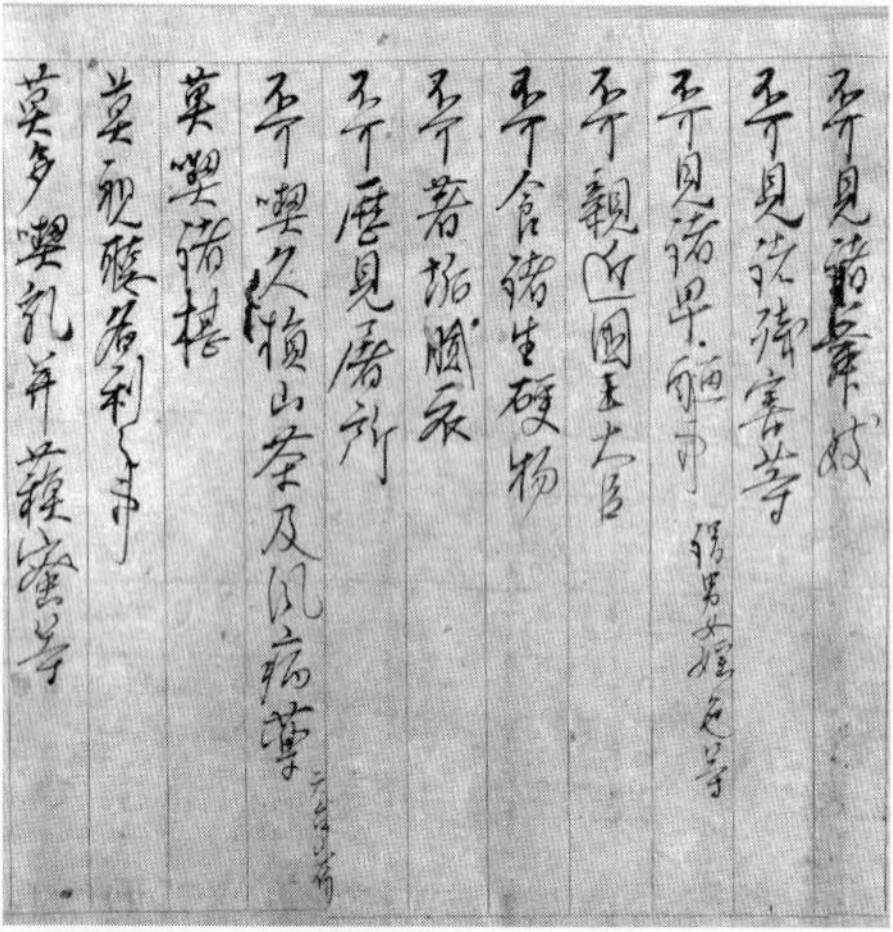

不可見諸舞妓。
不可見諸残害等。
不可見諸卑醜事。謂男女婬色等。
不可親近国王大臣。
不可食諸生硬物。
不可著垢膩衣。
不可歴見屠所。
不可喫久損山茶及風病薬。天台山有。
莫喫諸椹。
莫視聴名利之事。
莫多喫乳幷蘇蜜等。

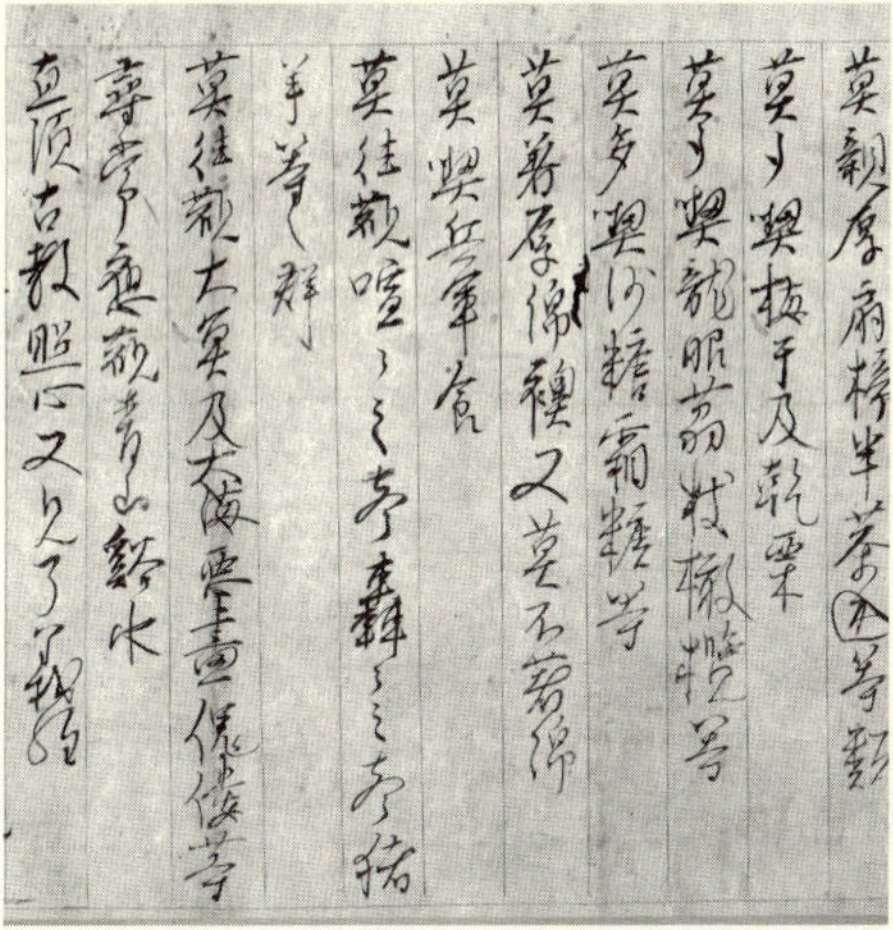

莫親厚扇棉半茶迦等類。
莫多喫梅干及乾栗。
莫多喫龍眼茘枝橄欖等。
莫多喫沙糖霜糖等。
莫著厚綿襖。又莫不著綿。
莫喫兵軍食。
莫往観喧〻之声轟〻之声猪
羊等之群。
莫往観大魚及大海悪画傀儡等。
尋常応観青山谿水。
直須古教照心。又見了義経。

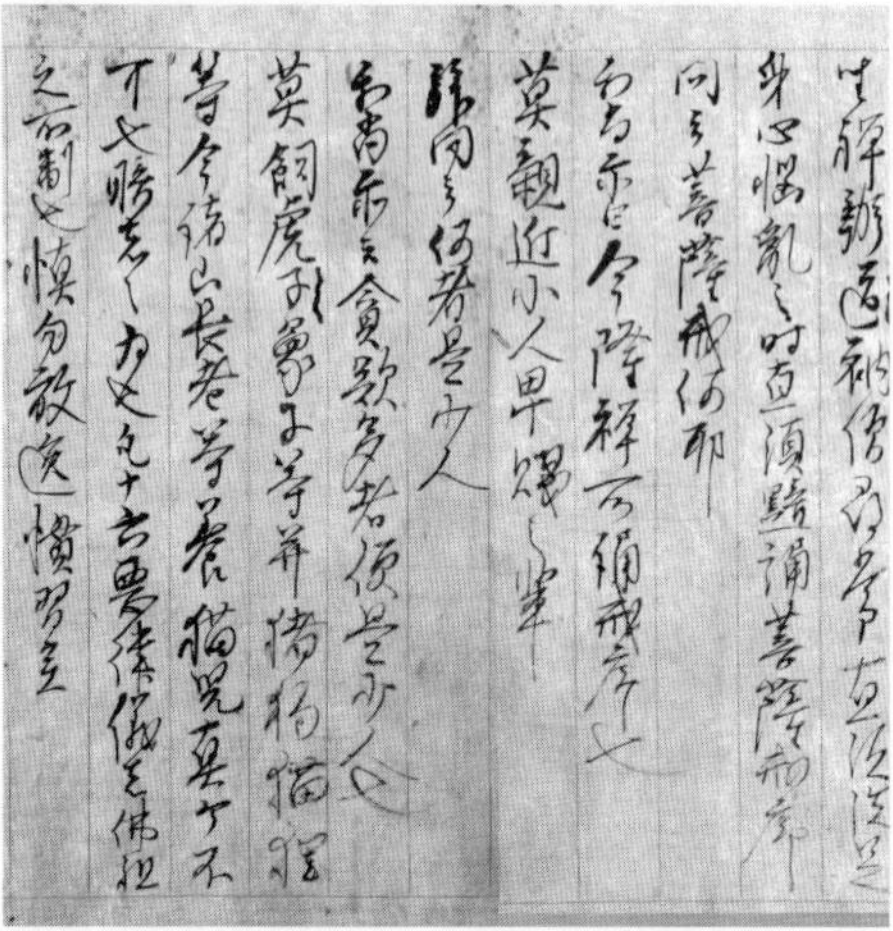

坐禅弁道衲僧、尋常直須洗足。
身心悩乱之時、直須黯誦菩薩戒序。
問云。菩薩戒何耶。
和尚示曰。今隆禅所誦戒序也。
莫親近小人卑賤之輩。
拝問云。何者是少人。
和尚示云。貪欲多者、便是少人也。
莫飼虎子象子等、幷猪狗猫狸
等。今諸山長老等養猫児、真个不
可也。暗者之為也。凡十六悪律儀者、仏祖
之所制也。慎勿放逸慣習矣。

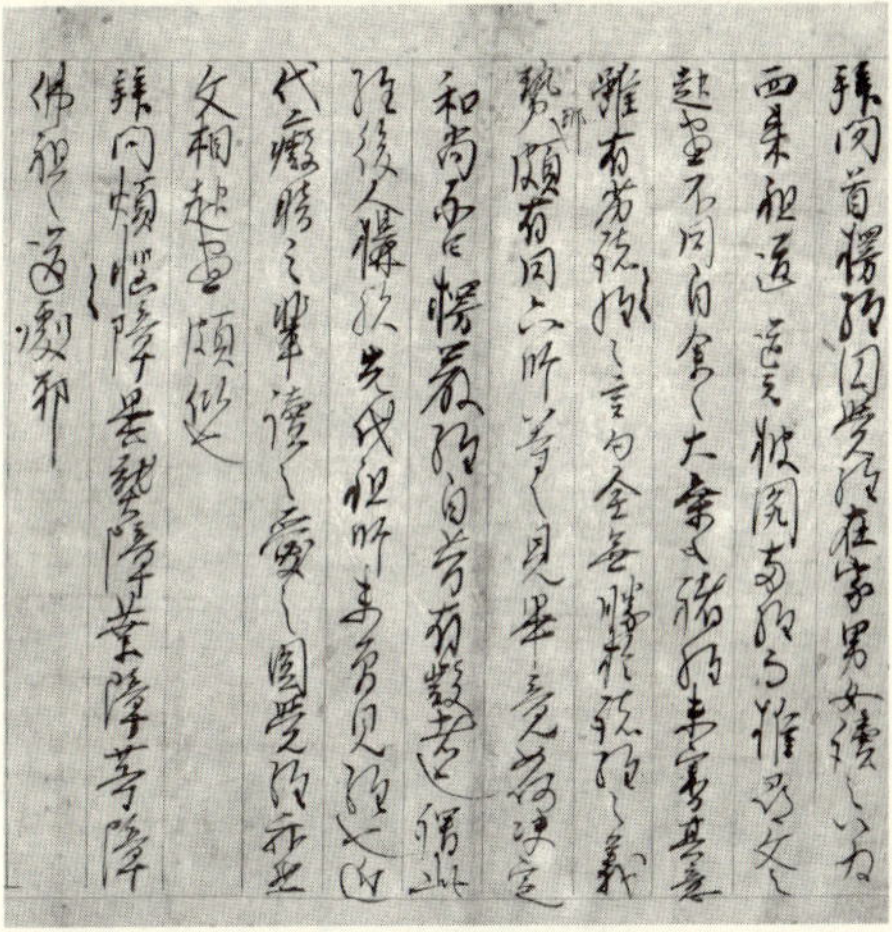

06　拝問。首楞経円覚経、在家男女読之以為、西来祖道。道元、披閲両経、而推尋文之起尽、不同自余之大乗之諸経。未審其意。雖有劣諸経之言句、全無勝於諸経之義勢耶。頗有同六師等之見。畢竟如何決定。

和尚示曰。楞厳経自昔有疑者也。謂、此経後人構歟。先代祖師、未曾見経也。近代癡暗之輩、読之愛之。円覚経亦然。文相起尽頗似也。

07　拝問。煩悩障異熟障業障等障、仏祖之道処耶。

和尚云。如龍樹等祖師之説、須保任也。不可有異途之説。但至業障者、慇懃修行之時、必可転也。

08　拝問。因果必可感耶。

和尚示曰。不可撥無因果也。所以永嘉曰、豁達空撥因果、漭〻忉〻招殃禍。若言撥無因果者、仏法中断善根人也。豈是仏祖之児孫耶。

09　拝問。今日天下長老、長髪長抓、有何拠。将称比丘、頗似俗人。将名俗人、又如禿児。西天東地、正法像法之間、仏祖弟子未嘗如

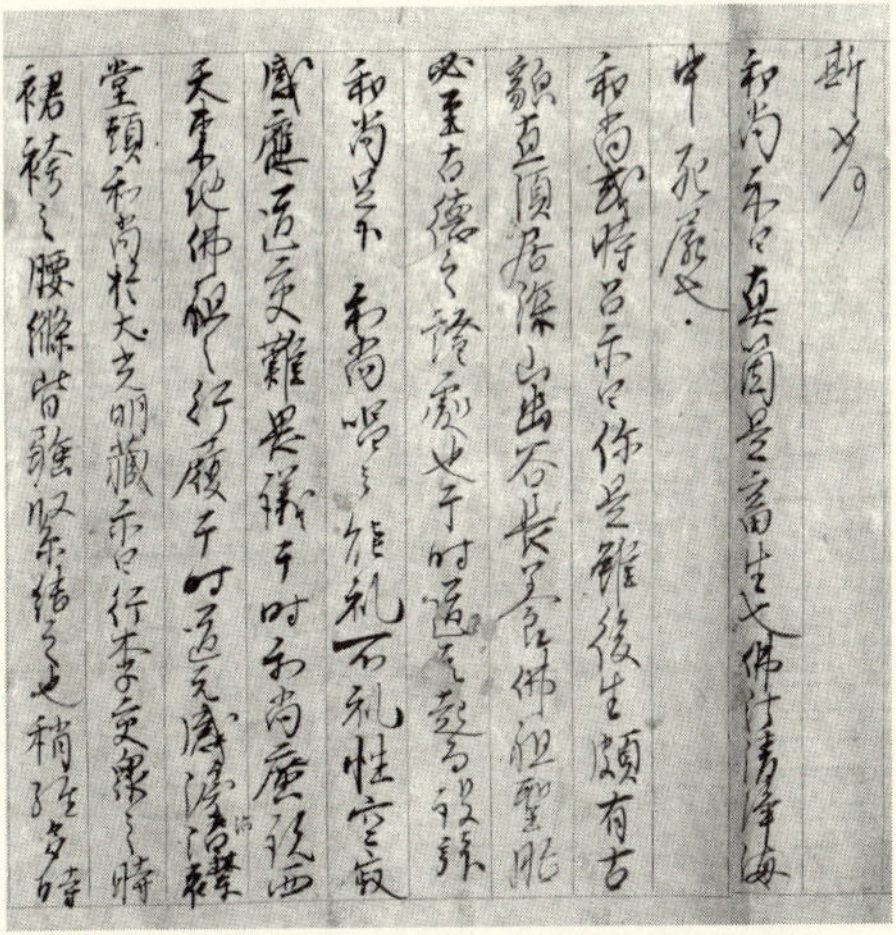

斯。如何。
和尚示曰。真箇是畜生也。仏法清浄海中死屍也。

10 和尚、或時召示曰。你是雖後生、頗有古貌。直須居深山幽谷、長養仏祖聖胎。必至古徳之証処也。于時道元、起而設拝和尚足下。和尚唱云。能礼所礼性空寂、感応道交難思議。于時和尚、広説西天東地仏祖之行履。于時道元、感涙沾襟。

11 堂頭和尚、於大光明蔵、示曰。行李交衆之時、裙袴之腰絲、皆強緊結之也。稍経多時、

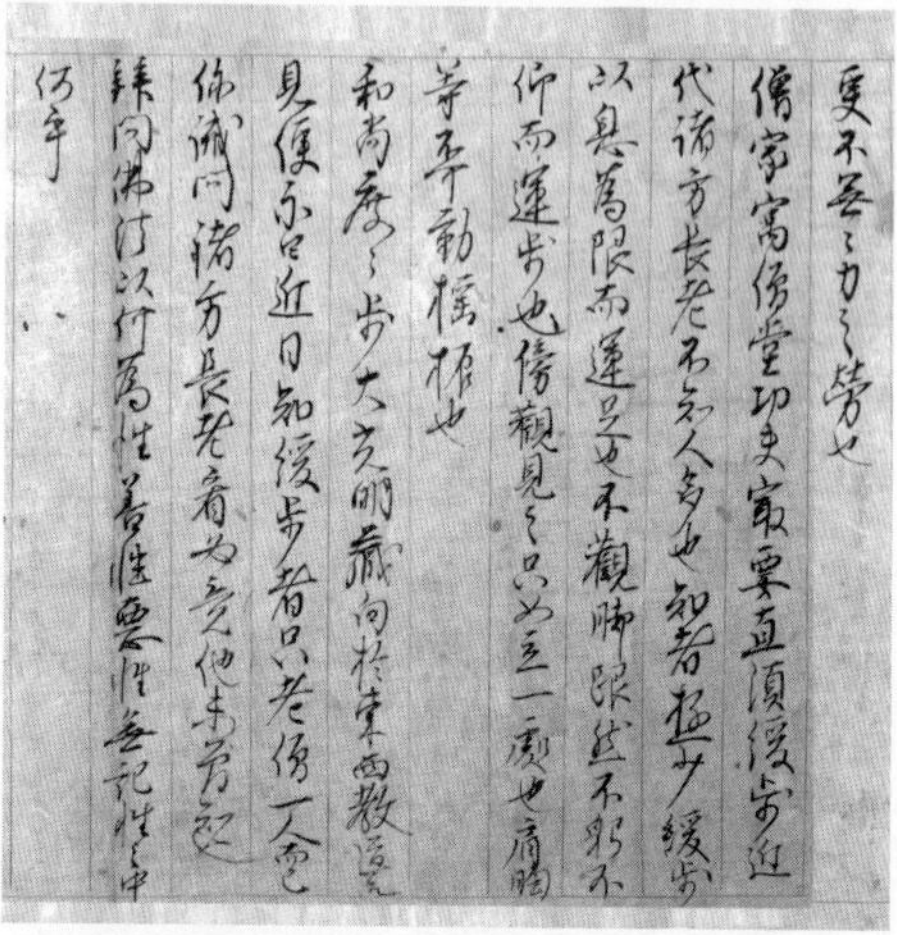

更不無〻力之労也。

12 僧家寓僧堂功夫最要、直須緩歩。近代諸方長老、不知人多也。知者極少。緩歩以息為限而運足也。不観脚跟。然不躬不仰而運歩也。傍観見之、只如立一処也。肩胸等不可動揺振也。

和尚、度〻歩大光明蔵、向於東西、教道元見、便示曰、近日知緩歩者、只老僧一人而已。你誠(試)問諸方長老看、必竟他未曾知也。

13 拝問。仏法以何為性。善性悪性無記性之中、何乎。

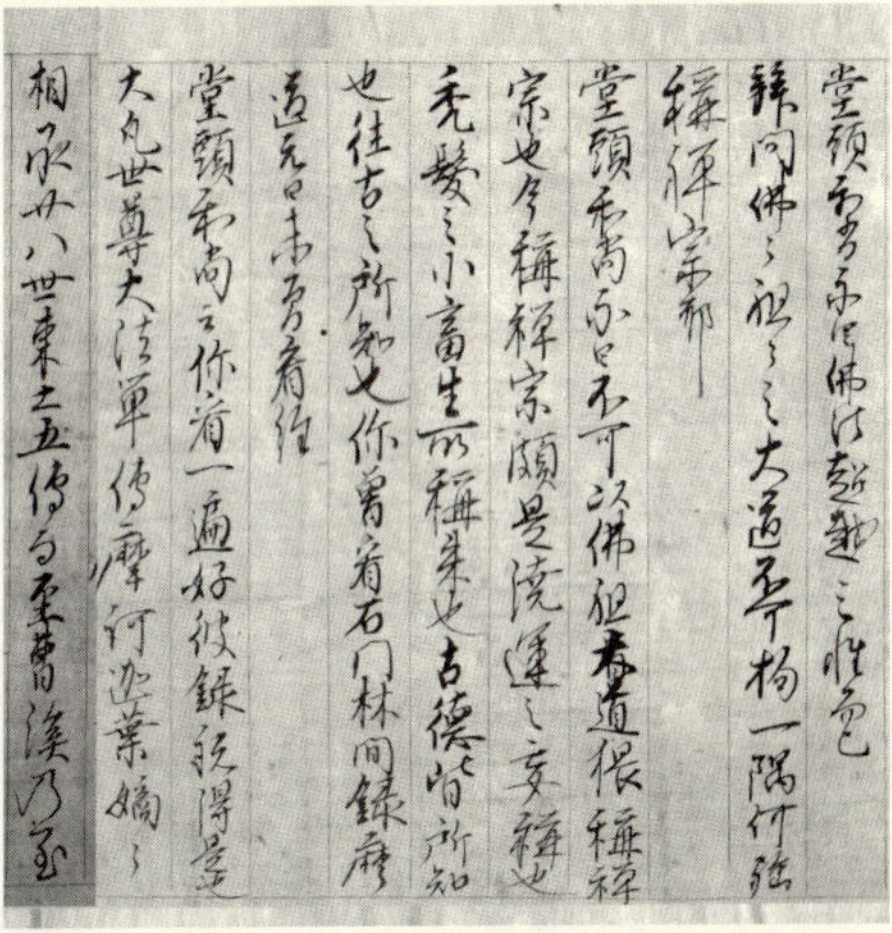

堂頭和尚示曰。仏法超越三性而已。

14 拝問。仏々祖々之大道、不可拘一隅。何強称禅宗耶。

堂頭和尚示曰。不可以仏祖大道猥称禅宗也。今称禅宗、頗是澆運之妄称也。禿髪之小畜生所称来也。古徳皆所知也。往古之所知也。你曽看石門林間録麼。

道元曰。未曽看経(録)。

堂頭和尚云。你看一遍好。彼録、説得是也。

大凡世尊大法、単伝摩訶迦葉、嫡々相承廿八世、東土五伝而至曹渓、乃至

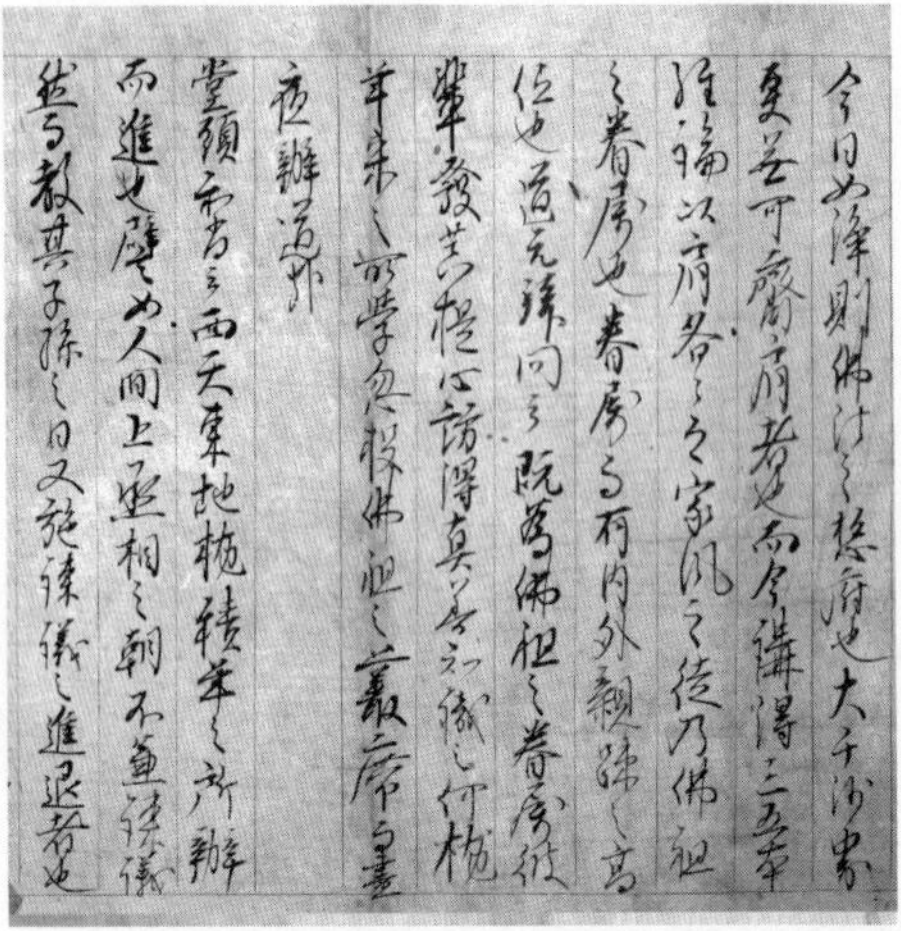

今日、如浄則仏法之惣府也。大千沙界更無可斉肩者也。而今、講得三五本経論、以肩各〻之家風之徒、乃仏祖之眷属也。眷属而有内外親疎之高低也。道元拝問云。既為仏祖之眷属、彼輩発菩提心、訪得真善知識之。何抛年来之所学、忽投仏祖之叢席而昼夜弁道哉。

堂頭和尚云。西天東地、抛積年之所弁而進也。譬如人間上丞相之朝、不兼諌議。然而教其子孫之日、又施諌議之進退者也。

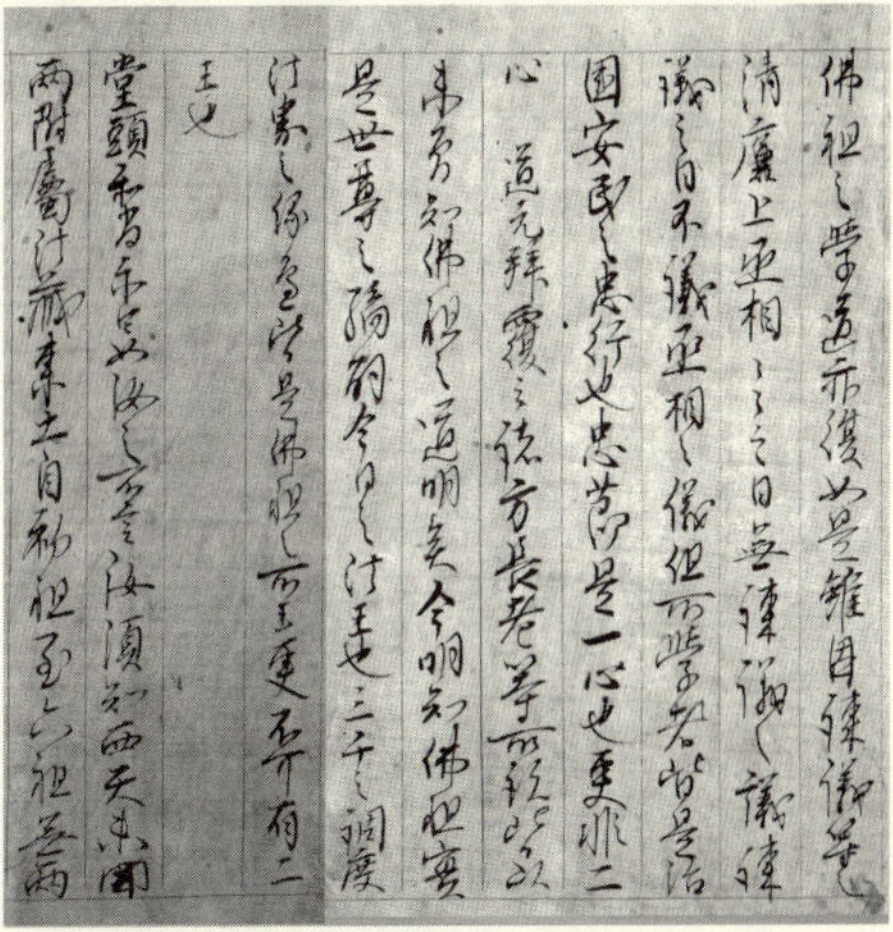

仏祖之学道亦復如是。雖因諫議等之
清廉上丞相、〻〻之日無諫議之議、諫
議之日不議丞相之儀。但所学者、皆是治
国安民之忠行也。忠節是一心也。更非二
心。道元拝覆云。諸方長老等所説、皆以
未曽知仏祖之道明矣。今明知、仏祖実
是世尊之嫡嗣、今日之法王也。三千之調度、
法界之縁辺、皆是仏祖之所主、更不可有二
王也。
堂頭和尚示曰。如汝之所言。汝須知、西天未聞
両附属法蔵。東土自初祖至六祖、無両

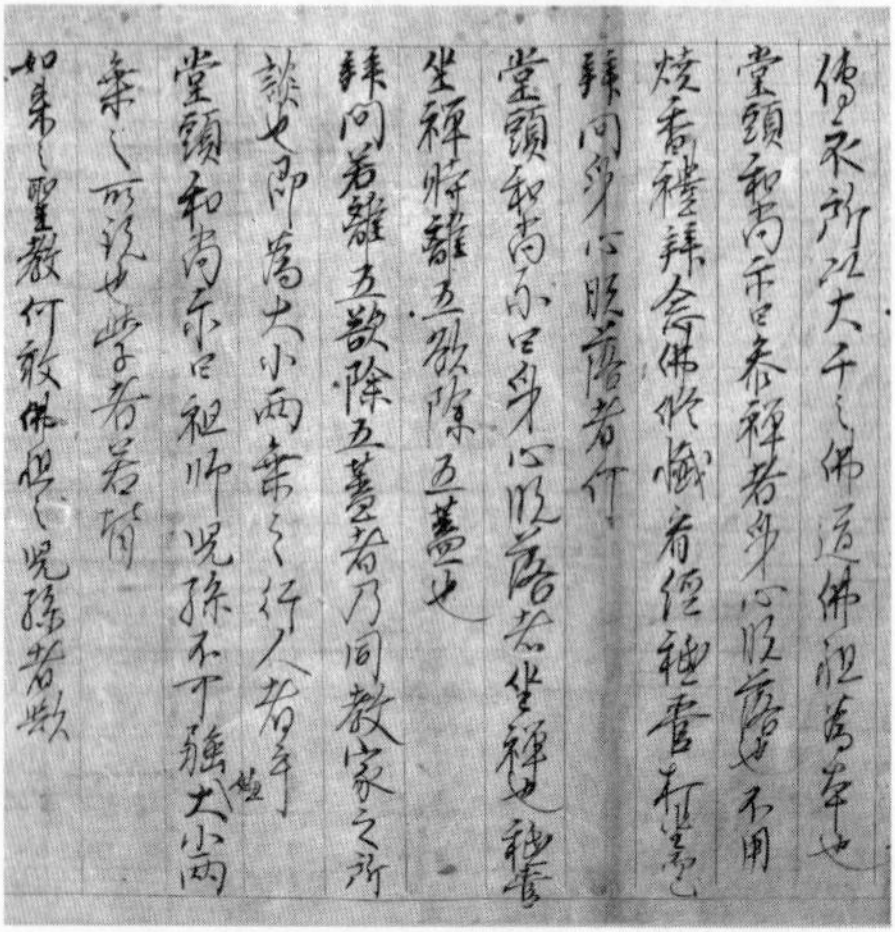

伝衣。所以大千之仏道、仏祖為本也。
15 堂頭和尚示曰。参禅者身心脱落也。不用焼香礼拝念仏修懺看経、祇管打坐而已。
拝問。身心脱落者何。
堂頭和尚示曰。身心脱落者、坐禅也。祇管坐禅時、離五欲、除五蓋也。
拝問。若離五欲、除五蓋者、乃同教家之所談也。即為大小両乗之行人者乎。
堂頭和尚示曰。祖師児孫、不可強嫌大小両乗之所説也。学者若背如来之聖教、何敢仏祖之児孫者歟。

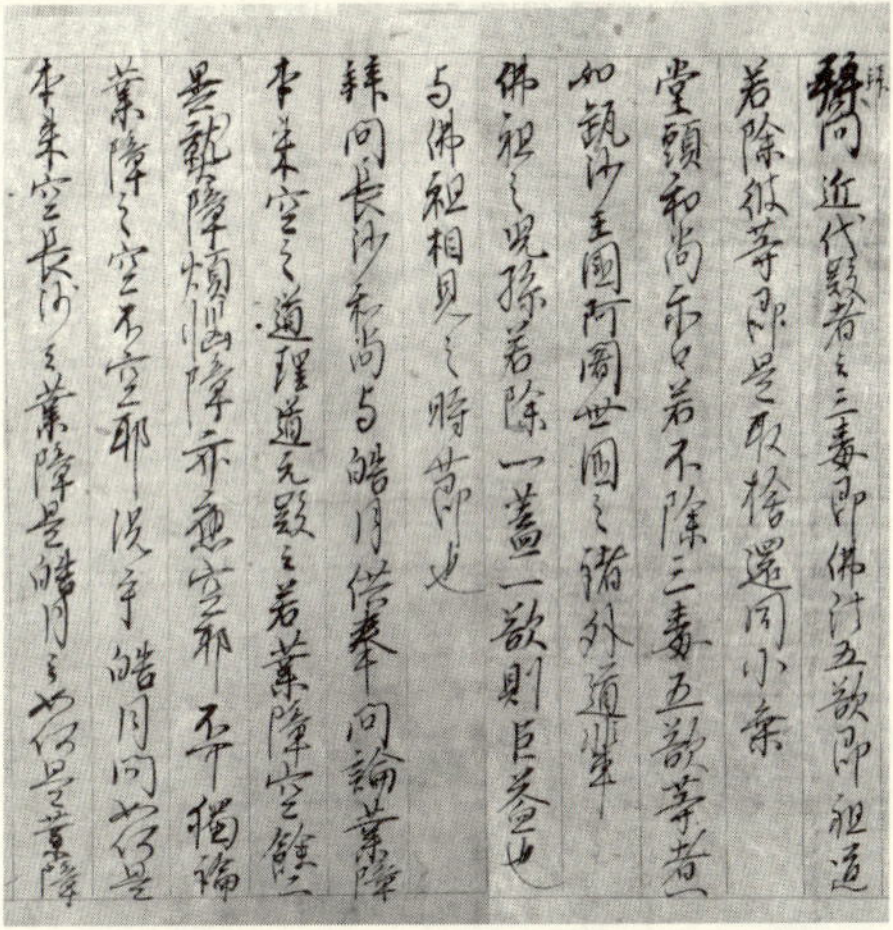

拝問。近代疑者云、三毒即仏法、五欲即祖道。若除彼等、即是取捨、還同小乗。

堂頭和尚示曰。若不除三毒五欲等者、一如瓶沙王国阿闍世国之諸外道輩。仏祖之児孫、若除一蓋一欲、則巨益也。与仏祖相見之時節也。

16　拝問。長沙和尚与皓月供奉、問論業障本来空之道理。道元疑云、若業障空、余二異熟障煩悩障亦応空耶。不可独論業障之空不空耶。況乎皓月問、如何是本来空。長沙云、業障是。皓月云、如何是業障。

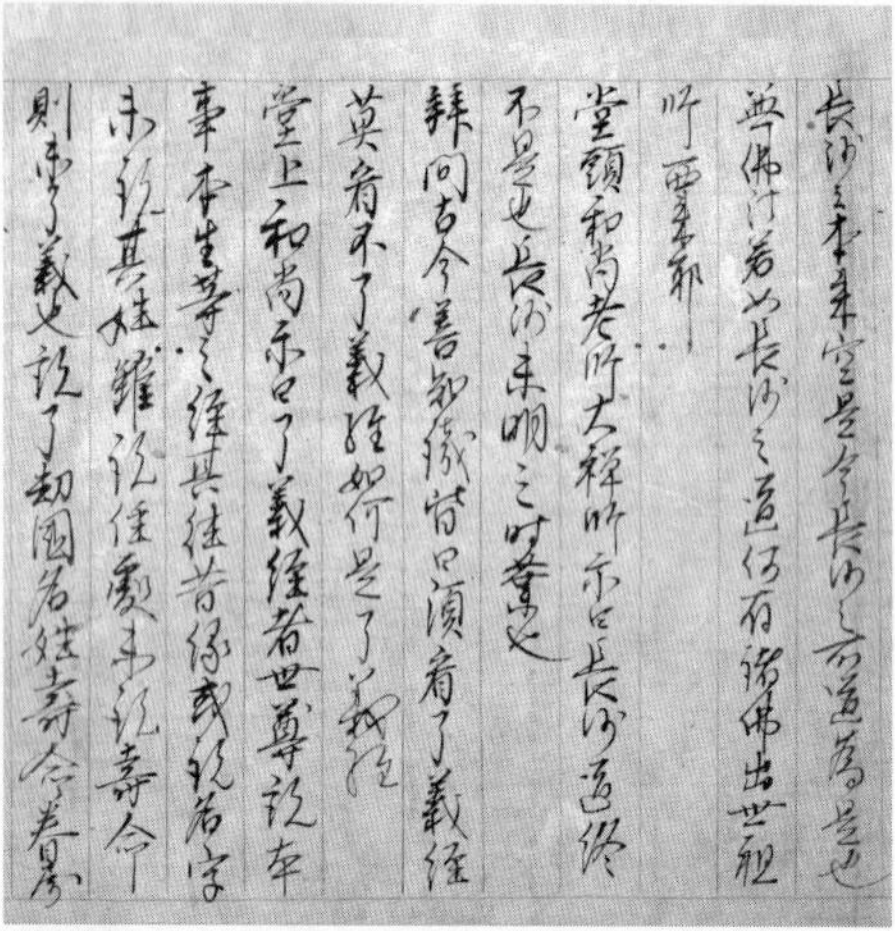

長沙云、本来空是。今長沙之所道、為是也無。仏法若如長沙之道、何有諸仏出世、祖師西来耶。

堂頭和尚老師大禅師示曰。長沙道、終不是也。長沙未明三時業也。

17 拝問。古今善知識皆曰、須看了義経、莫看不了義経。如何是了義経。

堂上和尚示曰。了義経者、世尊説本事本生等之経。其往昔縁、或説名字未説其姓、雖説住処、未説寿命則未了義也。説了劫国名姓寿命眷属

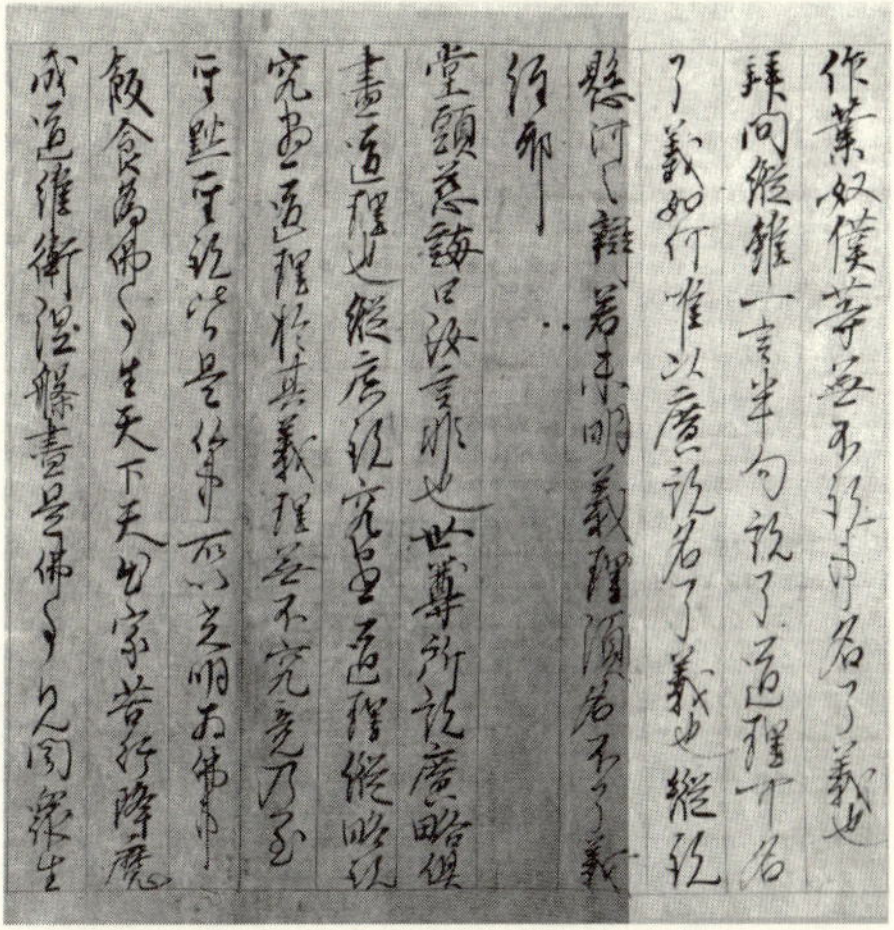

作業奴僕等、無不説事、名了義也。拝問。縦雖一言半句、説了道理可名了義、如何唯以広説名了義也。縦説懸河之弁、若未明義理、須名不了義経耶。

堂頭慈誨曰。汝言非也。世尊所説、広略倶尽道理也。縦広説究尽道理、縦略説究尽道理。於其義理無不究竟。乃至聖黙聖説、皆是仏事。所以光明為仏事、飯食為仏事、生天下天出家苦行降魔成道維衛涅槃、尽是仏事。見聞衆生、

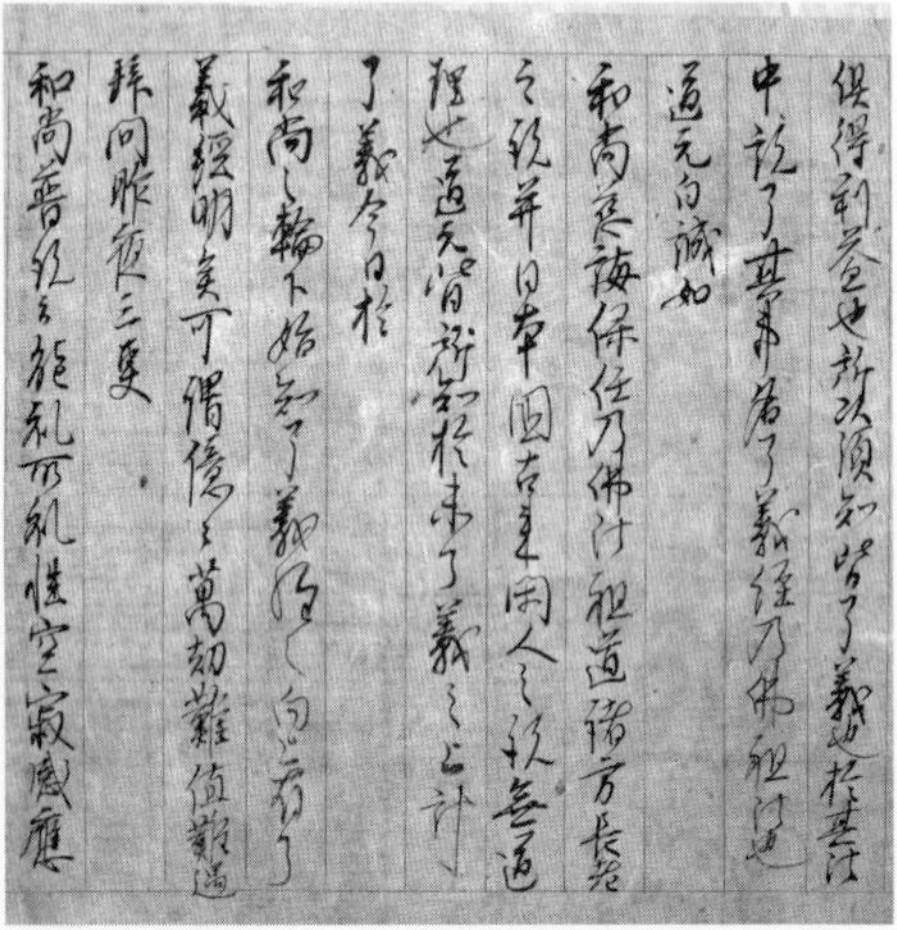

倶得利益也。所以須知、皆了義也。於其法
中説了其事、名了義経。乃仏祖法也。
道元白。誠如
和尚慈誨保任、乃仏法祖道。諸方長老
之説、并日本国古来閑人之説、無道
理也。道元皆所知、於未了義之上計
了義。今日於
和尚之輪下、始知。了義経之向上有了
義経明矣。可謂、億〻万劫難値難遇。

18　拝問。昨夜三更、
和尚普説云。能礼所礼性空寂、感応

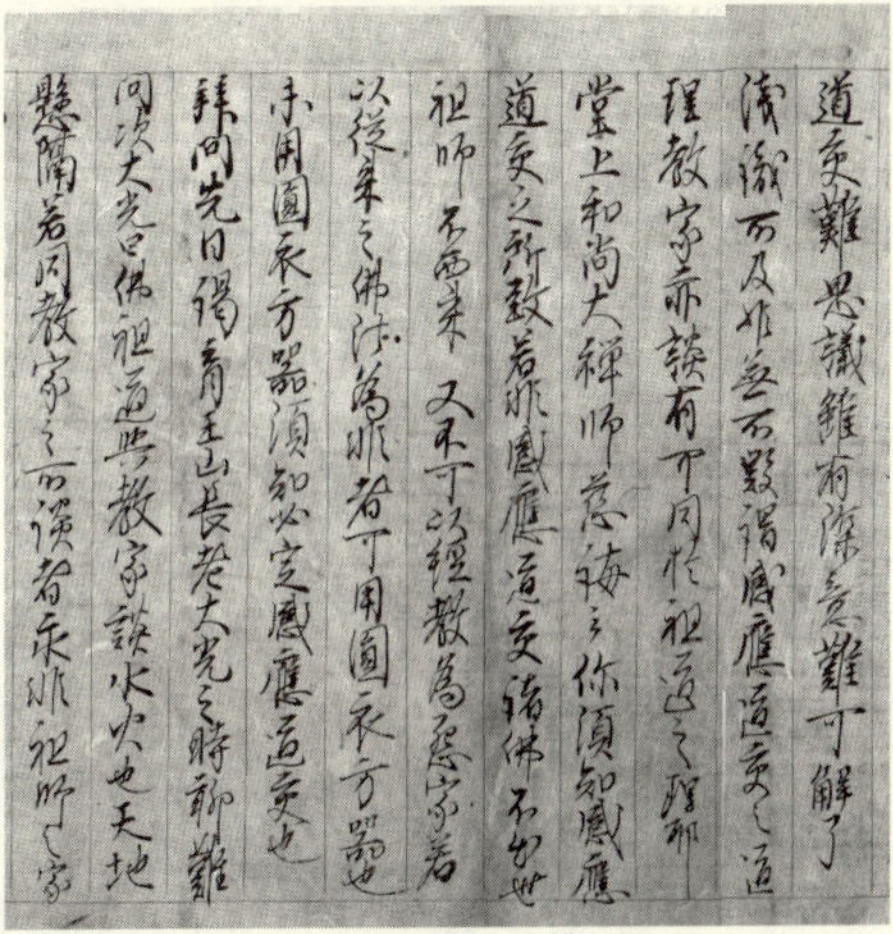

道交難思議。雖有深意、難可解了。浅識所及、非無所疑。謂、感応道交之道理、教家亦談、有可同於祖道之理耶。

堂上和尚大禅師慈誨云。你須知感応道交之所致。若非感応道交、諸仏不出世、祖師不西来。又不可以経教為怨家。若以従来之仏法為非者、可用円衣・方器也。未用円衣方器、須知、必定感応道交也。

19　拝問。先日謁育王山長老大光之時、聊難問次、大光曰、仏祖道与教家談、水火也。天地懸隔。若同教家之所談者、永非祖師之家

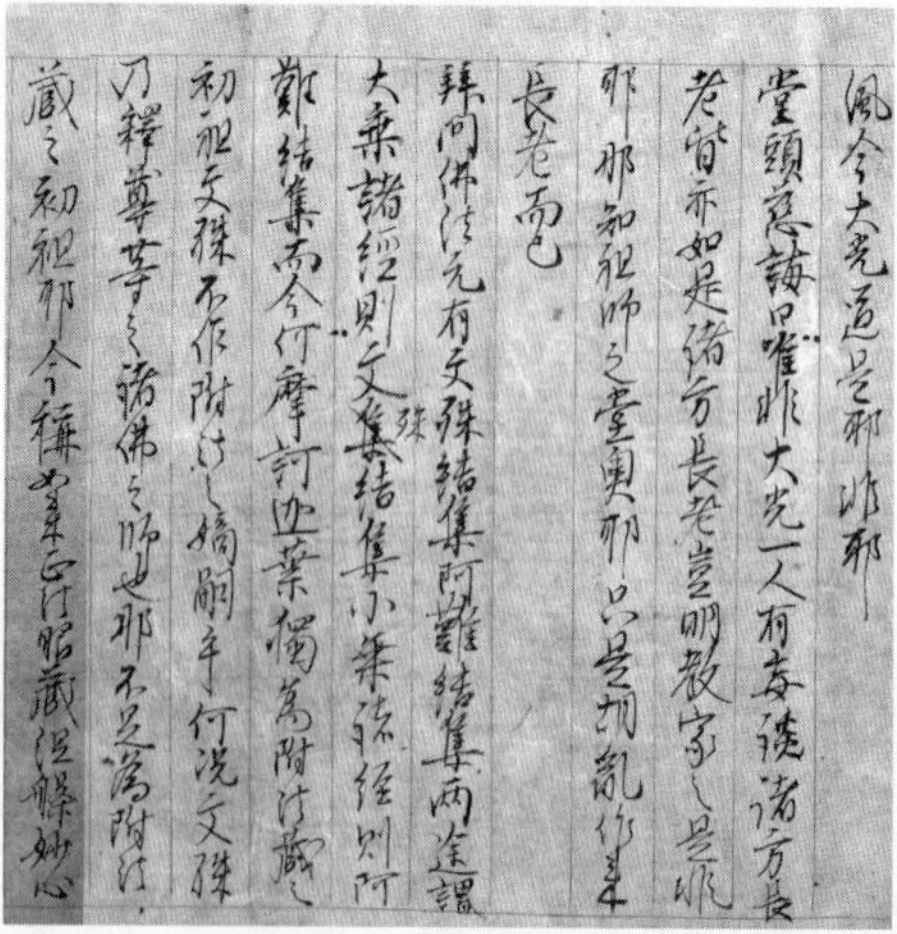

風。今大光道、是耶、非耶。

堂頭慈誨曰。唯非大光一人有妄談、諸方長老皆亦如是。諸方長老、豈明教家之是非耶、那知祖師之堂奥耶。只是胡乱作来長老而已。

20 拝問。仏法元有文殊結集阿難結集両途。謂、大乗諸経則文殊結集、小乗諸経則阿難結集。而今何摩訶迦葉、独為附法蔵之初祖、文殊不作附法之嫡嗣乎。何況文殊乃釈尊等之諸仏之師也。那不足為附法蔵之初祖耶。今称如来正法眼蔵涅槃妙心、

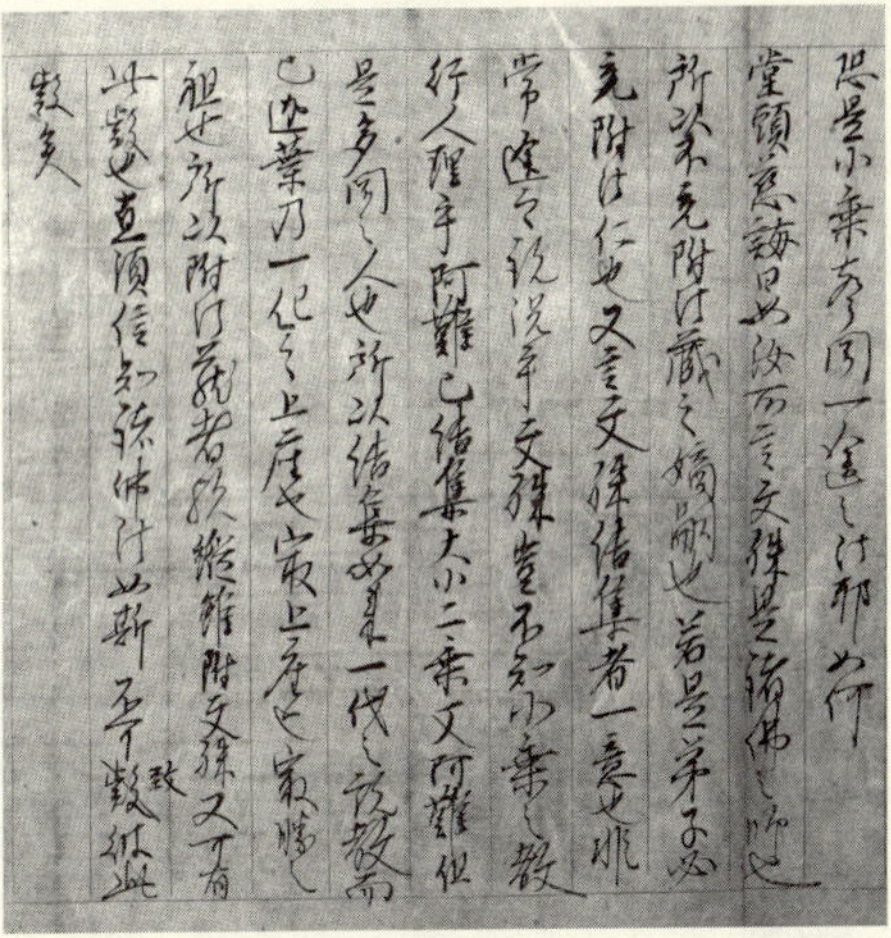

恐是小乗声聞一途之法耶。如何。

堂頭慈誨曰。如汝所言。文殊是諸仏之師也。所以不充附法蔵之嫡嗣也。若是弟子、必充附法仁也。又言文殊結集者一意也、非常途之説。況乎文殊、豈不知小乗之教行人理乎。阿難已結集大小二乗。又阿難但是多聞之人也。所以結集如来一代之説教而已。迦葉乃一化之上座也、最上座也、最勝之祖也。所以附法蔵者歟。縦雖附文殊、又可有此疑也。直須信知諸仏法如斯。不可致彼此疑矣。

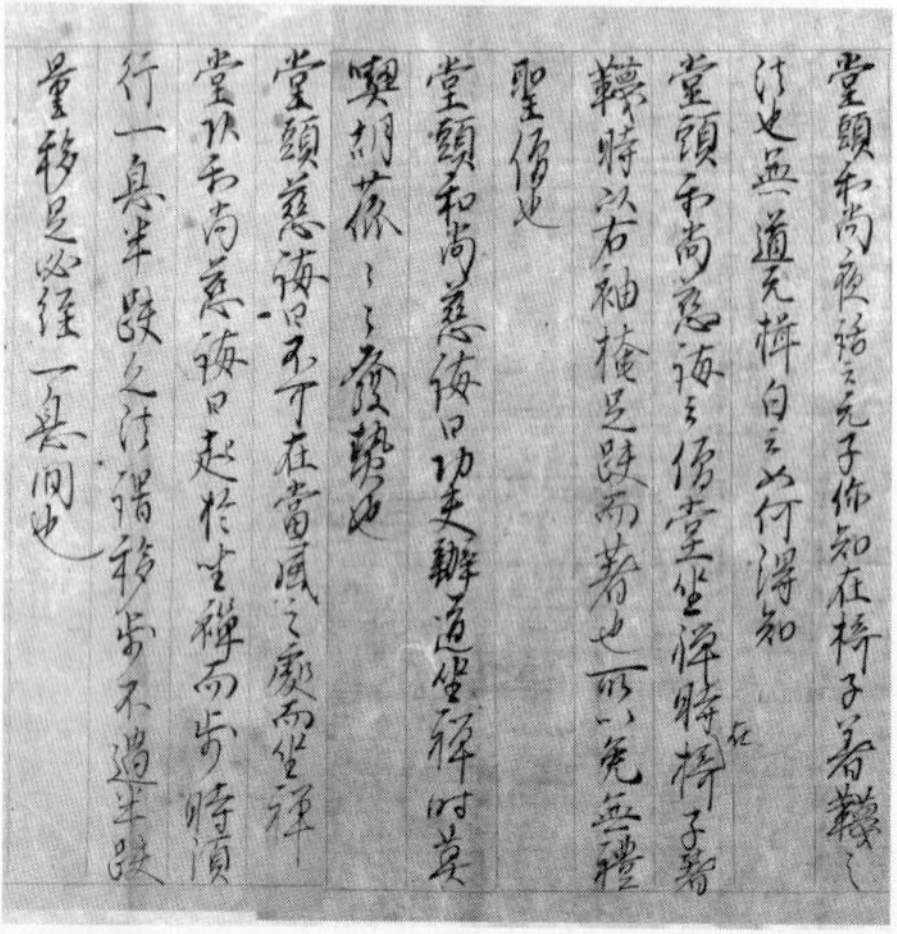

21 堂頭和尚夜話云。元子、你知在椅子著韈之法也無。道元揖白云、如何得知。堂頭和尚慈誨云。僧堂坐禅時、在椅子著韈時、以右袖掩足趺而著也。所以免無礼聖僧也。

22 堂頭和尚慈誨曰。功夫弁道坐禅時、莫喫胡菰。〻〻発熱也。

23 堂頭慈誨曰。不可在当風之処而坐禅。

24 堂頭和尚慈誨曰。起於坐禅而歩時、須行一息半趺之法。謂、移歩不過半趺量。移足必経一息間也。

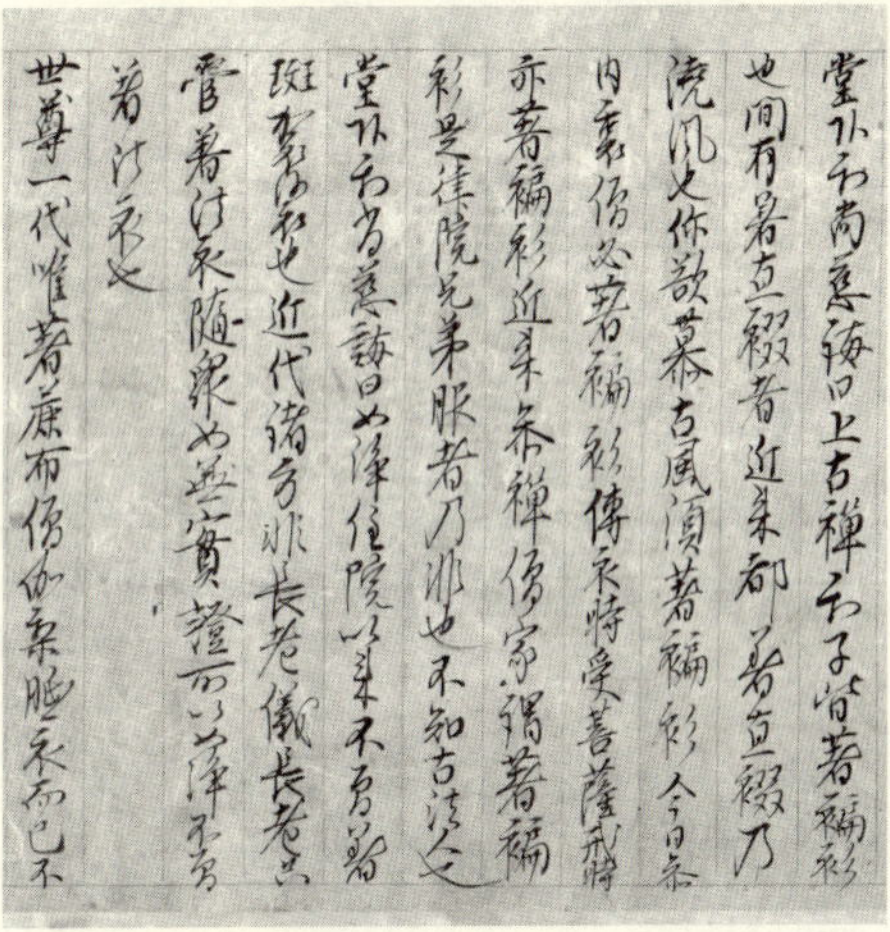

25　堂頭和尚慈誨曰。上古禅和子、皆著褊衫也。間有著直裰者。近来、都著直裰、乃澆風也。你欲慕古風、須著褊衫。今日、参内裏僧、必著褊衫。伝衣時、受菩薩戒時、亦著褊衫。近来、参禅僧家、謂著褊衫是律院兄弟服者乃非也。不知古法人也。

26　堂頭和尚慈誨曰。如浄住院以来、不曾著斑袈裟也。近代諸方、非長老儀長老、只管著法衣随衆、如無実証。所以如浄、不曽著法衣也。

世尊一代、唯著麁布僧伽梨胝衣而已、不

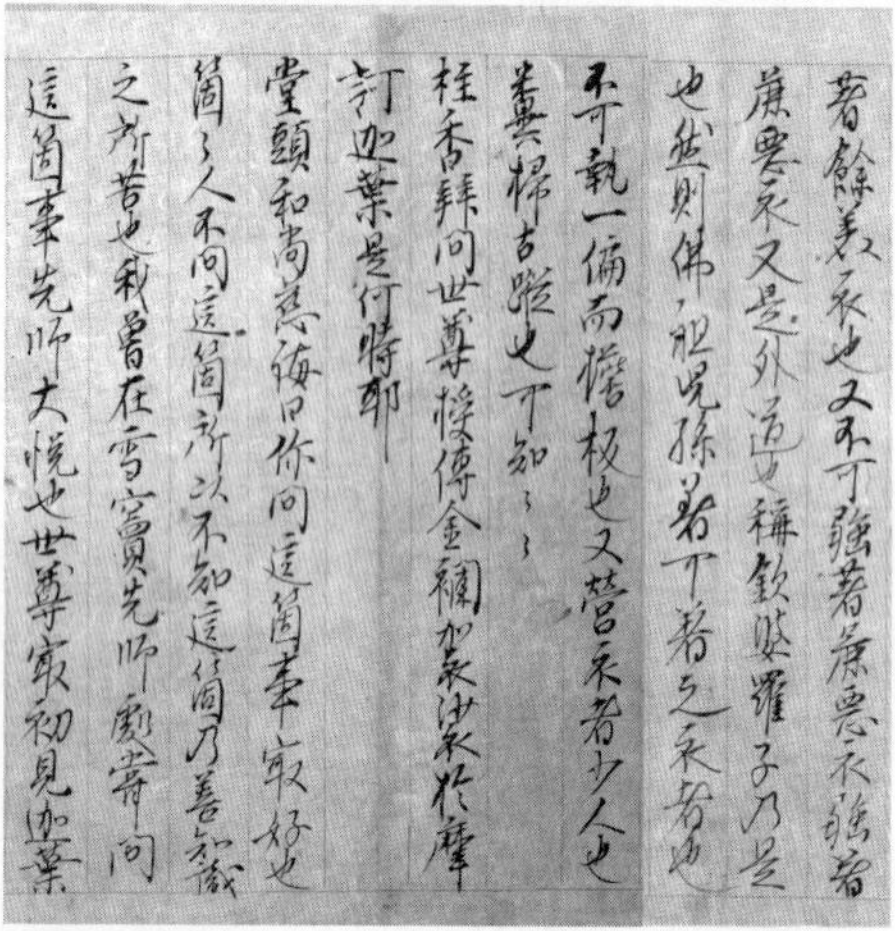

著余美衣也。又不可強著麁悪衣。強著
麁悪衣、又是外道也。称欽婆羅子、乃是
也。然則仏祖児孫、著可著之衣者也。
不可執一偏而担板也。又営衣者少人也。
糞掃古蹤也。可知、々々。
27 柱香拝問。世尊授伝金襴袈裟於摩
訶迦葉、是何時耶。
堂頭和尚慈誨曰。你問這箇事、最好也。
箇〻人不問這箇、所以不知這箇、乃善知識
之所苦也。我曽在雪竇先師処、甞問
這箇事、先師大悦也。世尊最初見迦葉

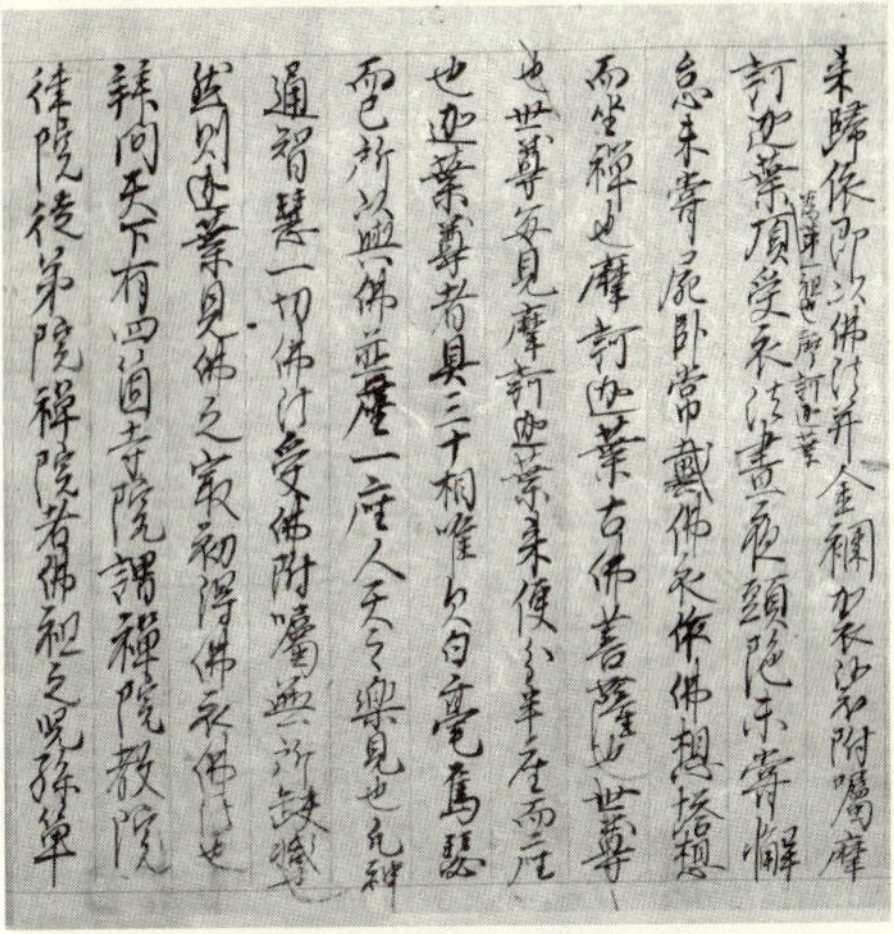

来帰依、即以仏法幷金襴袈裟附嘱摩
訶迦葉、為第一祖也。摩訶迦葉、頂受衣法、昼夜頭
陀、未嘗懈
怠、未嘗屍臥、常戴仏衣、作仏想塔想
而坐禅也。摩訶迦葉古仏菩薩也。
世尊毎見摩訶迦葉来、便分半座而座
也。迦葉尊者具三十相、唯欠白毫烏瑟
而已。所以与仏並座一座、人天之楽見也。凡神
通智慧、一切仏法、受仏附嘱無所欠減也。
然則迦葉見仏之最初、得仏衣仏法也。
28 拝問。天下有四箇寺院、謂、禅院教院
律院徒弟院。禅院者、仏祖之児孫単

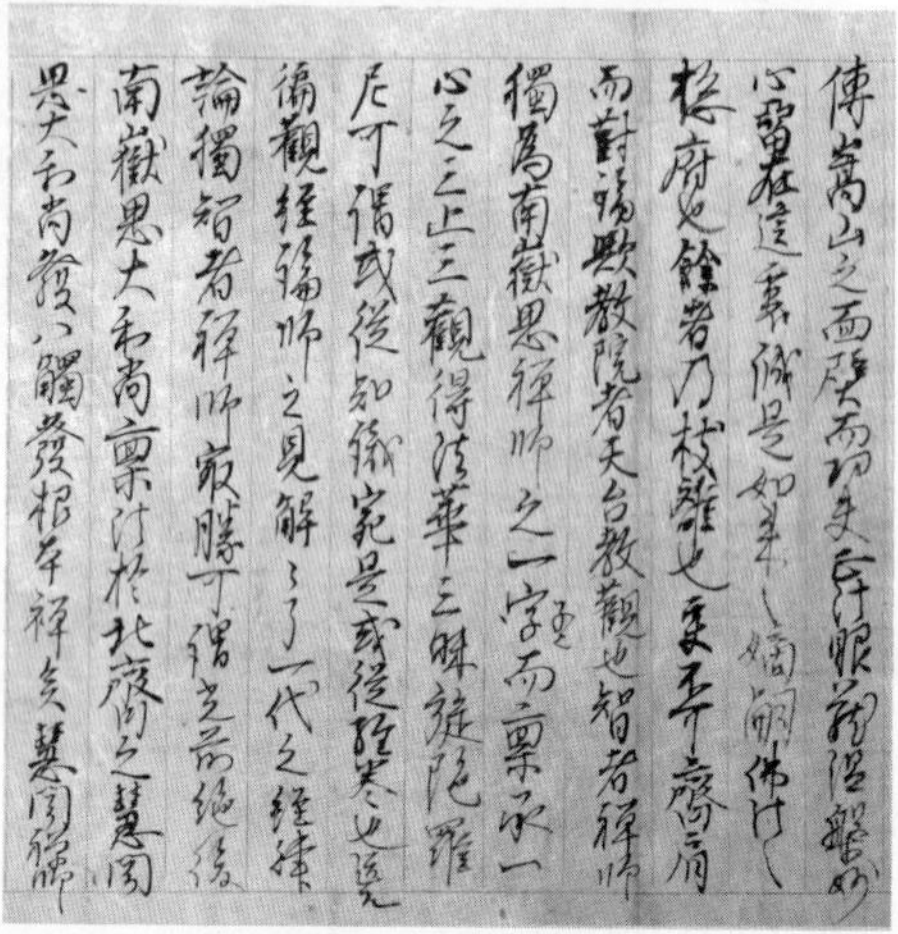

伝嵩山之面壁而功夫。正法眼蔵涅槃妙
心、留在這裏。誠是如来之嫡嗣、仏法之
惣府也。余者乃枝離也。更不可斉肩
而対論歟。教院者天台教観也。智者禅師、
独為南嶽思禅師之一子、而稟承一
心之三止三観、得法華三昧旋陀羅
尼。可謂、或従知識、宛是或従経巻也。道元
偏観経論師之見解、解了一代之経律
論、独智者禅師最勝。可謂、光前絶後。
南嶽思大和尚、稟法於北斉之慧聞、
思大和尚、発心触発根本禅矣。慧聞禅師、

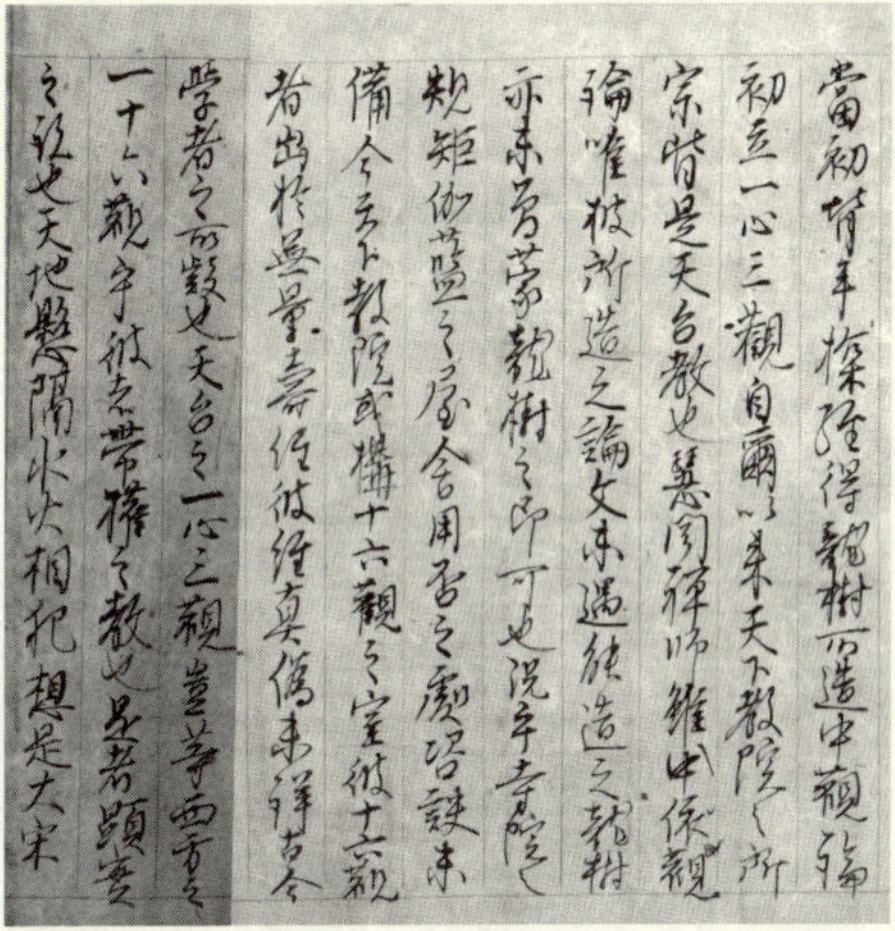

当初背手探経、得龍樹所造中観論、初立一心三観。自爾以来、天下教院之所宗、皆是天台教也。慧聞禅師、雖依中観論、唯披所造之論文、未遇能造之龍樹、亦未曽蒙龍樹之印可也。況乎寺院之規矩伽藍之屋舎、用否之処、咨訣未備。今天下教院、或構十六観之室。彼十六観者、出於無量寿経、彼経真偽未詳、古今学者之所疑也。天台之一心三観、豈等西方之一十六観乎。彼者帯権之教也、是者顕実之説也。天地懸隔、水火相犯。想是大宋

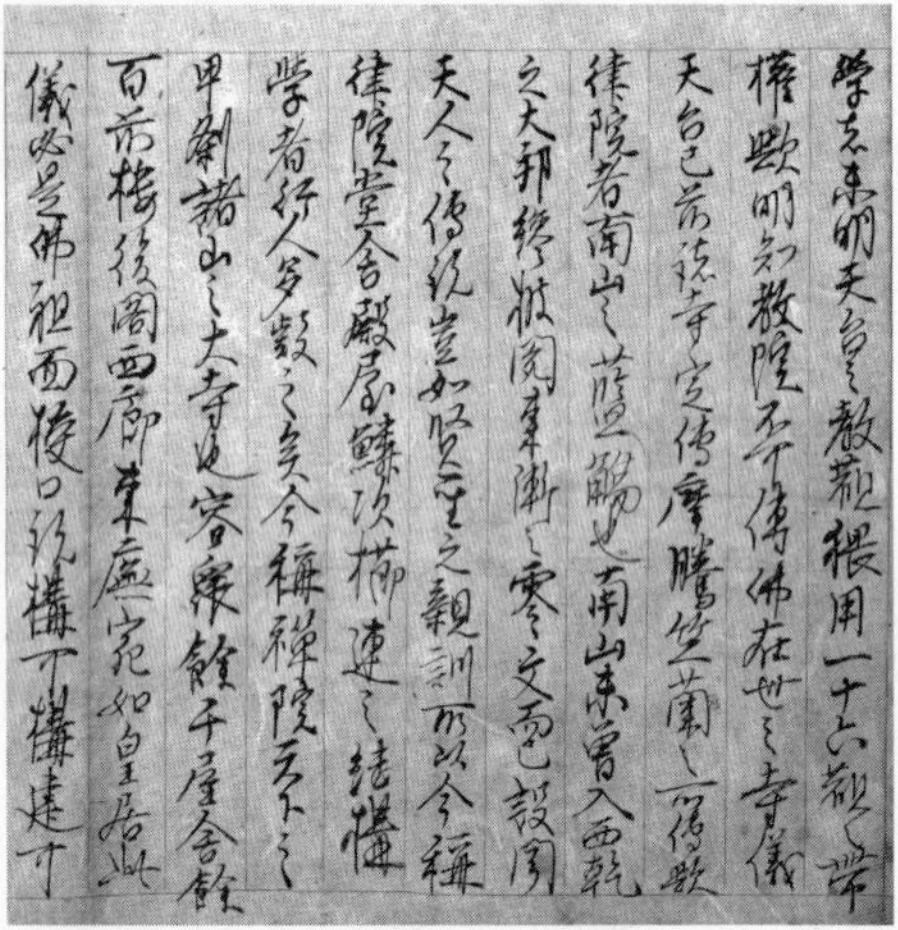

学者、未明天台之教観、猥用一十六観之帯権歟。明知、教院不可伝仏在世之寺儀。天台已前諸寺、定伝摩騰竺蘭之所伝歟。律院者南山之藍觴也。南山未曽入西乾之大邦、纔披閲東漸之零文而已。設聞天人之伝説、豈如賢聖之親訓。所以今称律院、堂舎殿屋、鱗次櫛連之結構、学者行人多疑之矣。今称禅院、天下之甲刹、諸山之大寺也。容衆余千、屋舎余百。前楼後閣、西廊東廡、宛如皇居。此儀必是仏祖面授口説。構可構、建可

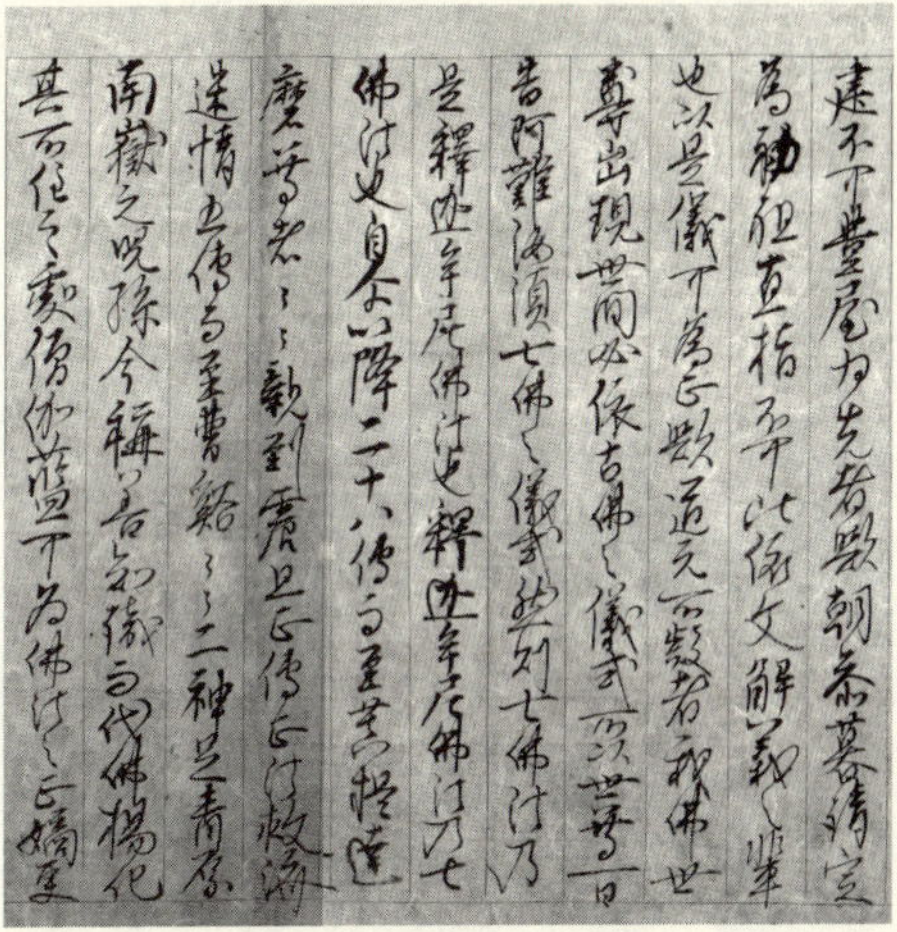

建、不可豊屋為先者歟。朝参暮請、定為初祖直指。不可比依文解義之輩也、以是儀可為正歟。道元所疑者、我仏世尊出現世間、必依古仏之儀式。所以世尊一日告阿難、汝須七仏之儀式。然則七仏法、乃是釈迦牟尼仏法也。釈迦牟尼仏法、乃七仏法也。自尓以降、二十八伝而至菩提達磨尊者。〻〻親到震旦、正伝正法救済迷情、五伝而至曹谿。〻〻二神足青原南嶽之児孫、今称善知識、而代仏揚化。其所住之処僧伽藍、可為仏法之正嫡、更

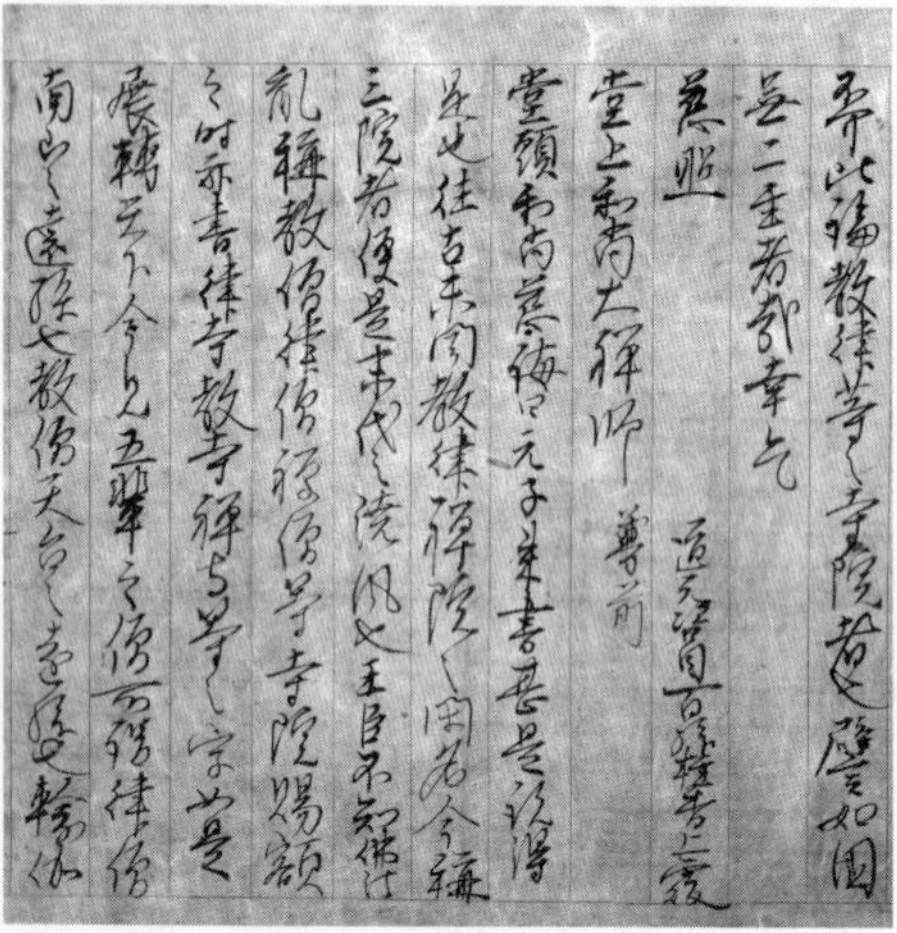

不可比論教律等之寺院者也。譬如国
無二主者哉。幸乞、
慈照。　道元咨目百拝柱香上覆。
堂上和尚大禅師　尊前。
堂頭和尚慈誨曰。元子来書甚是、説得
是也。往古未聞教律禅院之閑名、今称
三院者、便是末代之澆風也。王臣不知仏法、
乱称教僧律僧禅僧等、寺院賜額
之時、亦書律寺教寺禅寺等之字。如是
展転、天下今見五輩之僧。所謂、律僧
南山之遠孫也、教僧天台之遠孫也、輸伽

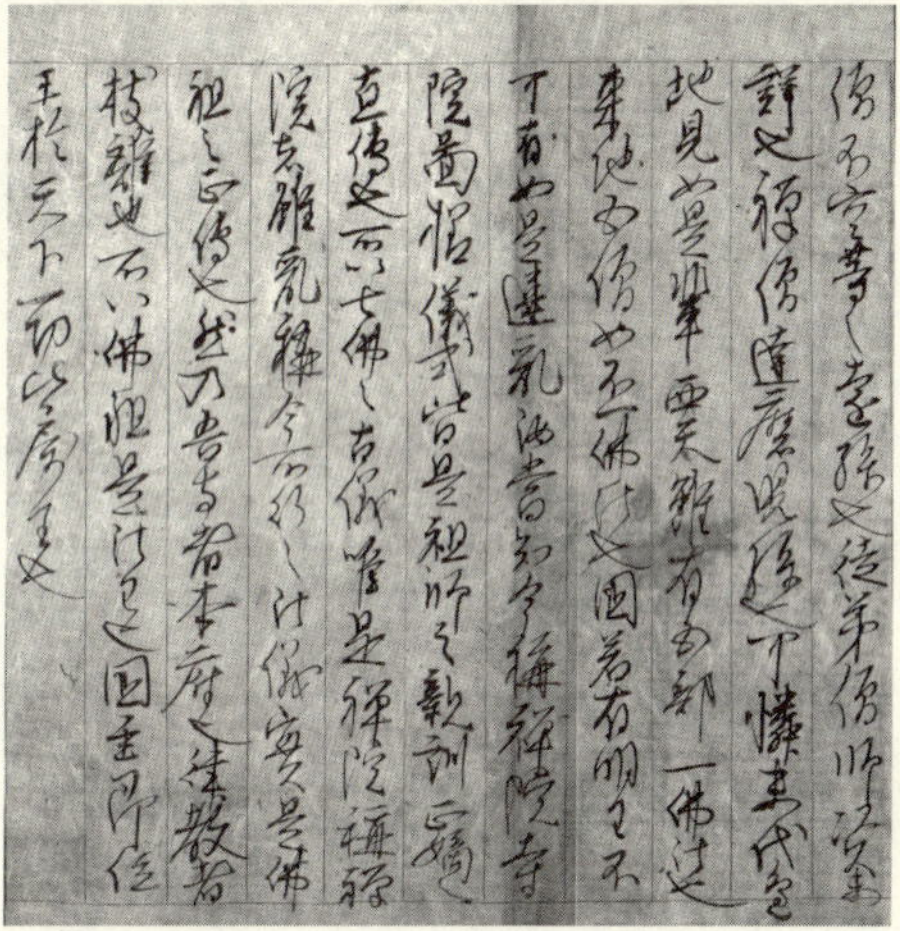

僧不空等之遠孫也、徒弟僧師資未
詳也、禅僧達磨児孫也。可憐、末代辺
地見如是輩。西天雖有五部一仏法也。
東地五僧如不一仏法也。国若有明王、不
可有如是違乱。汝当知、今称禅院寺
院図様儀式、皆是祖師之親訓、正嫡之
直伝也。所以七仏之古儀、唯是禅院。称禅
院者雖乱称、今所行之法儀、実是仏
祖之正伝也。然乃吾寺者本府也。律教者
枝離也。所以、仏祖是法王也。国主即位
王於天下、一切皆属王也。

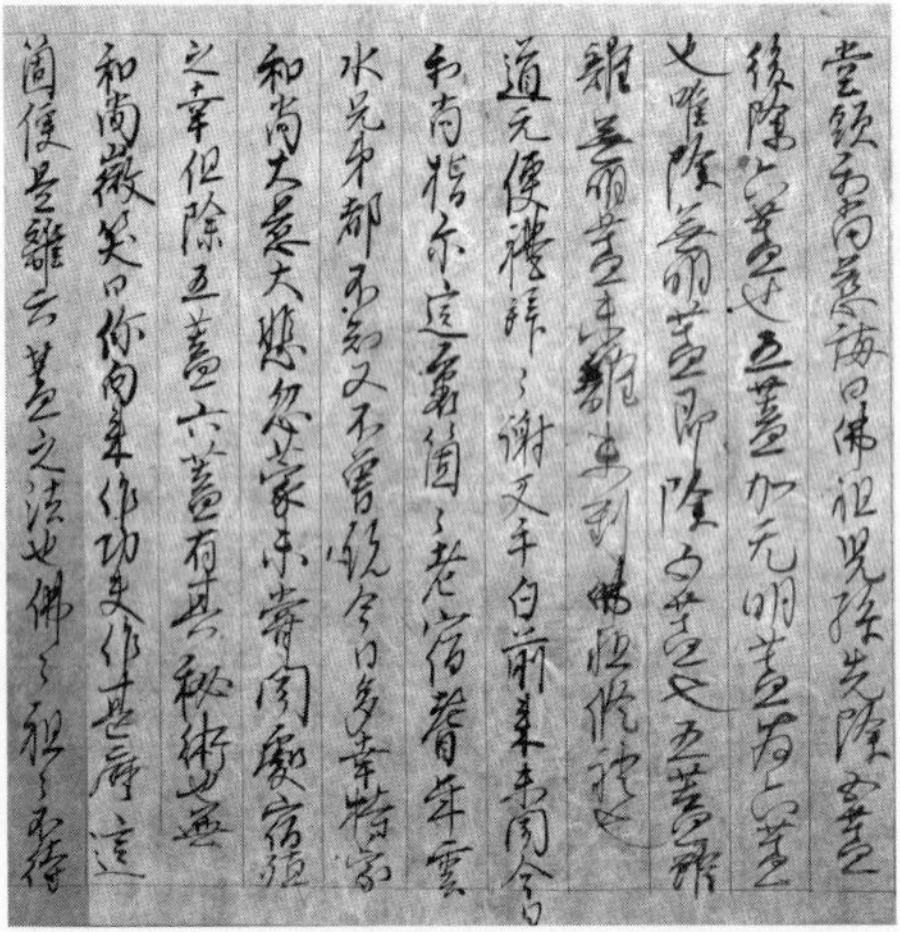

29 堂頭和尚慈誨曰。仏祖児孫、先除五蓋、
後除六蓋也。五蓋加無明蓋為六蓋
也。唯除無明蓋、即除五蓋也。五蓋雖
離、無明蓋未離、未到仏祖修証也。
道元便礼拝、〻謝、叉手白。前来、未聞今日
和尚指示。這裏箇箇老宿耆年雲
水兄弟、都不知、又不曾説。今日多幸、特蒙
和尚大慈大悲、忽蒙未嘗聞処、宿殖
之幸。但除五蓋六蓋、有其秘術也無。
和尚微笑曰。你向来作功夫、作甚麼。這
箇便是離六蓋之法也。仏仏祖祖不待

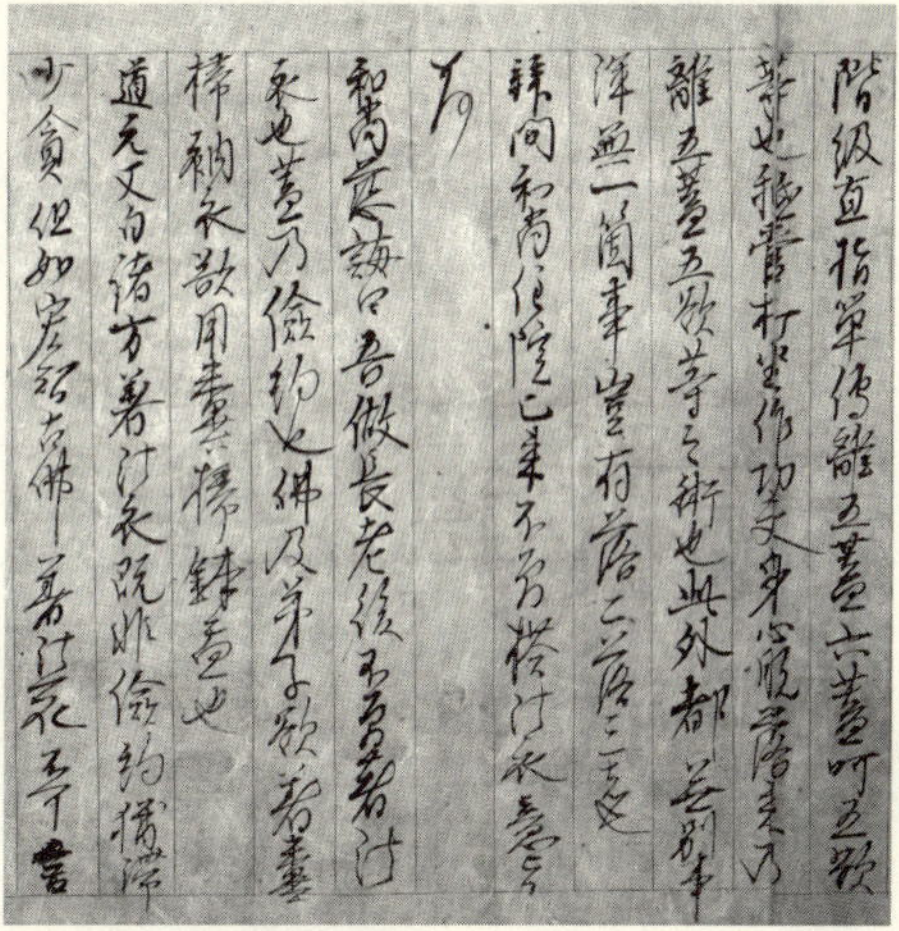

階級、直指単伝離五蓋六蓋、呵五欲等也。祇管打坐作功夫、身心脱落来、乃離五蓋五欲等之術也。此外都無別事、渾無一箇事。豈有落二落三者也。

30 拝問。和尚住院已来、不曾搭法衣、意旨如何。

和尚慈誨曰。吾做長老後、不曾著法衣也。蓋乃倹約也。仏及弟子、欲著糞掃衲衣、欲用糞掃鉢盂也。

道元又白。諸方著法衣、既非倹約、猶滞少貪。但如宏智古仏著法衣、不可言

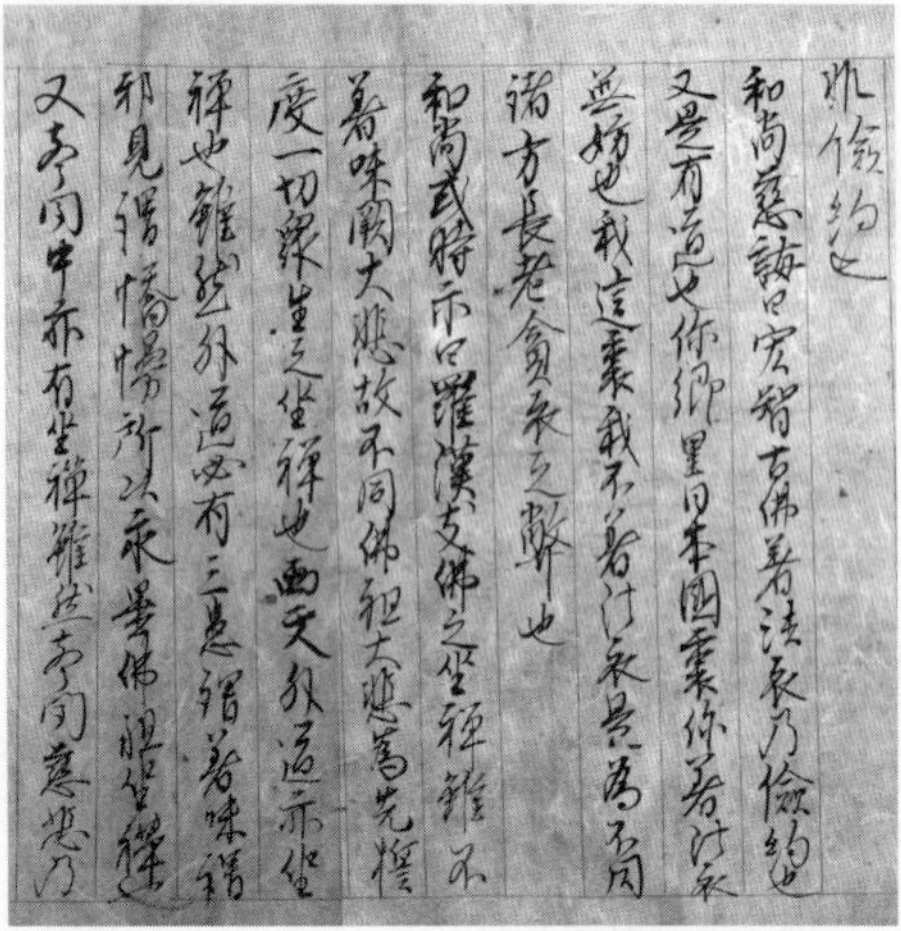

非倹約也。
和尚慈誨曰。宏智古仏著法衣、乃倹約也、
又是有道也。你郷里日本国裏、你著法衣
無妨也。我這裏我不著法衣、是為不同
諸方長老貪衣之弊也。
31 和尚或時示曰。羅漢支仏之坐禅、雖不
著味、闕大悲。故不同仏祖大悲為先、誓
度一切衆生之坐禅也。西天外道亦坐
禅也。雖然、外道必有三患。謂著味、謂
邪見、謂憍慢。所以、永異仏祖坐禅也。
又声聞中亦有坐禅。雖然声聞、慈悲乃

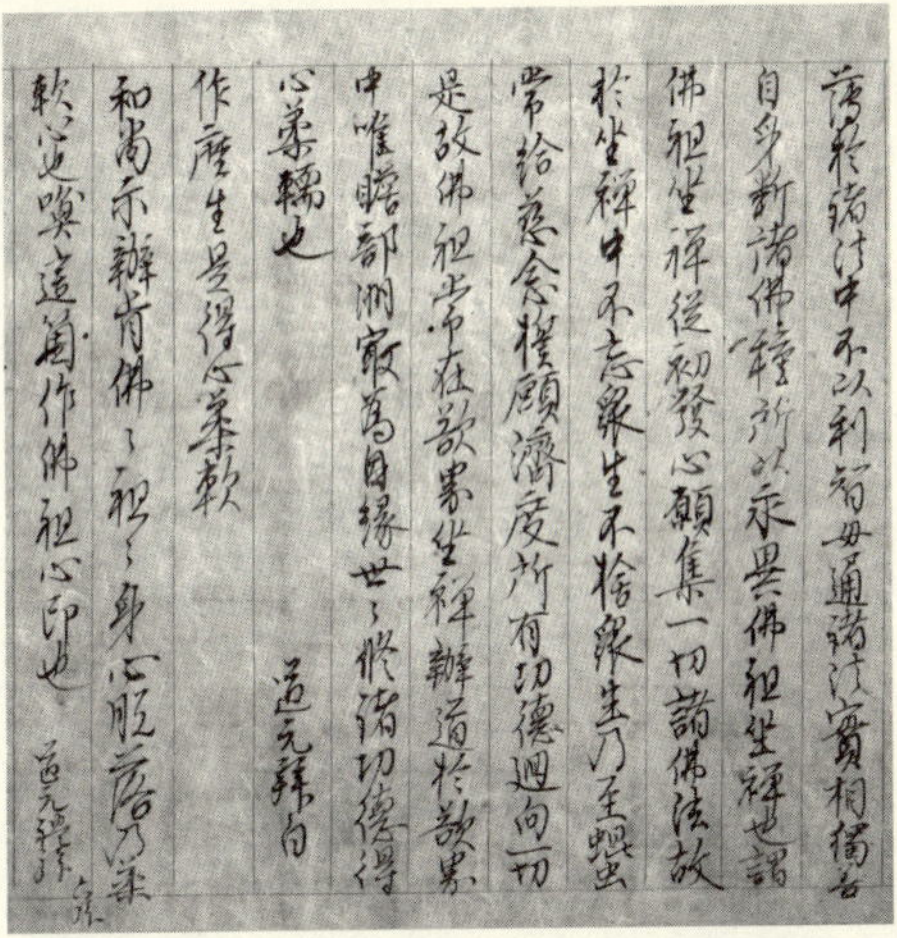

薄。於諸法中、不以利智母通諸法実相、独善自身、断諸仏種。所以、永異仏祖坐禅也。謂仏祖坐禅、従初発心、願集一切諸仏法。故於坐禅中、不忘衆生、不捨衆生、乃至蜫虫、常給慈念、誓願済度、所有功徳廻向一切。是故仏祖、常在欲界坐禅弁道。於欲界中、唯瞻部洲最為因縁。世世修諸功徳、得心柔輭也。　道元拝白。

作麼生是得心柔輭。

和尚示。弁肯仏〻祖〻身心脱落、乃柔輭心也。喚這箇作仏祖心印也。　道元礼拝六拝。

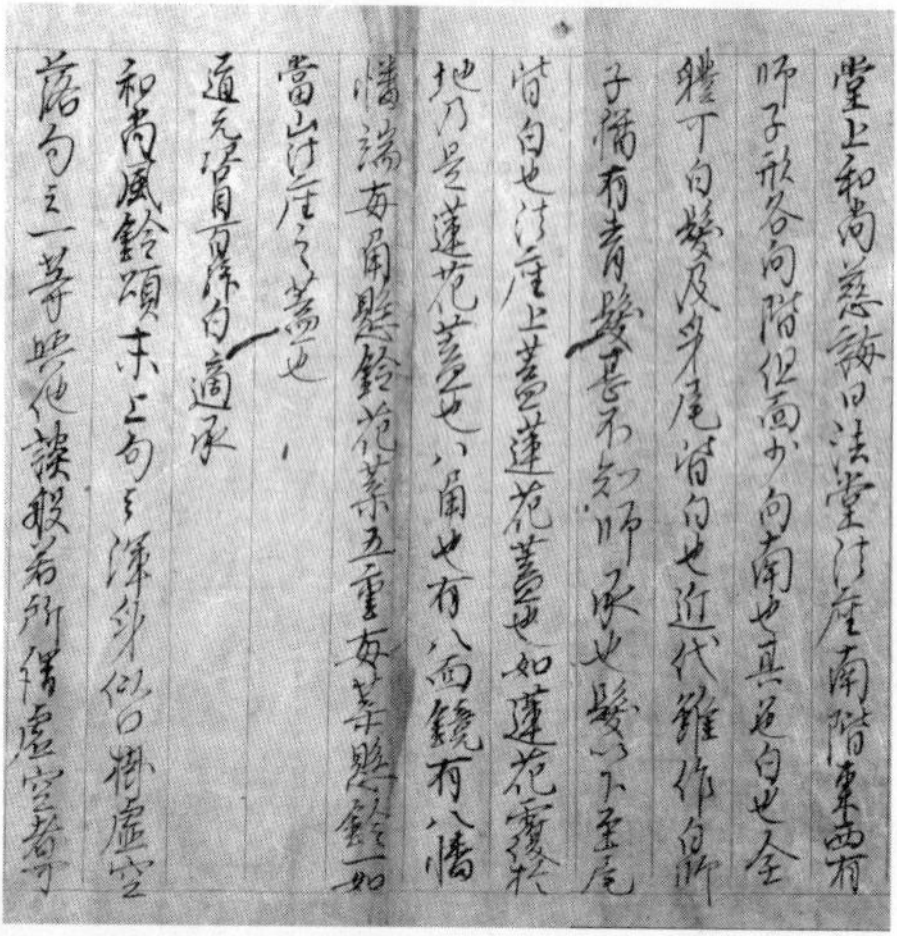

32 堂上和尚慈誨曰。法堂法座南階、東西有師子形。各向階、但面少向南也。其色白也。全体可白、髪及身尾皆白也。近代雖作白師子、猶有青髪、甚不知師承也。髪以下至尾、皆白也。法座上蓋蓮花蓋也、如蓮花覆於地、乃是蓮花蓋也。八角也、有八面鏡、有八幡、幡端、毎角懸鈴。花葉五重、毎葉懸鈴。一如当山法座之蓋也。

33 道元咨目、百拝白。適承和尚風鈴頌、末上句云、渾身似口掛虚空。落句云、一等与他談般若。所謂虚空者、可

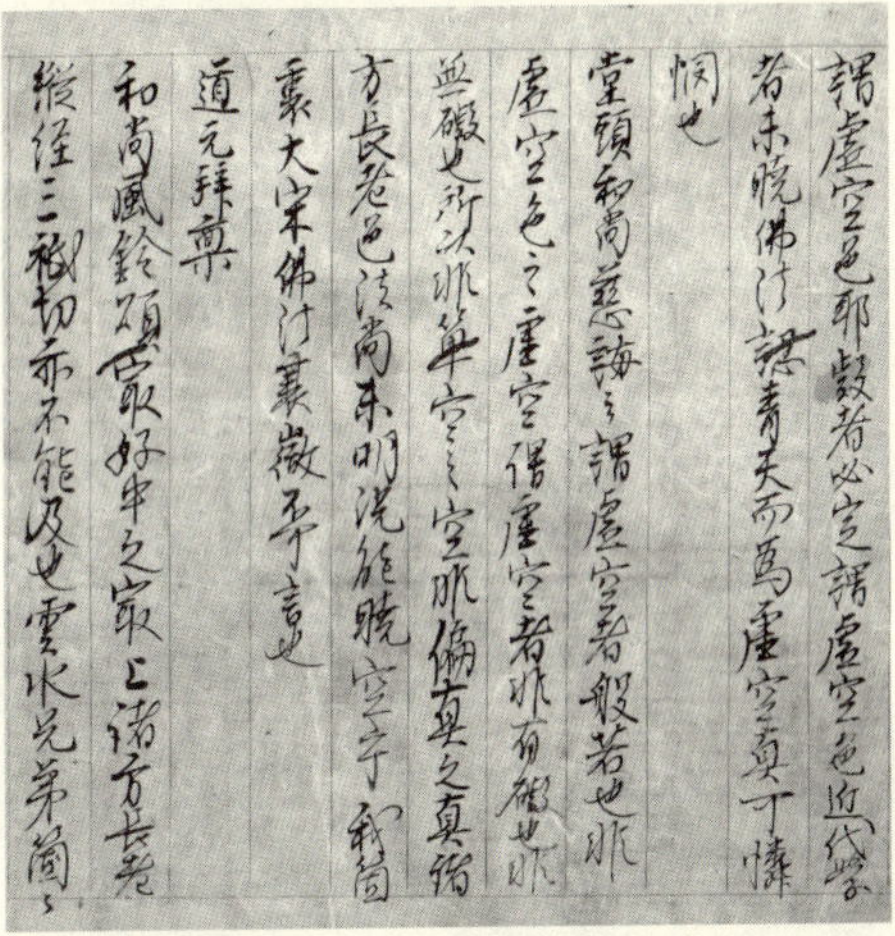

謂虚空色耶。疑者必定謂虚空色。近代学者、未暁仏法、認青天而為虚空、真可憐憫也。

堂頭和尚慈誨云。謂虚空者般若也、非虚空色之虚空。謂虚空者、非有礙也、非無礙也。所以、非単空之空、非偏真之真。諸方長老、色法尚未明、況能暁空乎。我箇裏、大宋仏法衰微、不可言也。

道元拝稟。

和尚風鈴頌、最好中之最上。諸方長老、縦経三祇劫亦不能及也。雲水兄弟、箇々

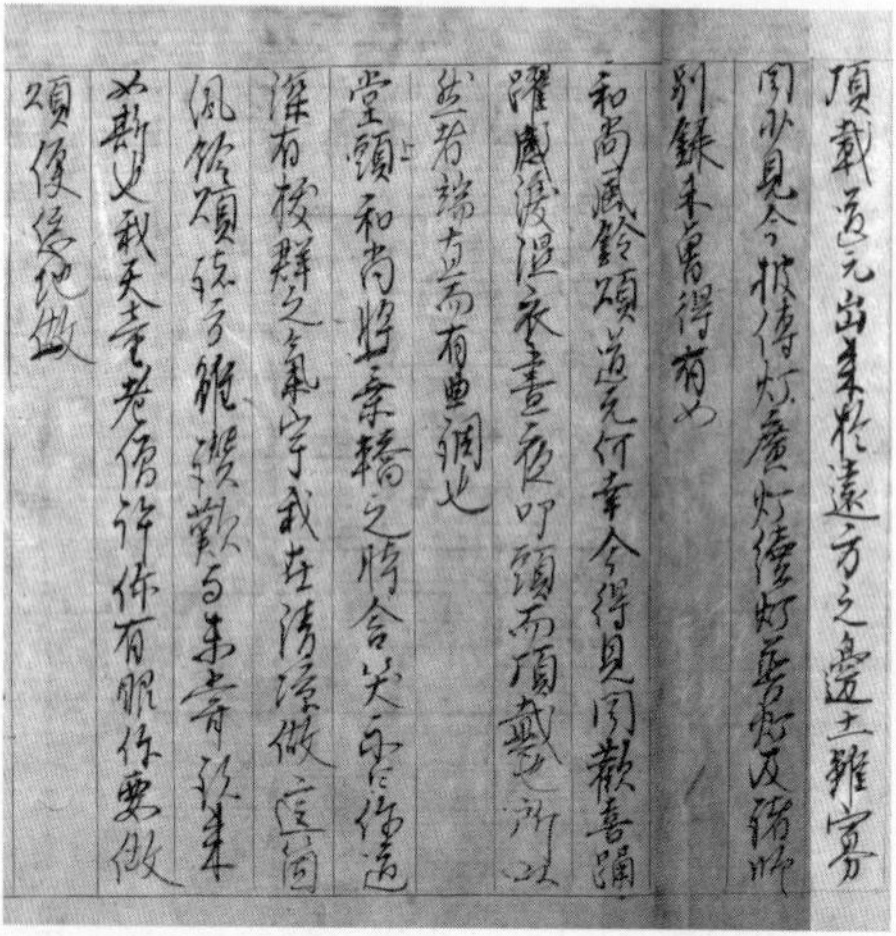

頂戴。道元出来於遠方之辺土、雖寡
聞少見、今披伝灯広灯続灯普灯、及諸師
別録、未曽得有如
和尚風鈴頌。道元何幸今得見聞。歓喜踊
躍、感涙湿衣、昼夜叩頭而頂戴也。所以
然者、端直而有曲調也。
堂頭和尚、将乗轎之時、含笑示曰、你道、
深有抜群之気宇。我在清涼、做這箇
風鈴頌。諸方雖讃歎、而未嘗説来
如斯也。我天童老僧、許你有眼。你要做
頌、便恁地做。

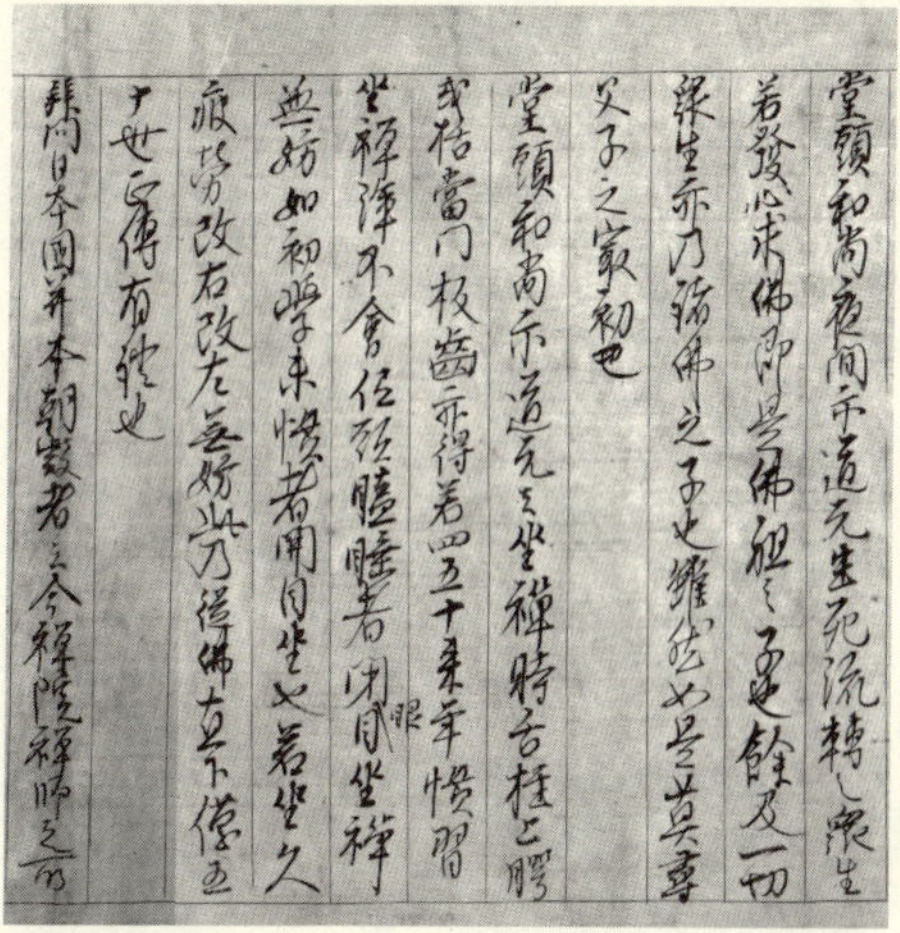

34 堂頭和尚、夜間示道元。生死流転之衆生、若発心求仏、即是仏祖之子也。余及一切衆生、亦乃諸仏之子也。雖然如是、莫尋父子之最初也。

35 堂頭和尚、示道元云。坐禅時、舌拄上腭。或括当門板歯亦得。若四五十来年慣習坐禅、渾不会低頭瞌睡者、閉眼目坐禅無妨。如初学未慣者、開目坐也。若坐久疲労、改右改左無妨。此乃従仏直下僅五十世、正伝有証也。

36 拝問。日本国幷本朝疑者云、今禅院禅師之所

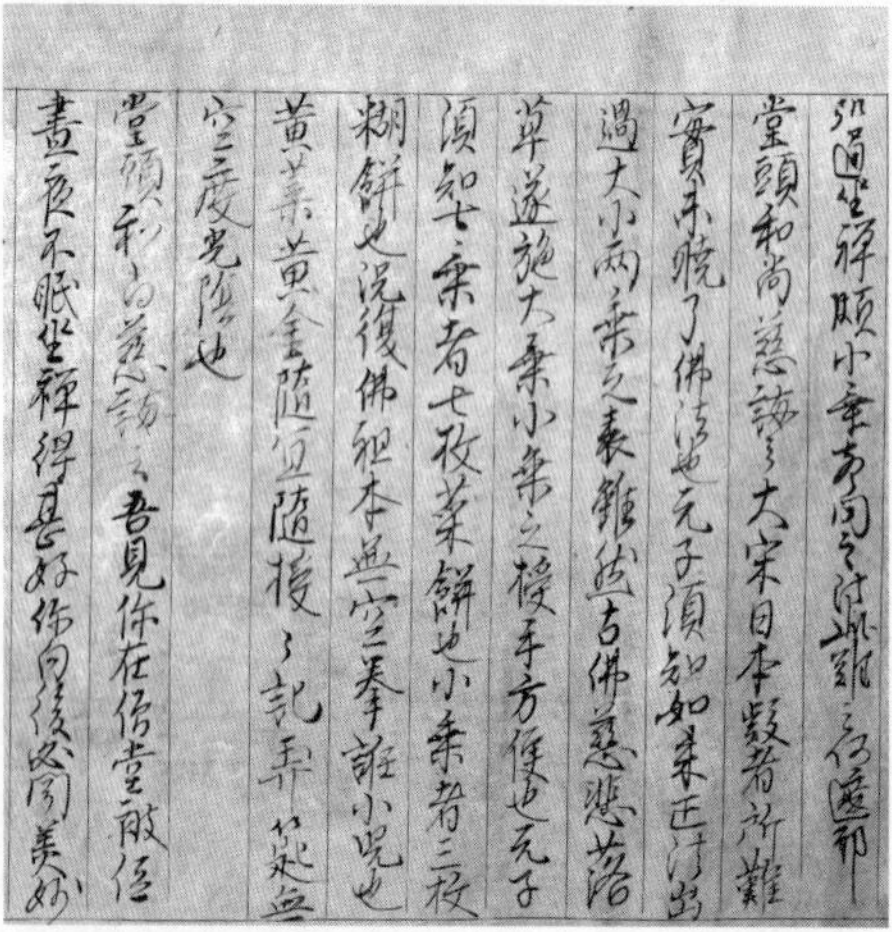

弘通坐禅、頗小乗声聞之法。此難云何遮耶。

堂頭和尚慈誨云。大宋日本疑者所難、実未暁了仏法也。元子須知、如来正法、出過大小両乗之表。雖然、古仏慈悲落草、遂施大乗小乗之授手方便也。元子須知、大乗者七枚菜餅也、小乗者三枚糊餅也。況復仏祖本無空拳誑小児也。黄葉黄金随宜随授。授記弄篭。無空度光陰也。

37 堂頭和尚慈誨云。吾見你在僧堂被位、昼夜不眠坐禅。得甚好。你向後、必聞美妙

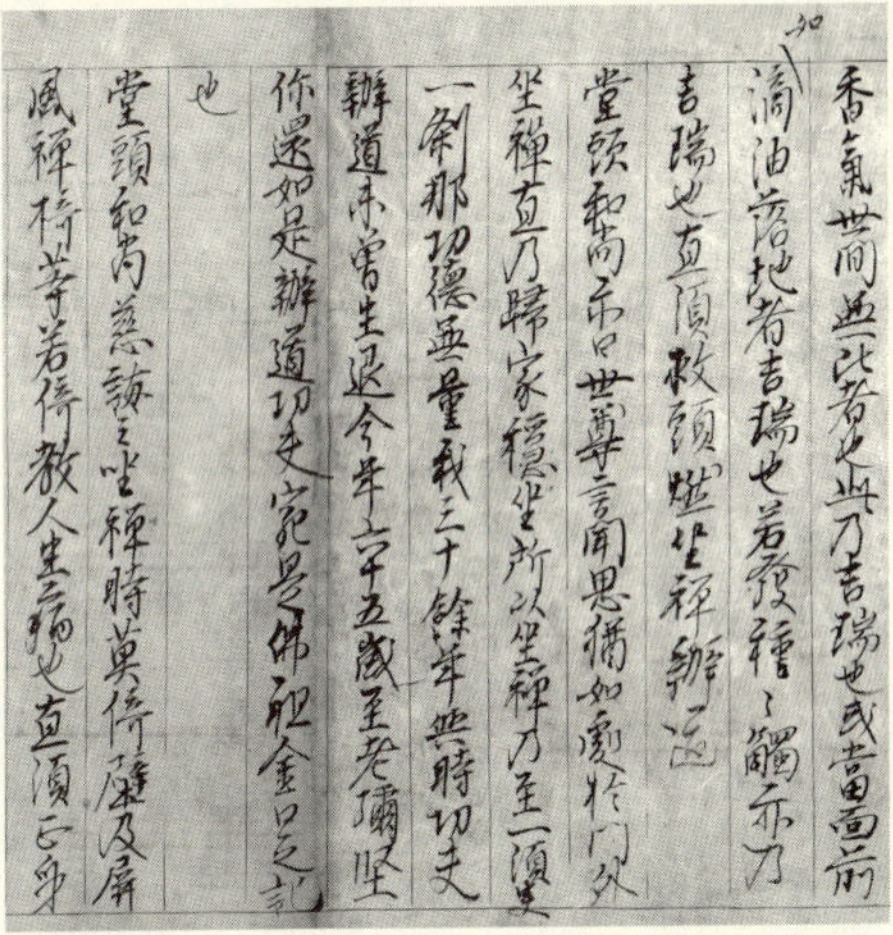

香気世間無比者也。此乃吉瑞也。或当面前、如滴油落地者、吉瑞也。若発種〻触、亦乃吉瑞也。直須救頭燃、坐禅弁道。

38 堂頭和尚示曰。世尊言、聞思猶如処於門外、坐禅直乃帰家穏坐。所以坐禅乃至一須臾一刹那、功徳無量。我三十余年、与時功夫弁道、未曾生退。今年六十五歳、至老弥堅。你還如是弁道功夫。宛是仏祖金口之記也。

39 堂頭和尚慈誨云。坐禅時、莫倚壁及屏風禅椅等。若倚教人生病也。直須正身

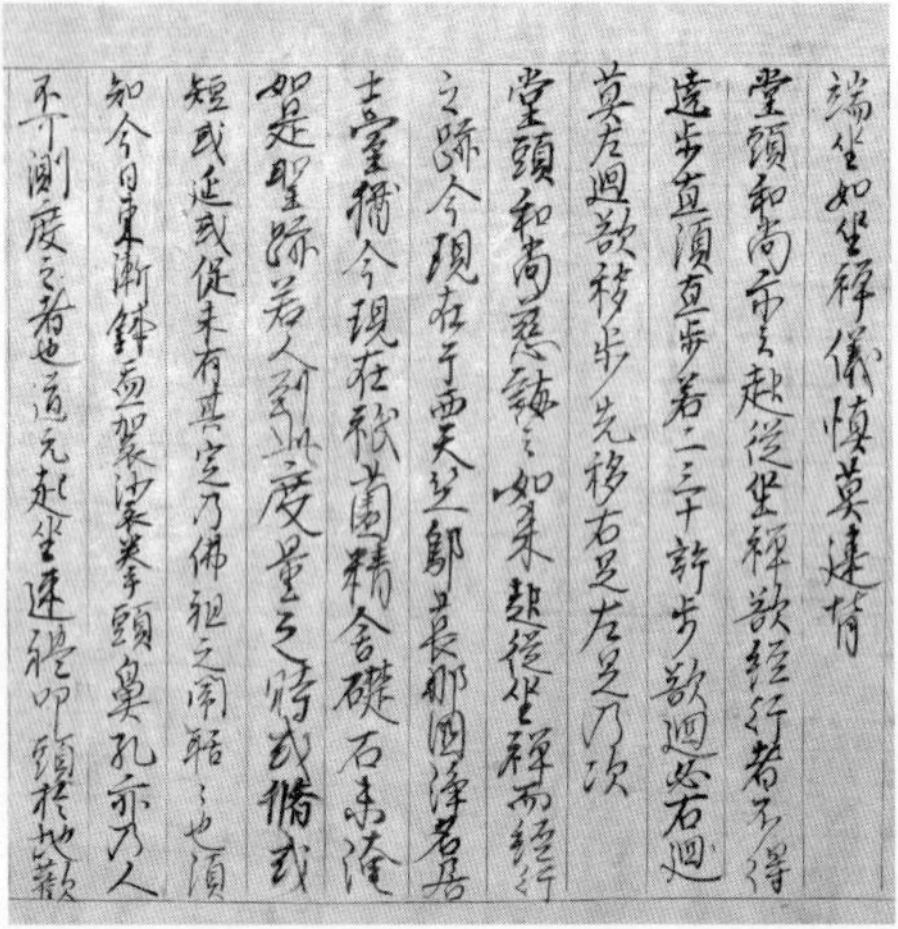

端坐、如坐禅儀。慎莫違背。
40 堂頭和尚示云。起従坐禅、欲経行者不得
遶歩。直須直歩。若二三十許歩欲廻、必右廻、
莫左廻。欲移歩、先移右足。左足乃次。
41 堂頭和尚慈誨云。如来起従坐禅而経行
之跡、今現在于西天竺鄔萇那国。浄名居
士室猶今現在。祇薗精舎礎石未淹。
如是聖跡、若人到此度量之時、或脩、或
短、或延、或促、未有其定、乃仏祖之閙聒〻也。須
知、今日東漸鉢盂袈裟拳頭鼻孔、亦乃人
不可測度之者也。道元起坐速礼、叩頭於地、歓

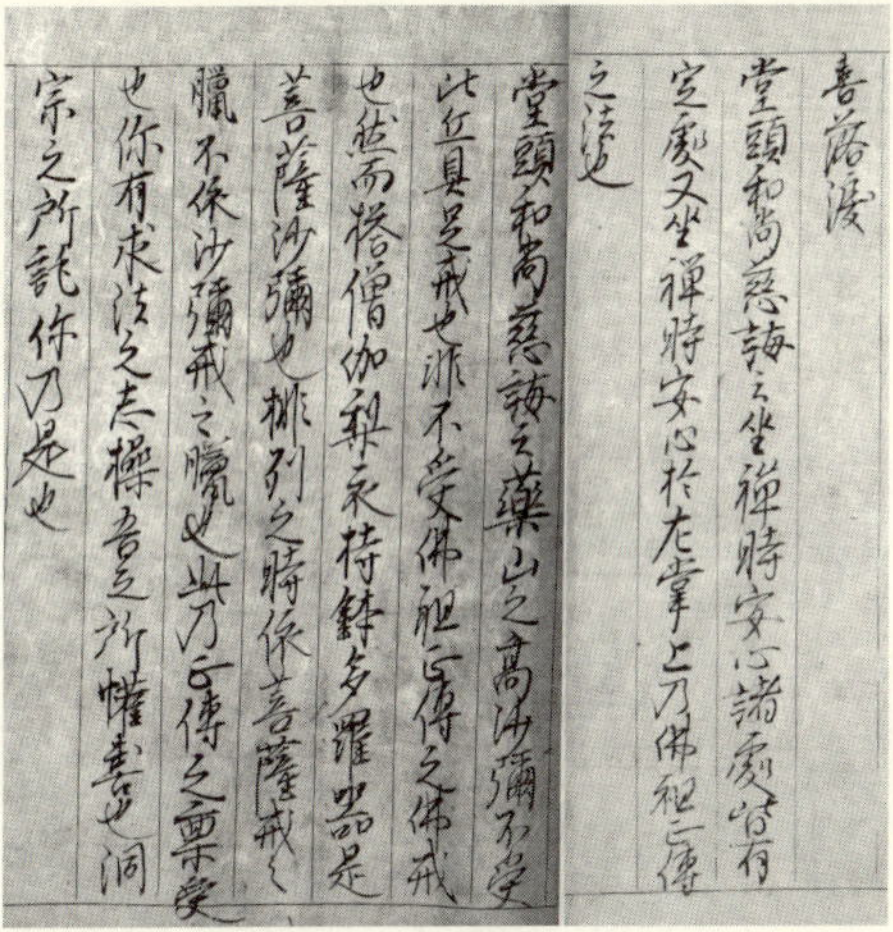

喜落涙。

42 堂頭和尚慈誨云。坐禅時、安心諸処皆有定処。又坐禅時、安心於左掌上、乃仏祖正伝之法也。

43 堂頭和尚慈誨云。薬山之高沙弥、不受比丘具足戒、也非不受仏祖正伝之仏戒也。然而搭僧伽梨衣、持鉢多羅器。是菩薩沙弥也。排列之時、依菩薩戒之臘、不依沙弥戒之臘也。此乃正伝之稟受也。你有求法之志操、吾之所懽喜也。洞宗之所託、你乃是也。

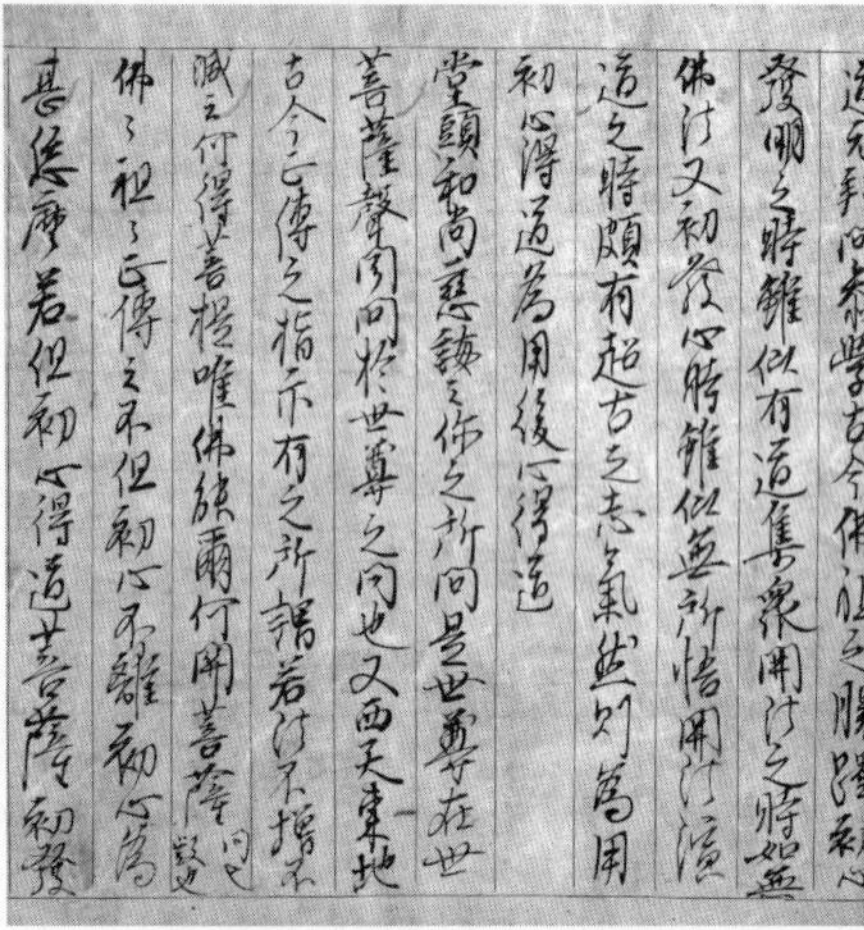

44 道元拝問。参学古今仏祖之勝躅。初心発明之時、雖似有道、集衆開法之時、如無仏法。又初発心時、雖似無所悟、開法演道之時、頗有超古之志気。然則為用初心得道、為用後心得道。

堂頭和尚慈誨云。你之所問、是世尊在世、菩薩声聞問於世尊之問也。又西天東地、古今正伝之指示有之。所謂、若法不増不減、云何得菩提。唯仏能爾、何開（関）菩薩問也。疑也 仏〻祖〻正伝云、不但初心、不離初心。為甚恁麼。若但初心得道、菩薩初発

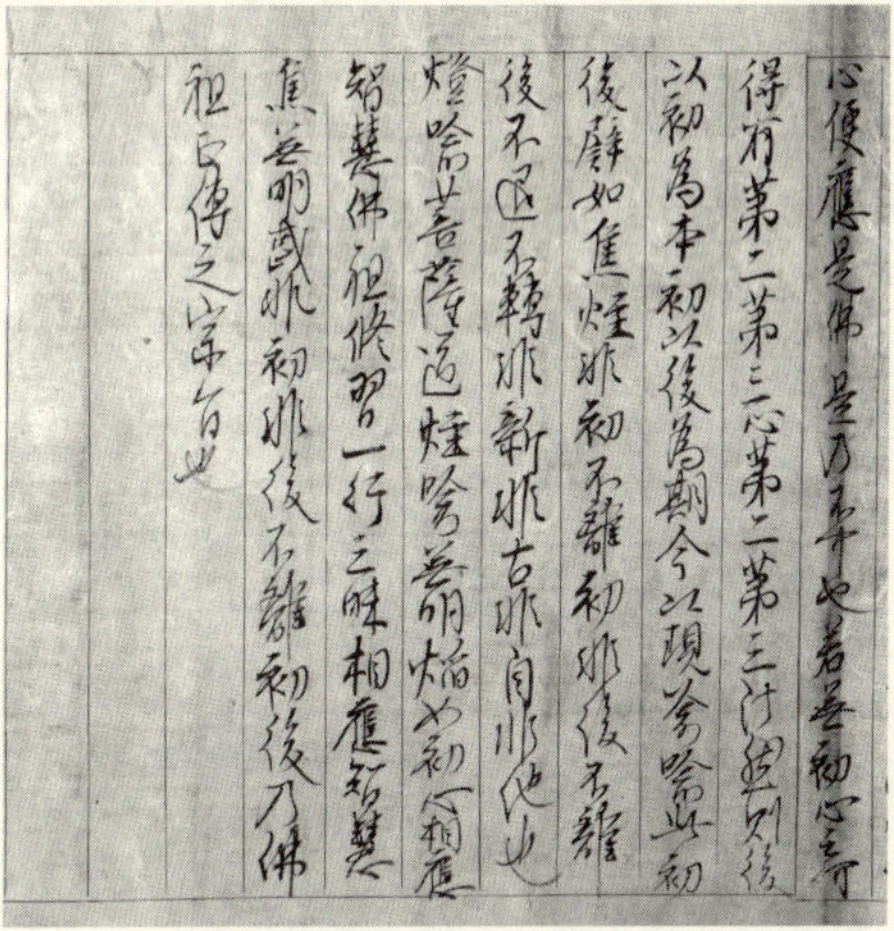

心便応是仏。是乃不可也。若無初心、云何得有第二第三心、第二第三法。然則後以初為本、初以後為期。今以現喩喩此初後。譬如焦炷、非初、不離初、非後、不離後、不退、不転、非新、非古、非自、非他也。燈喩菩薩道、炷喩無明。焔如初心相応智慧。仏祖、修習一行三昧相応智慧、焦無明惑、非初、非後、不離初後。乃仏祖正伝之宗旨也。

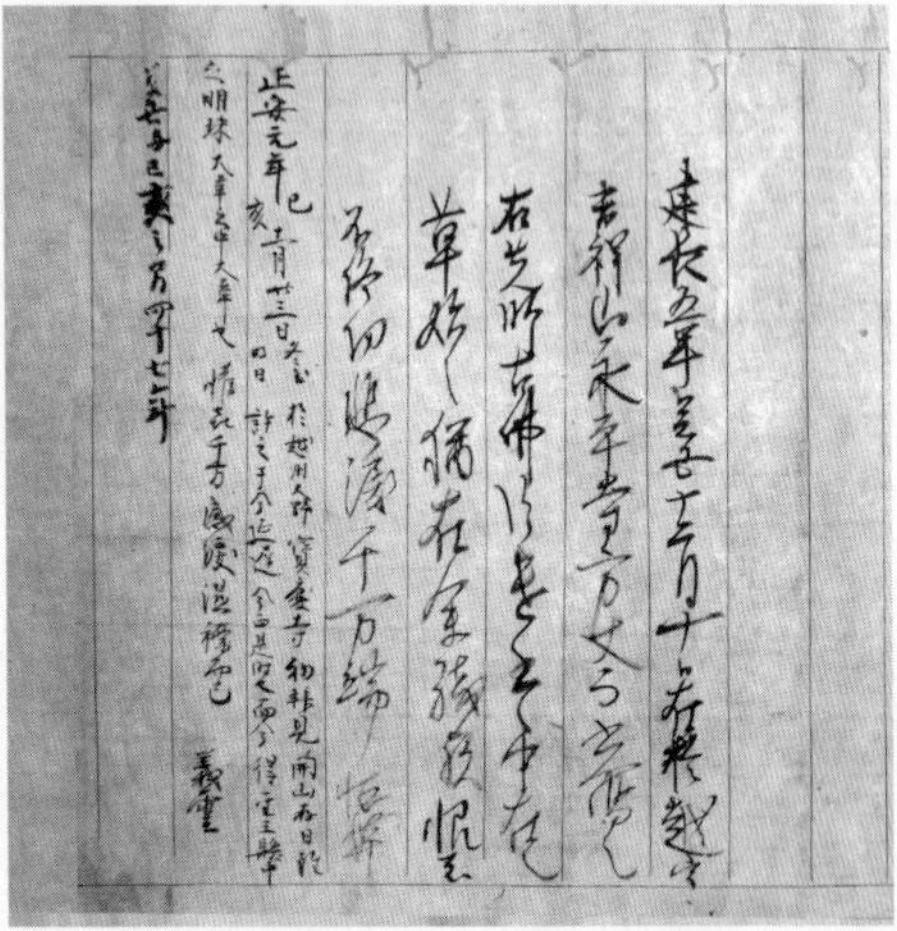

建長五年癸丑十二月十日、在於越宇
吉祥山永平寺方丈而書写之。
右先師古仏御遺書之中在之。
草始之、猶在余残歟。恨者
不終功。悲涙千万端。懐弉（奘）

正安元年己亥十一月廿三日冬至。明日 於越州大野宝慶寺初拝見。開山存日、雖許之、于今延遅。今正是時也。而今得聖王髻中之明珠。大幸之中大幸也。懽喜千万、感涙湿襟而已。　義雲

癸丑己亥之間四十七年。

大谷哲夫（おおたに　てつお）

1939年東京生まれ。早稲田大学第一文学部卒業，同大学院東洋哲学専攻修了。駒澤大学大学院仏教学専攻博士課程満期退学。駒澤大学仏教学部教授，同大学学長・総長，都留文科大学理事長を歴任。現在，曹洞宗総合研究センター所長，東北福祉大学学長。『訓註 永平広録』『祖山本 永平広録考注集成』『永平の風―道元の生涯』『道元「永平広録・上堂」選』『道元「小参・法語・普勧坐禅儀」』『道元「永平広録・頌古」』など著書多数。

道元《どうげん》「宝慶記《ほうきょうき》」

全訳注　大谷哲夫《おおたにてつお》

2017年8月9日　第1刷発行

講談社学術文庫

定価はカバーに表示してあります。

発行者　鈴木　哲

発行所　株式会社講談社

東京都文京区音羽2-12-21 〒112-8001

電話　編集（03）5395-3512

販売（03）5395-4415

業務（03）5395-3615

装　幀　蟹江征治

印　刷　株式会社廣済堂

製　本　株式会社国宝社

本文データ制作　講談社デジタル製作

ISBN978-4-06-292443-6

「講談社学術文庫」の刊行に当たって

これは、学術をポケットに入れることをモットーとして生まれた文庫である。学術は少年の心を養い、成年の心を満たす。その学術がポケットにはいる形で、万人のものになることは、生涯教育をうたう現代の理想である。

こうした考え方は、学術を巨大な城のように見る世間の常識に反するかもしれない。また、一部の人たちからは、学術の権威をおとすものと非難されるかもしれない。しかし、それはいずれも学術の新しい在り方を解しないものといわざるをえない。

学術は、まず魔術への挑戦から始まった。やがて、いわゆる常識をつぎつぎに改めていった。学術の権威は、幾百年、幾千年にわたる、苦しい戦いの成果である。こうしてきずきあげられた城が、一見して近づきがたいものにうつるのは、そのためである。しかし、学術の権威を、その形の上だけで判断してはならない。その生成のあとをかえりみれば、その根は常に人々の生活の中にあった。学術が大きな力たりうるのはそのためであって、生活をはなれた学術は、どこにもない。

開かれた社会といわれる現代にとって、これはまったく自明である。生活と学術との間に、もし距離があるとすれば、何をおいてもこれを埋めねばならない。もしこの距離が形の上の迷信からきているとすれば、その迷信をうち破らねばならぬ。

学術文庫は、内外の迷信を打破し、学術のために新しい天地をひらく意図をもって生まれた。文庫という小さい形と、学術という壮大な城とが、完全に両立するためには、なおいくらかの時を必要とするであろう。しかし、学術をポケットにした社会が、人間の生活にとってより豊かな社会であることは、たしかである。そうした社会の実現のために、文庫の世界に新しいジャンルを加えることができれば幸いである。

野間省一

一九七六年六月

宗教

法然と親鸞の信仰（上）（下）
倉《くら》田百三《たひやくぞう》著（解説・稲垣友美）

本書では、法然の「一枚起請文」と、親鸞の『歎異抄』を中心として、浄土宗と浄土真宗の信仰が平易にしかも奥所をつきつめて説かれる。倉田百三の熱っぽい語り口は、読者の心を動かさずにはおかない。

155・156

仏陀の観《み》たもの
鎌田茂雄著

仏教は一体どんな宗教であり、どういう教えを説いてきたのだろうか。本書は難解な仏教の世界をその基本構造から説き起こし、仏教の今日的な存在意義を明らかにする。只今を生きる人のための仏教入門書。

174

釈尊のさとり
増谷文雄《ますたにふみお》著

長年に亘って釈尊の本当の姿を求めつづけた著者は、ついに釈尊の菩提樹下の大覚成就、すなわち「さとり」こそ直観であったという結論を導き出した。釈尊の真実の姿を説き明かした仏教入門の白眉の書。

344

禅とはなにか
鎌田茂雄著

禅に関心をよせる人は多い。だが、禅を理解することは難しい。本書は、著者自らの禅修行の体験を踏まえ、禅の思想や禅者の生き方、また禅を現代にどう生かすか等々、禅の全てについて分りやすく説く。

409

空海の思想について
梅原　猛著（解説・宮坂宥勝）

「大師は空海にとられ」といわれるように、宗派を越え、一般庶民大衆に尊崇されてきた空海であったが、その思想は難解さの故に敬遠されてきた。本書はその空海の思想に真向から肉薄した意欲作である。

460

ギリシャ正教
高橋保行著

今なおキリスト教本来の伝統を保持しているギリシャ正教。その全貌が初めて明らかにされるとともに、キリスト教は西洋のものとする通念を排し、西洋のキリスト教とその文化の源泉をも問い直す注目の書。

500

宗教

キリスト教問答
内村鑑三著（解説・山本七平）

近代日本を代表するキリスト教思想家内村鑑三が、信仰と人生を語る名著。「来世は有るや無きや」などキリスト教の八つの基本問題に対して、はぎれよく簡明に答えるとともに、人生の指針を与えてくれる。

531

法《ほっ》句経《くきょう》講義
友松圓諦著（解説・奈良康明）

原始仏教のみずみずしい感性を再興し、昭和の仏教改革運動の起点となった書。法句経の名を天下に知らしめるとともに、仏教の真の姿を提示した。混迷を深める現代日本の精神文化に力強い指針を与える書。

533

歎《たん》異抄《にしょう》講話
暁烏《あけがらす》 敏《はや》著（解説・松永伍一）

本書は、明治期まで秘義書とされた『歎異抄』をはじめて公衆に説き示し、その真価を広く一般に知らしめた画期的な書である。文章の解釈、さらに種々の角度からの解説により、『歎異抄』の真髄に迫る。

547

仏教聖典
友松圓諦著（解説・友松諦道）

釈尊の求道と布教の姿を、最古の仏典を素材にして格調高い文章で再現した仏教聖典の決定版。全日本仏教会の推薦を受け、広く各宗派にわたって支持され、全国にあまねくゆきわたった、人生の伴侶となる書。

550

八宗綱要《はっしゅうこうよう》 仏教を真によく知るための本
凝然大徳《ぎょうねんだいとく》著／鎌田茂雄全訳注

仏教の教理の基本構造を簡潔に説き明かした名著。凝然大徳の『八宗綱要』は今日なお仏教概論として最高のものといわれている。その原文に忠実に全注釈を加えた本書は、まさに初学者必携の書といえる。

555

沢木興道《さわきこうどう》聞き書き ある禅者の生涯
酒井得元《とくげん》著（解説・鎌田茂雄）

沢木興道老師の言葉には寸毫の虚飾もごまかしもない。ここには老師の清らかに、真実に、徹底して生きぬいた一人の禅者の珠玉の言葉がちりばめられている。近代における不世出の禅者、沢木老師の伝記。

639